安里学校纪事

The Chronicle of Anli School

策划　盖龙云

主编　张正齐

执行主编　盖艾玲

中国出版集团

世界图书出版公司

广州·上海·西安·北京

图书在版编目（CIP）数据

安里学校纪事 / 张正齐，盖艾玲主编．-- 广州 ：世界图书出版广东有限公司，2025.1重印
ISBN 978-7-5100-8841-4

Ⅰ．①安 … Ⅱ．①张… ②盖… Ⅲ．①安里学校－校史 Ⅳ．① G639.285.23

中国版本图书馆 CIP 数据核字（2014）第 271573 号

安里学校纪事

策划编辑 赵 泓
责任编辑 梁少玲
装帧设计 梁嘉欣
出版发行 世界图书出版广东有限公司
地　　址 广州市新港西路大江冲 25 号
电　　话 020-84459702
印　　刷 悦读天下（山东）印务有限公司
规　　格 787mm×1092mm　1/16
印　　张 19.5
字　　数 300 千
版　　次 2014 年 11 月第 1 版　2025 年 1 月第 3 次印刷
ＩＳＢＮ 978-7-5100-8841-4/G•1743
定　　价 88.00 元

《安里学校纪事》编委会

策　　划　盖龙云
主　　编　张正齐
执行主编　盖艾玲
编　　辑　何瑞丰

参与资料统计调查人员：

盖永福　江吉高　张玉林　张玉京　盖天学
盖文周　盖良群　盖中臣　张维涛　盖美群

插图配诗　张正齐
摄　　影　盖艾玲　盖永福　等

出版说明

本书记述时限自安里学校成立至学校撤并，上限为1929年，下限为2004年。分为大事记、校史篇、人物篇、忆旧篇、附录和图片6个部分。

校史篇以编年体和记事本末体相结合，记述学校从无到有、由小到大，最后撤并完成使命的发展过程。人物篇采取传、录、简介形式，对学校有突出贡献的人物入传；历任校长、各时期教师、优秀人才（研究生导师、博士、副教授以上；军队正团〈含技术8级〉以上；国家公务人员正处以上）入录；其余优秀校友以简介形式载入；人物均以出生年月为序排列。忆旧篇史料共选收59篇，均为学校见证者、亲身经历者口述或撰写；除师表风范按传主年龄排列外，其余史料按文章记述事件发生时间排列。

安里学校历经75年，时间跨度长，由于乡村学校的特殊环境，留存下来的史料少，加之资料征集时间始于2012年6月，截止时间2014年8月，书中收录人物的年龄、职业、所在单位、职务等难免有出入，错漏之处恳请广大读者指正。

编　者

校友题词

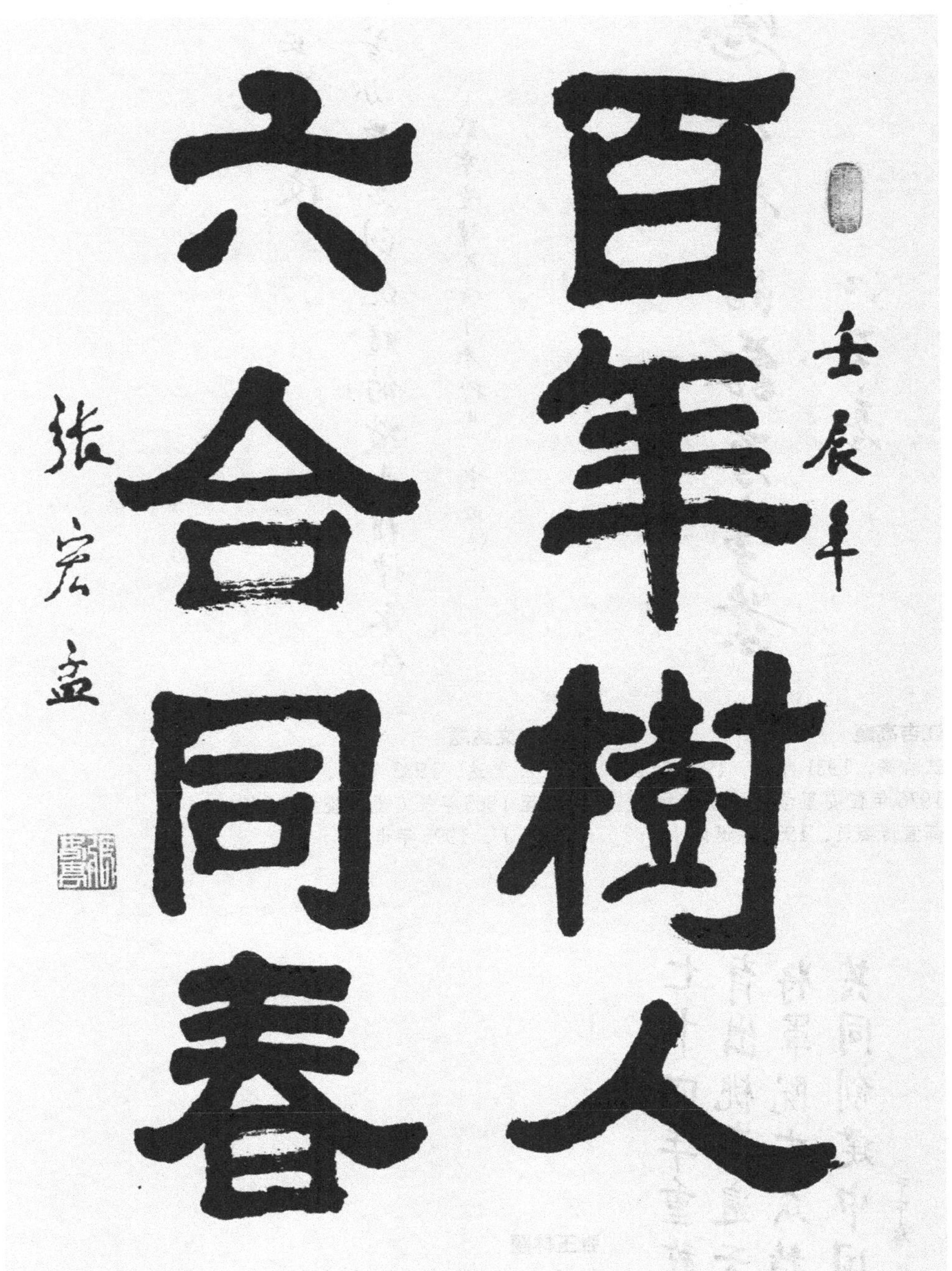

张宏孟题

张宏孟，1924年生，姜疃村人，安里学校建校时的重要见证人，原任潍坊第一技工学校书记，离休干部。

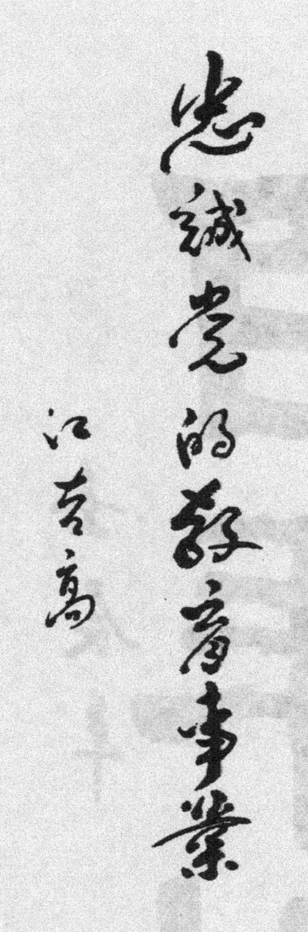

江吉高题

江吉高，1931 年生，1969 年至 1976 年任安里学校校长兼村支部宣传委员，1993 年退休。

愿安里学校
艰苦办学勇创优绩的敬业精神永存
貳零壹肆年伍月叁拾日
宋文达

宋文达题

宋文达，1933 年生，1963 年至 1965 年任安里分校主任（校长），1995 年退休。

七十四年重教育
育出桃李遍天下
将軍院士众精英
共同创建中国梦
甲午春 張玉林

张玉林题

张玉林，1941 年生，自幼在安里学校读书，1969 年起任安里学校民办教师、总务、副校长，1976 年至 1978 年任校长，1999 年退休。

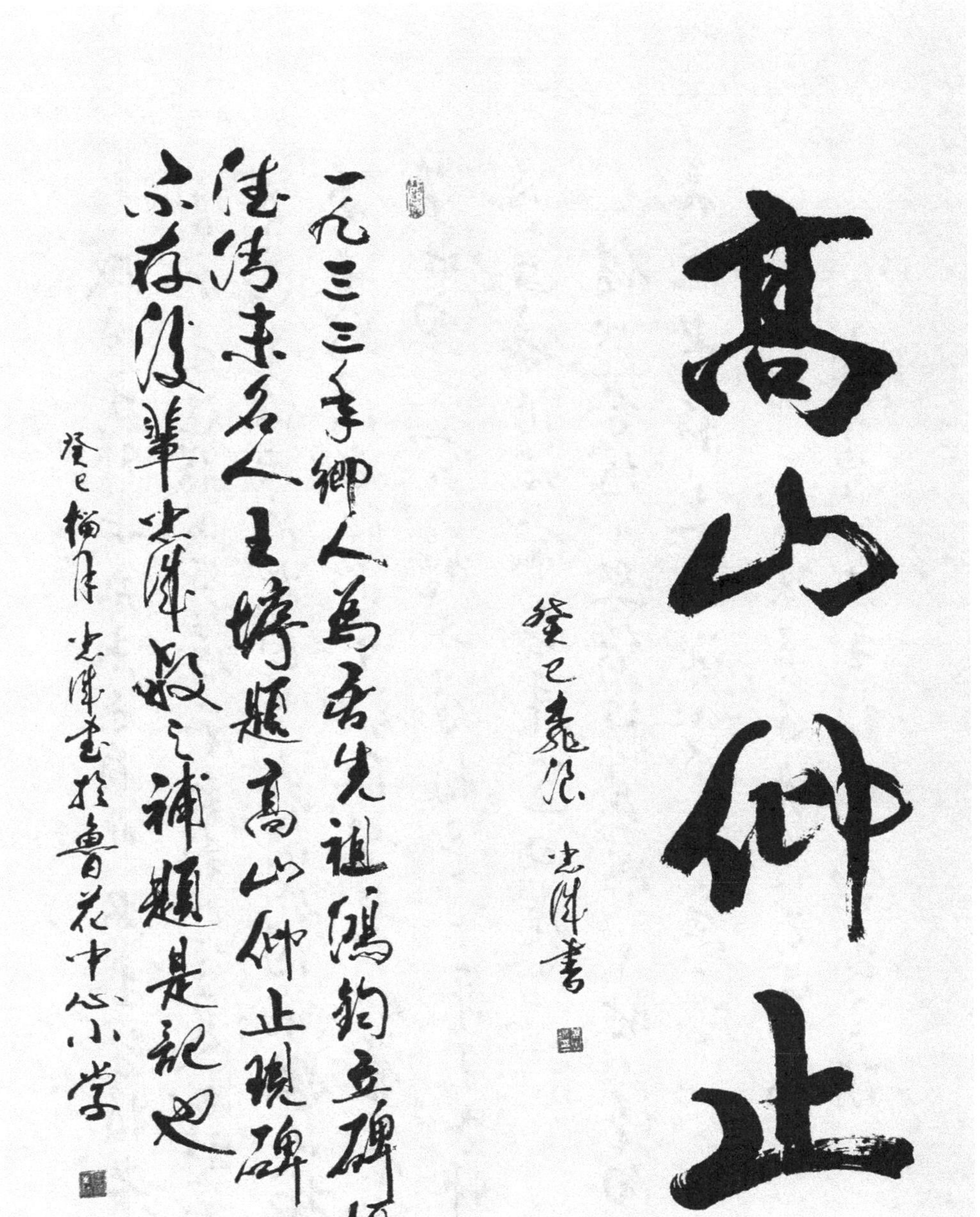

盖忠诚题

盖忠诚，1942 年 9 月生，自幼在安里学校读书，1958 年至 1960 年任安里学校民办教师，1984 年起任国家海洋局北海分局保卫处处长，2002 年 9 月退休。

成才于艰苦，励志于奋斗。安里学校者既就是这样长年辛勤耕耘，默默奉献社会。在这方纯净的校园里，我们如同稚嫩的树苗，不断从老师那里汲取智慧和营养，茁壮向上。如今离开学校已六十年了，老师的教诲仍时常在耳边回旋。

借此学校校史编辑出版之时，谨向各位老师表示深深的敬意。

邢一夫 癸巳年冬月于青岛

题写於安里校志纂出之际

邢一夫题

邢一夫，1942 年 10 月生，团旺村人，1950 年 1 月至 1954 年 7 月在安里小学读书。1961 年 8 月参加中国人民解放军，海军大校，1996 年 6 月退休。

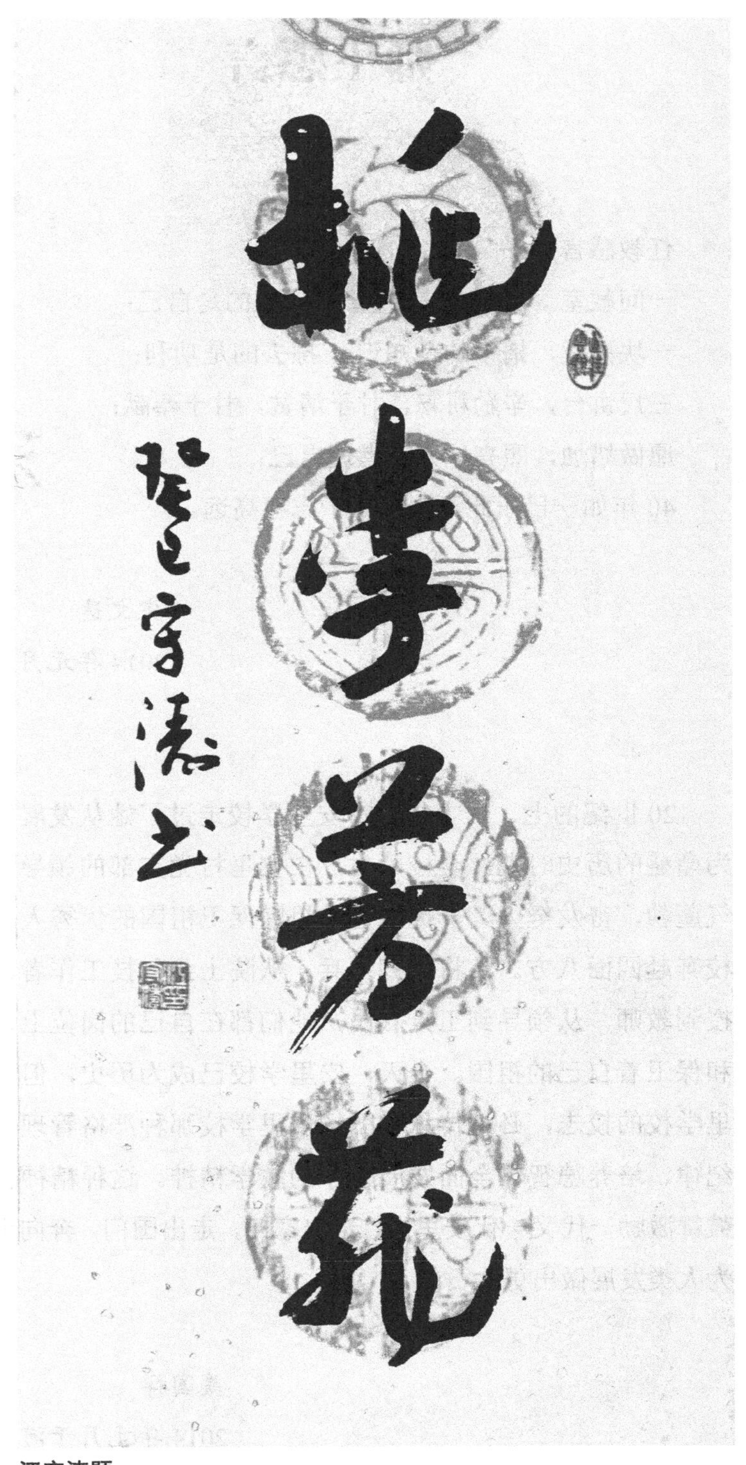

江守涛题

江守涛，1956 年 5 月生，1976 年至 1978 年在安里学校任教，现任山东省人大农业与农村委员会副主任。

师生感言

任教感言——

一间教室，放飞的是希望，守巢的是自己；

一块黑板，播下的是知识，擦去的是功利；

三尺讲台，辛勤耕耘，甘于清贫，甘于奉献；

愿做蜡烛，照亮他人，燃烧自己；

40 年如一日乐此不倦，源于志存高远。

宋文达

2014 年元月于莱阳

20 世纪的七、八十年代，安里学校走过了她从发展以来最为鼎盛的历史时期。全校师生，在安里村党支部的领导下，朝气蓬勃，奋发努力。一批批建设祖国保卫祖国的优秀人才从学校奔赴四面八方。从将军到士兵，从院士到科技工作者，从教授到教师，从领导到工人农民，他们都在自己的岗位上，建设和保卫着自己的祖国。今天，安里学校已成为历史，但一部安里学校的校志，必将传承和弘扬安里学校那种严格管理、严明纪律、培养德智体全面发展人才的教学精神。这种精神也必将鼓舞激励一代又一代安里人，走出家门，走出国门，奔向世界，为人类发展做出更大贡献。

盖国祥

2014 年元月于河南开封

安里学校，我人生启蒙的地方；安里，我永远难以忘怀的故乡。离开故乡几十年，我的心时常会飞到你的身边，去回味，去思考，去迎接新的考验。谢谢所有为我们的成长付出了心血和汗水的老师们；祝福安里的校友，无论身在何地、何方，都能开心如意，吉祥安康。

张维荣

2014 年元旦于河南开封

40 年前我踏入安里学校的校门，30 年前我从这里毕业。我在安里学校度过了我最快乐的 10 年，是这里的老师教会了我识字，教会了我做人的道理，为我的学业打下了坚实的基础。至今我还能回想起课堂上的情景，老师对我的谆谆教诲。感谢安里学校所有的老师，为我们的成长付出的辛勤汗水。

张云涛

2014 年元月于山东滨州

人的出生地不是自己选择。童年在农村长大，虽然苦了点，但也拥有了一笔财富——现在都成为美好回忆和感恩。那山、那水；那学校、老师、同学……

人的立足地全凭自己打拼。最艳丽的鲜花，总是在悬崖上面绽放，只有不畏艰辛、勇于登攀的人，才能欣赏到最美丽的风景……

盖玉松

2014 年元月于莱阳

安里小学是我人生启航的起点，在这里我明白了学问是智慧的泉源，领悟到品德是事业的根本，认识到勤奋是成功的钥匙；母校是我成长的摇篮，进步的基石，感恩的殿堂。感谢恩师呕心沥血谱华章，祝福各位校友大展宏图再展创辉煌！

盖英萍

2014 年元月于山东泰安

全面发展也要专心致志，积极主动却要虚怀若谷，志存高远但要脚踏实地。人生之路漫长且坎坷，生命之花绚烂也苦涩。我时常在悠悠旅途中铭记故土的芬芳，在奔波劳累中回味家的温暖。

盖鑫磊

2014 年元月于美国

XU 序

兴学读书是中华民族传承几千年的优良传统。

安里是齐鲁大地上一个普通的乡村，85 年前，村里一位普通的村民盖鸿钧先生，在全国性“庙产兴学”中，主持创办了安里学校。此后，安里村就有了“西学堂”这个让人肃然起敬的地名；此后，这里就不时传来让人心潮起伏的钟声、哨声和朗朗的读书声。

这所普通的乡村学校由小到大，至 20 世纪 70 年代中期，办学规模达到高峰，学校从幼儿园到九年级共 10 个学年，学生人数达到 800 余人，一个孩子不出村，即可完成从幼儿到高中的学习，在当时成为全姜疃公社乃至全莱阳县闻名的乡村学校，提起安里学校几乎无人不晓。

这所学校硬件不算好，但师资力量、管理能力却属上乘。从旧社会的乡绅到新社会的人民教师，他们中的大多数都是让人敬重的好“园丁”、好老师。安里村的孩子们，从这里启蒙，从这里走向社会，走向海内外，走向祖国的四面八方。他们中的许多人成为了国家和社会的有用之材，从科技界、教育界到政界、军界、商界不一而足。

沧海桑田，似水流年。2004 年安里学校撤并。2012 年我和我的老师张正齐、族姐盖艾玲商量，是否为我们这所乡村学校编一个史料，以纪念那些为开安里村文化先河的仁人贤士们。我的倡议得到了正齐老师、艾玲大姐及张玉林老师等许多人的支持。历经两年有余，这些已退休的老师们克服种种困难，不辞劳苦，千方百计寻访当事人，反复查询各种资料，撰写回忆文章，终于编写完成了这本小册子。虽不免挂一漏万，却总可以告慰诸位乡贤、诸位老师、诸位乡亲了。愿老少爷们有空翻翻，别忘了咱村曾经有一所“西学堂”和对这所学校有功的人。

是为序。

盖龙云

2014 年 6 月于广州

MULU 目录

忆旧篇 / 125

一、师表风范 / 126

二、岁月如水 / 140

大事记

DASHIJI

二零零四

一九二九

1929年（民国18年）	• 安里私立旭光小学开始建校。历时一年建成，1930年（民国十九年）春季正式招生。
1931年	• 姜疃村拆凤山庙，建立姜疃完小，安里私立旭光小学成为属校。
1934年	• 安里第一批四年级毕业生，升到姜疃完小读五年级。
1937年	• 抗日战争爆发，安里小学暂时解散，周边村庄学生回家，本村学生在村里读私塾。两年后学校重新恢复教学。
1939年	• 日军侵入莱阳城，建立日伪政权，国民党顽固派十三区保安司令赵保原辖村镇万第、濯村等据点，安里小学属于敌占区。
1940年5月	• 莱阳（莱西）抗日民主政府成立，1945年3月五龙县政府成立，时莱阳分为四县属南海专署：莱阳、莱东、五龙、莱西南，安里村划归五龙县。安里学校更名为“五龙县五区三小”，招生范围：西到莱西泽口、水集，北到莱阳火车站南徐格庄、南至穴坊富山一带，包括4个镇周边上百村庄。
1941年春	• 山东省第十一联中进驻安里学校，1942年搬迁至团旺崔疃，期间安里学校学生第一次搬至村中大庙上学。
1945年8月	• 抗日军民配合主力部队，粉碎了日伪军对胶东最后一次“大扫荡”，莱阳（当时称“莱东县”“五龙县”）全境获得解放。这期间，胶东军区中海军分区、胶东军区野战医院三分所先后进驻安里学校，安里学校学生第二次搬至村中大庙及村中闲房上学。
1949年	• 安里学校更名为安里小学。

1958年6月30日 • 农业中学成立，借安里小学开始上课。

1958年8月16日 • 农业中学继续招考新生，不久改为“农业大学”。

1958年12月27日 • 安里、西宅、姜格庄、石水头、濯村五处农业大学合并，在安里小学上课。根据形势需要，1958年后，全部集中安里与安里的农业中学合并，改称“安里农大”，一年后解散。期间，安里学校学生第三次搬到村中民房上课。

1961年 • 安里小学更名为“姜疃完小安里分校”，设立一至六年级。

1964年8月 • 农业中学重新成立，在安里分校上课，为“姜疃公社丰台农中”的前身，1965年8月迁往丰台。

1967年前后 • 安里村安排瓦工对安里分校破旧漏雨的房屋进行修缮。在修缮过程中，存在了近40年的学校大门洞上方的“六和同春”浮雕拆除。

1967年下半年 • 到姜疃完小读五、六年级的学生搬回安里分校，学生增加到7个年级。

1969年 • 安里学校开始实行“七年一贯制单办初中”，即小学5年、初中2年，学校全称为“莱阳县姜疃公社安里学校”。

1971年4月 • 莱阳县教育局局长张巨川提议，由安里学校负责人江吉高在全县教育系统中学校长会议上交流发言，介绍安里学校的办学经验。

1971年12月6日 • 莱阳县畜产站在安里学校召开现场会，会上来自全县13个公社的与会人员参观学校长毛兔养殖。

1971年12月14日 • 烟台地区外贸工作会议在莱阳县工人俱乐部召开，烟台地区及所属市县（含威海）的外贸、供销、

安里学校纪事

物资部门以及部分教育单位参加，会议专邀姜疃公社党委书记刘永海在会上作专题发言。

1971年12月16日 • 山东省外贸部门推广长毛兔现场会议在青岛召开，推广安里学校养殖长毛兔技术，来自山东各个地市以及江苏、安徽、上海等三省一市的400多名与会代表，到安里学校参观取经。

1972年2月 • 由姜疃公社教育助理纪文成主持，安里学校负责人江吉高通过公社的有线广播，向全社介绍安里办学经验，以及教师队伍培养与学生教育状况。

1972年6月 • 学校负责人江吉高应邀参加烟台地区召开的教育战线先进集体及先进个人代表大会，会上，安里学校荣获“烟台地区教育先进集体”，烟台地区与会领导为学校代表颁发先进集体奖状及纪念册。

1972年 • 安里学校初中毕业生不足50名，考取高中18名，升学率大大高出姜疃公社的平均数。

1977年 • 安里学校办起九年一贯制高中。同年，国家恢复高考制度，安里学校1名民办教师、5名学生高考录取，其中2名考上大学，4名考上中专。

1979年 • 安里学校撤销高中班。

1987年2月 • 国务院函（1987）33号文件批准，撤销莱阳县，建立莱阳市。4月20日，莱阳召开撤县设市庆祝大会。安里学校随之更名为“莱阳市姜疃镇安里学校”。

1987年 • 因1982年地名普查时，安里村改名为“新安”，1987年安里学校初中班撤销，自此更名为“新安小学”。

1998 年 • 新安小学增加上夼村招生，更名为“新安联小”。

2003 年 12 月 • 新安联小并入姜疃中心小学，后更名为“鲁花小学”（2010 年更名为“姜疃鲁花中心小学”）。

2004 年春节 • 开学后，新安联小全部学生到新学校上课。

校史篇

XIAOSHIPIAN

一、乱世中乡绅初创（1929~1940）

（一）社会背景

1912年，中华民国成立，民国二年废登州府，在烟台设“胶东道”，莱阳为该道所辖。1928年废道，莱阳县至此直属于山东省政府。1930年全县划为9个区，辖30个镇、176个乡、1620个村。1934年11月，废区制，全县划为20所乡农学校。1940年，国民党县政府撤销乡校，将全县划为10个区，辖7个镇、114个乡、1587个村。

民国初期，由于社会大变革，广大群众对发展教育要求强烈。政府提倡利用庙宇、公房或租赁民房办学，改学堂为学校，具体分为县立、区立、村立、私立等4种类型。1930年，政府大力倡导废庙宇、兴学校，并开始男女合班。

1928~1942年，著名教育家何思源①先生担任国民政府山东省教育厅长。1930年，韩复榘②出任国民政府山东省政府主席。史料记载：韩主政山东时，大力“兴办教育”，鼓励各区、县办学。山东省政府先后在青岛设立“国立青岛大学”（山东大学的前身）；在莱阳设立“山东省立第二乡村师范学校”（即后来简称的“二乡师”）；同年，在张家口任教的莱阳柏林庄人王锐（号遁园）回莱阳任县督学，

① **何思源**（1896–1982）
字仙槎，山东菏泽人。1928~1942年担任国民政府山东省教育厅长。中华人民共和国成立后，历任全国第二、三、四届政协委员，民革中央委员。1982年于北京逝世。

② **韩复榘**（1890–1938）
字向方，河北霸州人，1930年任国民政府山东省主席。后因国民党内部派系斗争，于1938年1月在武汉被谋杀。

在沐浴店创办了鹤山后小学，并出任校长。

时任国民政府莱阳县长孙乐山，顺应民意，在莱阳各地大力兴办学校，囿于当时的财力条件，孙乐山颁令："建学所需瓦石梁檩，皆可拆庙宇寺院、碑林牌坊等用作建学之需。"

同年，大夼拆黄金庵庙建立了黄金庵小学。1931 年姜疃拆凤山庙、姜疃村西店的朝阳庵（尼姑庵），建立姜疃完小。

在此时期，山东省有2000多所乡村学校兴起。安里学校即在此大背景下成立。

（二）盖鸿钧建校

1929 年，安里村人、乡绅盖鸿钧[①]先生有感于乡人子弟读书维艰，遂积极响应政府倡议，出面倡办学校，得到乡人的大力赞同、支持和参与。动议全村乡亲创建安里学校，据史料记载，时称"安里私立旭光小学"。

学校由盖鸿钧先生出资大部，并捐出一块地产，校址选定在安里村西面的尼姑庵、名为"槐绿庵"的废址上建立，并拆村北面一处庙宇"初村院"（又名"初春院"）的砖瓦梁檩木料做为辅用。村人踊跃乐捐，有钱出钱，有力出力。历时一年有余，校始建成。

盖鸿钧世系表

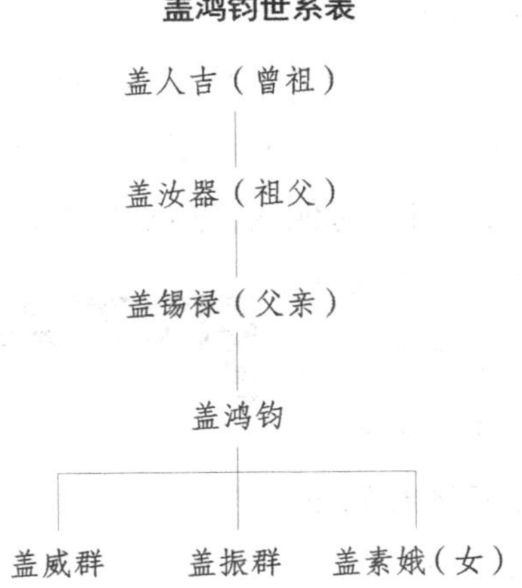

① **盖鸿钧**（1871－1931）

世代务农，曾祖盖人吉、祖父盖汝器、父亲盖锡禄。兄弟 5 人，排行老二。生子 2 人，生女 1 人。家族历来重视对子弟教育，祖上曾出过太学生。至盖鸿钧子女一辈，次子盖振群毕业于山东武术传习所，长女盖素娥毕业于山东省立第一女子师范。据统计，其家族解放后迄今共出过大学生 30 人，研究生 7 人，博士生 6 人，其中大学教授、副教授 4 人。

学校新建校舍两排，加上尼姑庵原来的一排房屋，前后共3进。分为前院、后院。

第一进中间有大门洞穿廊；两边都是教室。

第二进中间的大屋为小礼堂，小礼堂东西各有一个教室，教室前面有两厢房，东是学校伙房，西是储藏室。

最后面一排是原来的庙庵旧屋，作为教师宿舍。庙庵的旧屋前面立着很多大石碑，有七、八幢之多。

校址四至：东至村人住房胡同，西至菜园，南至学校前东西大道，北至原来第二排大礼堂后面。校址占地2640平方米，约合4.41亩。

学校门口有一对石头狮子，校门门头为中西结合的浮雕式图案。图案为仙鹤、小鹿，环绕着松树、梅花和牡丹。校门顶中西结合呈欧式风格，由上夼村人、当地著名工匠刘克宽设计、修建，十分美丽壮观。（此校门浮雕于1967~1968年间，因校舍年久失修，在修缮第一排房屋大门洞时拆掉。）

安里私立旭光小学建成初期，具有一定的私塾性质，除了招收族中子弟、也招村中适龄儿童入学。招生范围还辐射到周边几十里外的村庄。

据后人回忆，建校时，盖鸿钧天天呆在工地上，工地上砖瓦木料遍地，他除了自己管理，还让长子盖振群（字治民）前来帮助监工。

一天，有人告诉他说：前街上某某人，拿了一块大木头回家，说要做一件有用的器物。他得知后，勃然大怒，即责令私拿木料的人立马将木料送回工地。他用手杖戳着地，一字千钧地说："这里的一草一木，都是大家的，是安里村老少爷们的。谁也不能私拿回家。"村人对他这种热心公益、认真负责的精神赞许有加。

创办学校，门面很重要。学校大门临街，如同人的颜面。盖鸿钧为此没少动脑筋，两次请木工领班盖功业、瓦工领班盖功凤及村里有文化的先生讨论设计方案，终不如意。当时，十里八村有"大河西，风山南，能写会画刘克宽"的乡谚。刘克宽，邻村上夼人，少年读私塾，天资聪颖不凡，悟性极强。18岁到烟台、青岛、济南等地跟师学徒，不到一年，在建筑、

图为1929年前安里人集资修建石桥时所立的功德碑，碑中所署盖功凤、盖功业，即为建立安里学校时的木工领班和瓦工领班。

盖氏族谱集

设计、装饰、绘画上显示了高超的才艺。其所创作的浮雕彩塑，纳古融今、中西兼容，集多种风格于一体，都说他做的活好，老板、主顾赞许有加，逐渐声名远扬。于是，盖鸿钧托人向刘克宽发出邀请。

“家乡人，格外亲！”刘克宽放下别家的活，应盖鸿钧所聘，到安里学校工地实地勘测、丈量。第三天，他便交了设计小样，并现场讲解了创作意图和蕴含理念。盖鸿钧听罢频频点头，认为刘师傅的设计符合他求新、求美、追求意境、彰显新潮思想的特点。最让人称道的是，大门廊上方衬墙两边那对欧式双狮，显系文艺复兴时期的造型，其势态和设计的位置，皆与国内习惯相异。寓意东方睡狮初醒，表示学堂学子学识渐高，像百兽之王一样强势，能压倒一切辱我中华的列强！四联水泥浮雕，采用了国人传统技法和造型，青松白鹤，梅花双鹿，牡丹彩凤，上书一浮雕横匾，曰“六合同春”。“六”者，发音念“陆”，鹿也；“合”为“鹤”也；“六合”，鹿、鹤之谐音也，显示学校生机勃勃，平安吉祥。多段弧形边沿的衬墙，飞逸飘洒的彩带绣球，又是欧洲风格，整体中西合璧，寓意深刻，落落大方，令人耳目一新。盖鸿钧就地敲定采用此浮雕方案。

刘克宽师傅出身于清寒农家，时年48岁，体力手艺正是鼎盛时期，他耐吃苦，能出力，不摆架子。开工后，早出晚归，食宿在家，半头晌午只要有一小碗荷包蛋水，中午两个火烧、一碗菜就满足了。两个跟班壮工说：“跟师傅干活太累！他忙俺也不得闲，累死了！”仅用30多天，浮雕落下遮帘，只见：一对雄狮威风凛凛，花木鸟兽，栩栩如生，鲜光彩亮，美轮美奂！十里八村争相一睹为快。

盖鸿钧先生更是欣喜万分，在家中摆了一桌答谢酒席，宴请刘克宽和建校的各路领头人物。

（三）学校状况

安里私立旭光小学建成初期，兼具私塾[①]和义学[②]的性质：一是招收族中子弟入学读书，二是招收村中及周边适龄青少年入学。

学校成立有董事会，董事长盖世瑞(盖良群老师的祖父)，称为“学董”，相当于学生家长代表。董事会负责管理日常工作；教学事务由校长负责，春季至冬季为一个学年，一般阴历正月十五过后开学，腊月初八放假。1930年春节过后开始招生，第一批招收的安里村学生中，编撰本书时仍在世的有盖乐宾、江平世、江同世3人，都是1930年阴历正月入学。现在都是90岁以上高龄老人。早期学生还有盖仁先（“文革”前任村书记）、盖中周（盖鸿钧长孙，后病逝于台湾）、张立功（本书主编张正齐的五爹）等。

外村学生有来自姜疃、瑶头、森埠庄、上夼、凤头村等。如后森埠庄村人刘宗太，1930年1月至1937年12月在安里小学读书，后来成为安里学校第五任校长；西宅人于吉欣，1930年1月至1932年6月，在安里小学读书，后来成为安里学校第四任校长（以上据莱阳教育局个人档案资料）。

安里私立旭光小学，第一届学生招收了4个班，每个班30~40人，共招生120余人。前排房子安置两个班，中间一排安置两个班。尤其可贵的是，在此之前，女孩子没有上学的机会，更不能与男孩子那样到外面学校读书。当时，国民政府新教育运动开始提倡“男女同校”，安里学校第一届也招收了一些女学生，如安里村女生盖淑花、兰淑林(盖中臣老师的母亲)等。

第一任校长葛子明（字仕涛，莱西人），教师9人：盖冠英、于华培 、潘芳庭、盖淑珍（村人称谓“大菊嫚”）、左松安 、毕老师、龙湾泊村姜老师，炊事员2名。

学校建成初期颇具气派，有篮球架、风琴、铜鼓、洋号等。

课本采用国民政府统一教科书，复兴课本，初小有国语、算术、常识、音乐、

---

① 私塾

一般具有家族性质，聘请教师设学堂教书，私塾的一切事宜均有学董（学生家长代表）与塾师洽谈议定，大多招收族中子弟。

② 义学

也称为“义塾”，系地方公益金或个人出钱资助建立的学校，带有慈善事业性质，上学花费不多，一般农家子弟容易接受。学费靠学田收益与义捐。

美术、体育。篮球架在学校后面。学生上体育课，训练正步走，与现在的军训内容一样。后来学校还组建了童子军。童子军衣服为蓝黑色，每赶凤山大集，他们都拿军棍、敲铜鼓、吹洋号开路。

20世纪30年代，小学教育实行6年制，四、二分段，即初小4年，高小2年。安里私立旭光小学于1929年开始土建，1930年春正式招生，1931年春天，莱阳国民政府教育机构，拆姜疃村西店的朝阳庵，新建了姜疃完小，当年秋季招生。安里私立旭光小学成为其属校，改称“姜疃完小安里小学”，负责初小教育，安里学校学生读到四年级，即到姜疃完小升读五、六年级。1934年，安里小学第一批初小毕业生江平世、盖中周等，升到姜疃完小读书。

姜疃完小建立起来之后，1932~1933年前后，安里小学将自己的篮球架送给了姜疃完小。

1935~1936年，由于战乱，社会动荡，学校停课解散，安里村的学生只好又回到村里的私塾先生盖冠英老师在前街的家庙处读书，课程只有语文、数学两门，还学一些农村办红白喜事需要写的礼单、招魂令等。

1937年，日寇侵华，抗日战争全面爆发。之后的两三年时间里，安里村的学生继续在盖冠英老师在前街的家庙处读书，课程依旧是语文、数学两门，外加一些农村办红白喜事需要写的礼单、招魂令等。1939年，经各方的共同努力，在解散了几年之后，安里小学得到恢复，仍设1~4共四个年级。校长盖旭斋，教师有潘芳亭、盖玉泉、盖冠英、盖淑珍、盖洪基、江进世、于华培等7人。两个年级共用一个教室，学生人数仅50来人。此时学校设施也很简陋，没有单独的操场，仅有两个教室，一架风琴，后来姜疃完小做了新课桌，将几十张更换下来的课桌，送给了安里小学。

这个时期，安里小学改用抗战课本，仅有4名教师任教，每人负责数门课程。其中，盖玉泉教算数、音乐；潘芳亭教语文、体育；盖冠英（男）、女老师1人（姓名不详），负责其余课程。

当时学生除应交学费外，还要轮流负责给老师送饭。教师没有独立的办公室，只能在教室内隔间设办公室。

此时期安里村的学生有：张维斌、张维先、张维业、张旭云、盖聚成、盖中军、兰宝坤、盖鸿雁等。

二、战火中艰难办学（1940~1949）

1940年前后，国共两党分裂，抗日战争处于艰难阶段，莱阳分为解放区、游击区、敌占区。1939年日军侵入莱阳城，安里属于日伪政权统治下的敌占区。这时，胶东的敌伪势力，纷纷从胶东各地投奔驻扎在莱阳万第的赵保原①。那些公办学校的校长、教师，也一起跟着跑到了莱阳。当兵的住进兵营，教师、学生则住进学校。

1940年5月莱阳县抗日民主政府成立，县政府在原国民党区划的基础上建立地方政权。1941年，“2月6日，胶东行政联合办事处决定，将原莱阳县（现莱西县）和莱东行署（习惯称县，现莱阳市），隶属南海行政区。”（参见《莱阳市志》大事记）。1945年3月，又从莱东行署析出五龙县，安里村划归五龙县，安里学校改称“五龙县五区三小”，五龙县划为10个区，辖363个村。莱阳因其重要的军事地理位置，安里村也成为各路兵家争夺的要地，安里学校更是军队的重要据点。1940~1949年间，安里学校发生了3件大事。

（一）山东省第十一联中进驻

1940年，“是年，在河马崖、王宋村，建立山东省立第十一联合中学，后迁庵里（现新安）、瑶头村，1942年又迁至崔疃村，1945年2月解散。”（参见《莱阳市志》大事记）

---

① **赵保原**（1904~1946）

字玉泉，后改玉全。山东蓬莱县（今蓬莱市）芦洋大赵家村人。1931年“九一八”事变后，投靠伪满充当汉奸，曾任伪满国军第3旅骑兵6团团长，多次参与镇压抗日义勇军，后投靠国民党，于1939年担任过莱阳县代理县长，后任国民党陆军暂编第十二师师长，曾多次配合日伪军大举进犯胶东八路军根据地。1946年6月8日，被胶东军区十三团四连击毙，死后被国民党追赠中将军衔。

山东省立第十一联合中学，简称“十一联中”，由原来国民公办的第五联中、第六联中、第八联中等组成。1941 年春，第十一联中搬迁到了安里学校。1942 年搬迁到团旺崔疃。

第十一联中在安里小学设两个高中班，共 80 余人；4 个初中班，共 200 余人左右。由于学校教室紧张拥挤，上课时学生一个挨着一个。学校住不开，在姜疃村南头租了一个房子，设立一个班。在安里学校上课，回姜疃村住宿。教师们也缺乏宿舍，只得到姜疃等邻近村庄租房。

因学生活动场地受限，盖鸿钧次子盖振群（字治民）将学校后面私产场院捐出，作为学校的操场。

十一联中课目设置有：语文、外语、数理化、史地生、音体美，与现在的学校基本相同。校长杜银山，教务主任王秋圃；教官盖天佐，语文教师姓田，名字不详，系中共地下党员，解放后担任莱东县教育科科长。当时学校女学生较少。

学校没有宿舍，学生分两三人一组，都寄宿在老百姓家里。

1941 年夏，十一联中开始搬迁，先是从安里搬到团旺的大李格庄村，半年后，正式搬到新建成的崔疃校址。1944 年下半年，第十一联中学生开始解散。至 1945 年 2 月正式解散。

十一联中进驻后，安里小学的许多学生在此期间流失、辍学。一部分转到其他学校读书，安里本村一至四年级的二、三十名学生，只好搬到村中大庙（即现村委会所在地）继续上学，此外学校还租住了村里的一些民房、闲屋教学，基本处于半停办状态。

1939~1941 年，安里小学由盖旭斋任校长，教师有盖冠英、盖淑珍、盖玉泉、江进世、盖功寿等 5 人。

十一联中迁走后，桌椅板凳、文体教具等都没有带走，安里小学恢复正常教学，教师规模也逐步有所扩大。至 1945 年，盖旭斋继续担任校长，教师有盖冠英、盖淑珍、盖玉泉、盖国寿、周普山、石文庄、盖永寿、张智民，后期还有宋格庄的张忠先、马家泊的位仁寿、姜格庄的李明江。

全校此时有二、三个班级，每个班级有二、三十名学生，全校师生不足百人。

这时采用国民教育统一课本。学生学国语（语文）、算术、常识三门功课。有课外活动，体育课，没有文娱活动。学生穿蓝黑色对襟衣服。每年过六一儿童节，学校都给每个学生发一个大烧饼。

（二）中海专署、中海军分区进驻

1945 年，“2 月 11 日 ~20 日，胶东军区主力部队在地方武装和民兵的配合下，发起‘讨赵战役’，攻克赵保原驻地万第及濯村、迎格庄等据点，毙伤俘敌 1.2 万余人，赵保原率残部向西逃窜。”（参见《莱阳市志》大事记）。

为了粉碎日伪军的“大扫荡”，根据抗日战争形势发展需要，胶东军区在原有东海、北海、西海、南海 4 个军分区基础上，1945 年 5 月 1 日，许世友①下令成立了南可以指向青岛，西可以进攻胶济铁路的中海军分区，中海军分区司令员聂凤智②、政委刘中华③。1945 年的春夏期间，中海军分区司令部相继进驻安里学校，作为战时机关的办公地。这期间，原中海军分区司令员、后来担任南京军区司令员的聂凤智，住过安里学校。1947 年春夏，华野东线兵团与占据莱阳城的国民党军队作战时，司令员许世友在安里村居住过，他们曾先后在安里学校指挥过胶东军民的抗日战争、解放战争。

① 许世友（1905-1985）
1905 年生于河南省信阳市新县田铺乡河铺村许家洼。抗日战争时期，曾任胶东军区司令员。中华人民共和国成立后，历任山东军区司令员，中国人民志愿军第三兵团司令员，华东军区第二副司令员，中国人民解放军副总参谋长，南京军区司令员，国防部副部长兼南京军区司令员，广州军区司令员，中共中央军委常委。开国上将。1985 年于南京逝世。

② 聂凤智（1914-1992）
湖北省孝感市大悟县人。1928 年加入中国共产主义青年团，1929 年参加中国工农红军。1933 年加入中国共产党。抗日战争时期，曾任胶东军区第五旅 13 团团长、旅长，中海军分区司令员。中华人民共和国成立后，历任华东军政大学教育长，华东军区空军司令员，中朝联合军空军司令员，南京军区、福州军区空军司令员，福州军区副司令员兼军区空军司令员，南京军区副司令员兼军区空军司令员，南京军区副司令员、司令员。开国中将。1992 年于南京病逝。

③ 刘中华（1917-　）
山东省文登县人。1932 年加入中国共产党。1937 年参加八路军。抗日战争时期，曾任胶东军区南海军分区政委、中海军分区政委、北海军分区政委。中华人民共和国成立后，历任海军舰队副政委、司令员兼舰队政委、海军高级专科学校（后改称海军高级学校和海军政治学校）校长兼政委。1955 年获二级独立自由勋章、一级解放勋章。开国少将。1981 年离休。

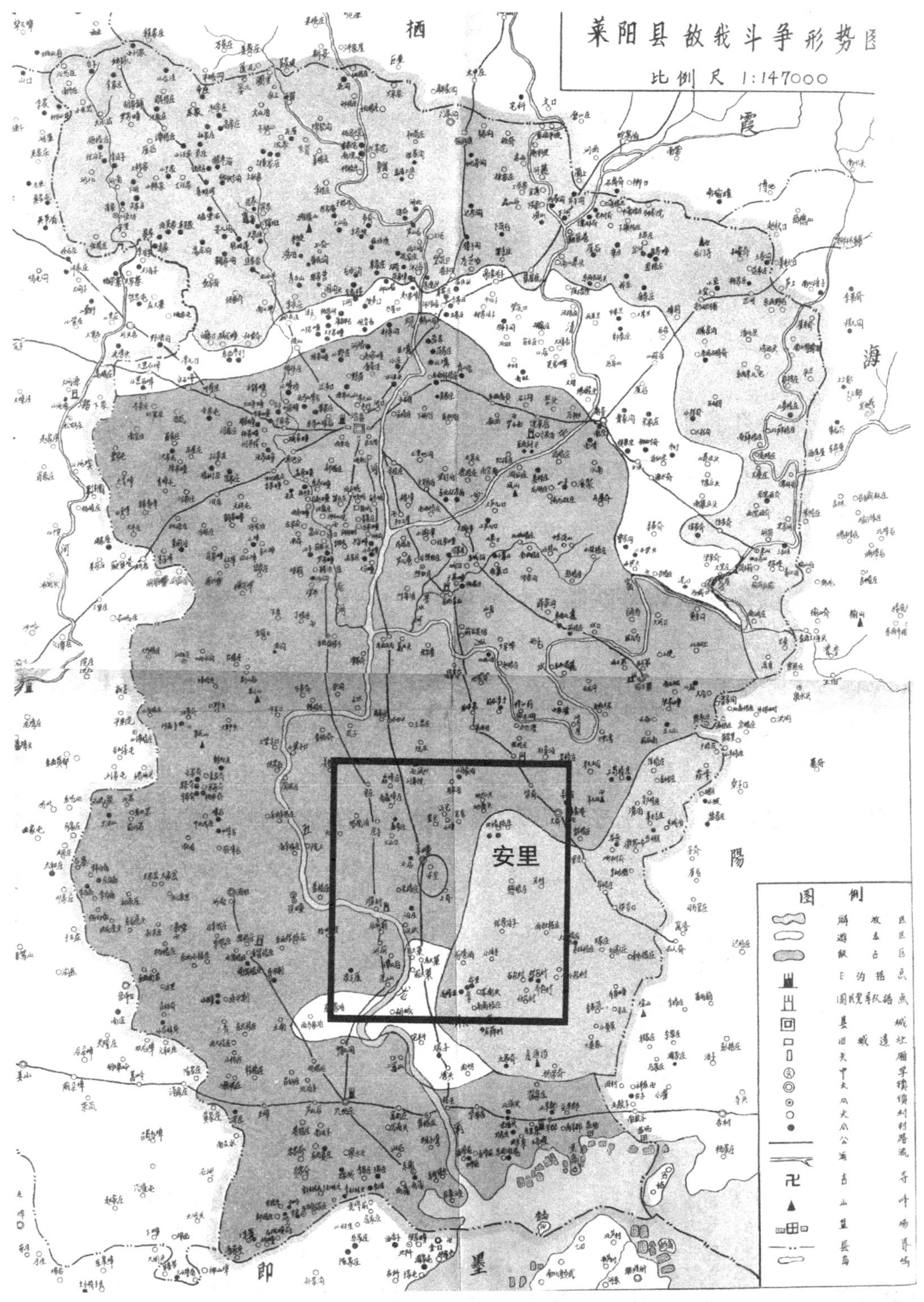

1944年抗日战争期间莱阳县敌我斗争形势图

1947 年许世友在安里村的这个小院住过 20 多天，原为村民盖玉先的旧居。

1945 年 5 月 1 日，胶东区设置中海区。胶东区党委决定成立中共中海地方委员会，刘中华任书记、王建明任副书记。同时成立中海军分区，聂凤智任司令员、刘仲华兼任政委。

（三）胶东军区野战医院三分所进驻

为保障人民解放军的兵员补充和扩编，解放战争期间的大参军运动，莱阳有大批优秀子弟参军入伍。1947 年，安里动员了 172 人当兵，他们都是安里学校的优秀子弟，大都在安里小学读过二、三年书，一入伍即上前线，3 年的解放战争期间，共有 33 人为国捐躯。牺牲时最大的盖玉平 31 岁，最小的盖洪田才 19 岁，安里学校创建人盖鸿钧的孙子盖中原在解放济南战役时牺牲，时年 20 岁。

现中国人民解放军潍坊第八十九医院，其前身即当时的“胶东军区野战医院”，诞生于二十世纪抗日战争初期，1945 年春，该医院所属的三分所进驻安里学校。

1945 年春，中海专署、中海军分区进驻安里后，胶东军区野战医院三分所也进驻安里学校，原因：1945 年春节我军（腊月 29 日除夕）攻克万第，随后打下濯村、姜山、迎格庄等七八处据点。几百名解放军伤病员住进学校，学校变成野战医院，安里成为大后方。

胶东军区野战医院三分所，后来发展成为中国人民解放军八九医院（驻潍坊）。

中海专署、中海军分区、胶东军区野战医院三分所进驻安里学校期间，安里学校的学生都全部迁到村里的家庙、以及村中闲房上课。

野战医院进驻学校时间约一年左右，其撤走后安里学校便迁回原校址教学。

至 1947 年底，全校一至四年级仅有学生 30 来人，他们集中在学校中间的大房子里上课。

1948 年，学校更名为安里小学，仍然属于姜疃完小分校。至 1950 年，全校共有教师 10 名，校长：位仁寿；教师：于吉欣、周普山、盖立德、江作世、盖立清、张晓云、李明江、石仁卿、孟庆贵。期间，学校设一、二、三、四年级，共四个班，每班 20 多位同学，全校学生仍不足百人。教学主要在学校前面的两排教室，最后面的一排教室都空闲着。上课采取复式班，一、四复式；二、三复式。

因校舍紧张，一年级学生先在村里后街大家庙的小侧屋里上课，天气暖和又搬到上疃张家街的闲屋里、南面大场院里。上课时，教师把小黑板挂在大杏树上讲课，到二年级才搬到村西学堂里。

课程只设置国语和算术两门。一年级国语：人手刀民，人，大人大，小人小。

1945 年春夏，胶东军区野战医院三分所进驻安里学校，学生搬到村中民房、家庙上课。此为村民盖秀仁旧居，是当年学生们读书上课的临时教学点之一，位置在安里村上疃张家街街南头。

算术：阿拉伯数码加减法之类；二年级国语是羊，大羊大，小羊小，大羊小羊山上跑，跑来跑去吃青草。

无音乐课、美术课；也无常识、体育，学生没有文体活动。

有时候上课，学生用毛笔学习写大仿字。有时自习，老师会教学生唱歌。

当时学习环境和条件都很差，无电灯、暖气，也无水泥黑板，冬天教室没有炉子，使用十一联中留下的一批桌凳，教室里没有灯。学生上晚自习时，有的点胶皮，有的点松角，用来照明，很少有学生点煤油灯的。学习用具很原始，一年级用的是石笔和破泥盆底，用石笔把字写在破盆底上。用破布卷一个圆柱，把字擦掉然后再写，这样反复使用。三年级才写在纸上。学生到市集小摊上买张二板纸，回家割成32开订个小本子，买支蘸水笔，蘸着自制黑墨水把字写在本子上。墨水也是自制的，在集上买个“金鸡蓝片”回家，找个空瓶倒上水，把金鸡蓝片放在里面溶化，即成蓝黑水。

三、解放后快速发展（1949~1969）

（一）解放初期

“1948 年，五龙县行政区划下辖 10 个区，363 个村，五龙县政府驻地在团旺。姜疃区所属安里村等 36 个村归属五龙县。”（参见《莱阳地名志》）。1949 年 6 月，山东全境解放。10 月 1 日，中华人民共和国成立。1950 年 3 月，莱东、五龙两县合并成为新的莱东县，6 月莱东县改称莱阳县，安里小学自此复归莱阳。新中国成立伊始，百废待举，但党和国家对教育事业十分重视，安里小学也有了长足的发展。

至 1958 年，学校仍然是复式班，一、四年级一个班，二、三年级一个班，每个班 20 余人。留级生多，还有新生插班。全校约 60~70 余名学生。期间先后经历于吉欣、刘宗太、于文永三任校长。教师最多时 9 人，最少时 6 人。

学科设置方面，一、二年级开设国语和算数两门课，三年级时语文加了写仿：毛笔字、大字、小字，算数加上珠算加减法。

文体活动方面，由于没有文娱器具，学生搞宣传就借绸手绢扭秧歌，锣鼓乐器村里有一套，学校要用时就派学生去取。平时学生唱的歌曲主要有《大红花开满地》[①]《六月的花儿香》[②]《六一儿童节》《嗨啦啦啦啦》《东方红》《没有

① 《大红花开满地》歌词
大红花开满地，小朋友拍手来游戏，大家变成个飞行机，一同飞到北京去，飞呀飞呀飞呀飞呀快快飞呀。到了北京就下飞机，一色的红领巾多美丽，整整齐齐排好队，向咱毛主席来敬礼，敬礼敬礼敬礼敬礼再敬礼呀。小朋友的幸福是他给的。

② 《六月的花儿香》歌词
六月的花儿香，六月的好阳光，六一儿童节，歌儿到处唱，歌唱我们的幸福，歌唱我们的富强，要和国际小朋友一起歌唱，唱啊唱啊唱啊唱啊，亲爱的领袖毛主席，和我们快乐的歌唱。

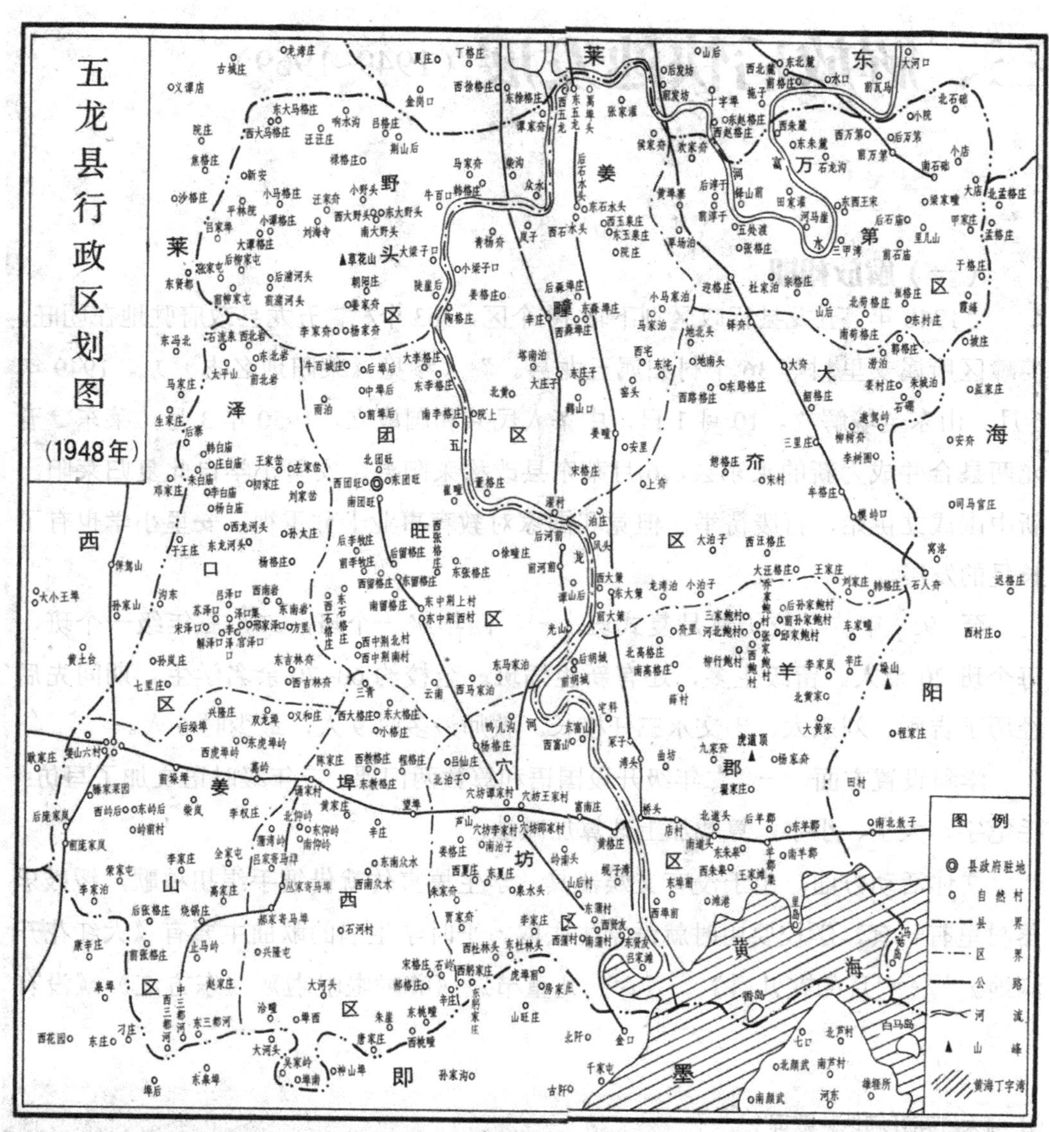

1948年五龙县行政区划图

共产党就没有新中国》，抗美援朝时教唱《中国人民志愿军战歌》[③]。这个时期增加了体育课，训练学生跳远、跳高。由于没有训练场地，师生们自己动手，自力更生，去凤头村西的五龙河边搬沙，在学校后院的东面挖了个最原始的沙坑。有时上体育课就在院子里做“占位子”“丢手绢”的游戏。没有体育场，学校运动会要到姜疃完小去开。

教学管理方面，学校上午安排四节课，下午安排两节课，另外安排早自习和晚自习。当时学校没有钟，上下课靠手摇铃作为信号。因为没有钟表，不知道时间，学生们上早自习课害怕去晚了，经常是凌晨三、四点钟，天还没有亮，有的同学就去了，在校门外等着。晚上没有油点灯。偶尔会有学生因迟到被罚站教室门外，但学校校风好，基本没有学生打架的事情发生。学校办公室房后，竖立着一根旗杆，每到过节，学校都组织升旗仪式，学生列队向国旗行礼。1953 年，苏联领导人斯大林逝世时，学校降半旗，全校师生集中列队，默哀 3 分钟。

1949 年 10 月 13 日，“中国少年儿童队”正式诞生。1953 年 6 月，共青团中央召开第二次全国代表大会，将其更名为“中国少年先锋队”。安里学校也随之开始建立起属于少年儿童自己的组织，设立了少先队大队、中队、小队建制，入队的学生佩戴红领巾。

（二）农业大学办校时期

1958 年，中国大地全面兴起了以追求经济高速发展为主要特征的“大跃进”运动，全国上下一派狂热，多快好省建设社会主义，大干快上办教育。全国各地掀起了大办农业大学的热潮。在此背景下，姜疃公社领导决定：在安里学校成立一所农业大学。创办这所学校的目的，是要为农村培养出大批既有社会主义觉悟、又有文化的劳动者，以适应农业生产战线上技术革命的迫切需要。

1958 年，姜疃公社下辖 36 个自然村，安里村设立 7 个生产大队，每个大队下面有 2 个小队，共 14 个生产小队。

---

③ **《中国人民志愿军战歌》歌词**

雄纠纠气昂昂跨过鸭绿江，保和平为祖国就是保家乡。中国好儿女齐心团结紧，抗美援朝打败美帝野心狼。我的爸爸去过朝鲜战场，为了保卫祖国为了保卫家乡。打败美帝保卫和平，嘹亮的军歌威武雄壮。我们的先辈去朝鲜打仗，英勇战斗是民族的脊梁。鸭绿江水在静静地流淌，嘹亮的军歌在耳边回荡。

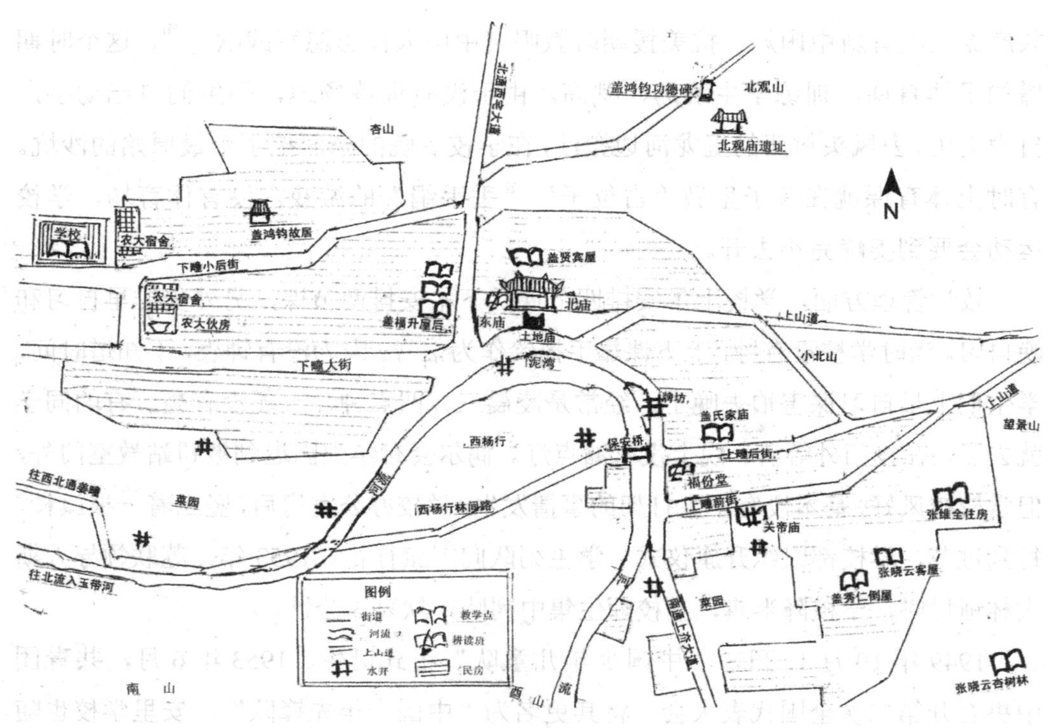

1947~1958 年间安里村学校教学点位置示意图

农业大学办学期间，学生主要来自姜疃公社 30 多个大队，学生规模近 300 名，学生年龄从十四、五岁到二十八、九岁都有，文化程度是初小到完小。全校分 3 个连，下设排、班，学生集体行动，以军号为令，全面军事化管理。政委（校长）由张维先担任，团长（副校长）由高全发担任，还有 1 名副校长宫学宏（中央下放干部），后勤主任宫玉链；教师有位作安 、逄洪昌、位兹泉、宫善坤、周敬风（中央下放干部）、高彦花 、刘芝柱、盖一平等；炊事员：于贤花、梁春英、孟庆花、宋中娥、盖淑贵、盖淑桂（均为安里婆家）。

教学设置上，数学教科书借用初中课本，语文、农技用山东省编临时教材，军事课主要是步枪构造、性能、分解组装。还有靶场训练、百米胸环靶、实弹射击等项目。学生以劳动为主，每人必备铁锨、筐子。开学后就开始挖粪、积肥。夏季积绿肥，每天统计劳动成果，全校评比。秋季开始帮助生产队秋收，投入最多的是翻地种小麦。学习文化课为副，上文化课时间只占一小半，多是利用阴雨、大风等恶劣天气上课，老师很少留书面作业。

农业大学初建时，虽然号称“大学”，但是开始没有设系。1958 年秋季，学校领导根据农村生产形势的需要，决定在农业大学分设农业、工业、园艺3个系。农业系的专业课是：农作物栽培、种植、施肥、田间管理等；工业系讲煤气机、柴油机构造功能。学校有一台弹花机，上实践课时，学生摇着手工大轮弹棉花。园艺系学员主要来自学校原宣传队的学生，由担任园艺系主任的逄洪昌老师，组织排练了话剧《姑嫂和》、吕剧《牧羊圈》和花鼓戏《刘海砍樵》等剧目。先在学校初演，后到外村演出，很受老百姓的欢迎。安里农业大学停办后，宣传队还在濯村等继续演出了一、两个月。

这一时期，安里小学在校读书的学生全部迁至村中民房，当时学校校园东面的10多栋民房被征用，拆掉院墙，屋内推倒锅炕，砸掉壁子，铺上麦秸，就成了学生宿舍。直至安里农大停办解散，学校师生们又搬了回来继续上课，此时学校名字为“安里小学”。

（三）三年自然灾害时期

1959~1961年，国家处于经济困难时期。安里小学曾一度采用半日上课、半日勤工俭学的方式，即每天上午只上半天课，下午由班主任老师带领学生，到山里、地里挖野菜、拣地瓜叶等等。

虽然当时人民生活极为困难，但在当地政府的大力支持下，安里小学依然克服困难，坚持办学。1960年，学校在原来一至四年级的基础上，增设了五年级，一至四年生源是安里本村，五年级生源是安里和上疥两村。学生人数近300人。六年级学生到姜疃完小读书。

1964年，安里小学更名为姜疃完小安里分校。安里小学成为姜疃完小的分校后，学制设置是一至六年级，每个年级两个班，“文革”前五、六年级到姜疃完小读书。生源方面，小学部分主要来自安里本村，五、六年级招收上疥等村学生。课程设置方面，小学有语文、算术、图画。后来增加自然、地理、历史、物理等。一年级主要学习生字，后来才有课文，如《乌鸦喝水》《一个豆瓣的旅行》《农夫和蛇》《狗、公鸡、狐狸》，后来《雷锋》《老三篇》也都在课文中。学校安排有晚自习和早自习。老师根据教纲及课本备课，再按教育系统要求施教。课外活动方面，有时做游戏，如丢手绢，击鼓传球；有时也搞体育活动，组织劳动等。文娱设施方面，学校有了锣鼓、二胡、笛子、腰鼓等，有一大两小铜鼓，4支洋号。学校组织了腰鼓队，六一、国庆等节假日到姜疃完小去演出，有时候还到姜疃集上演出。体育方面，主要开展篮球、铅球、手榴弹、跳高、跳远等方面的训练。期间学校组织了运动会，奖品以奖状为主，物质奖品不多。

当时学校没有电灯，也没有自来水，生活条件艰苦。但在学生教育上，学校态度鲜明、目标明确。一是政治教育，提出的口号是“好好学习天天向上”，“争做又红又专德智体全面发展的革命事业的接班人”。二是严格纪律，不准迟到旷课，上课不准说话交头接耳吃东西等。三是奖励方面，实行少先队员、三好学生、五好学生等评比制度。四是惩罚方面，采取罚站、增加作业的方式，年终考试成绩在大街上张榜，不及格的名字最后 5 名用红笔打上对号，名曰坐“红椅子”。

1959~1964 年，学校经历盖鹤亭、宋建国两任校长，教师人数最多时达 16 名。

学生们会唱许多优秀的儿童歌曲，如：《我们公社养了一群小鸭子》①《向日葵》②《扫墓歌》③《小燕子穿花衣》④等。另外，根据农村儿童的特点，还教学生唱《二十四节气歌》。

（四）与农业中学合校时期

1964 年 8 月，国家普及初等教育，为给农村培养有知识有文化的人才，让没有考取公办中学的六年级学生能继续接受初中教育，姜疃公社决定在安里成立农业中学。农业中学借用安里分校大礼堂东四间为教室，招收了一个班的学生，校长由时任村党支部书记盖福升兼任，教师两人：张玉林、盖作恩。生源来自全公社 17 个大队，共计 50 余名，其中安里村 8 名，是学生人数最多的村。

农业中学借用安里分校的课桌、凳子等，设有语文、数学、物理、地理、历史、

---

① **《我们公社养了一群小鸭子》歌词：**
我们公社养了一群小鸭子，我们天天把它赶到池塘里，
小鸭子向着我咯咯咯地叫，再见吧小鸭子我要上学了。

② **《向日葵》歌词：**
向日葵向日葵我来问问你，你为什么天天弯腰把头低？
小朋友小朋友我来告诉你，因为你栽种我我来感谢你。

③ **《扫墓歌》歌词：**
山鸟啼，红花开，阳光照大路，少先队员扫墓来。
墓前想烈士，心潮正澎湃。意志如长虹，气节像松柏……

④ **《二十四节气歌》歌词：**
春雨惊春青谷天，夏满芒夏暑相连，秋处露秋寒霜降，
冬雪雪冬小大寒，二十四节是一年，记住节气好生产。

音乐、体育、美术等课程。盖福升校长经常对学生进行形势教育和热爱劳动教育等。

学校教学以培养新型农民为主，除抓好日常科学知识教育外，还经常带领学生参加农业技术实践，到本村技术队学习科学种田，学习珠算知识，进行土地测量，粪堆测量，利用小平板测量渠道等。另外，还经常带领学生学习果树修剪、管理技术等方面的知识。

1965年8月，丰台修配厂搬迁，农业中学50多名师生搬到了丰台，并更名为"丰台农业中学"，当年又新招了一个班约50多名学生。

从1964年姜疃完小安里分校成立到与安里农业中学一同办学，期间安里分校由宋文达担任校长，至1966年，全校共有教师13名。

这一时期，学校主要开设的课目有语文、数学、体育、美术、音乐。同时，在各方大力支持下，学校加强了教师队伍建设，增强了教师教学能力。一是针对教师个人特长及能力，安排任教，使教师们做到尽其能、用其才；二是进行业务培训提高教师专业水平。学校利用一套中师函授教材，利用课余时间，系统地进行了语文、数学的正规学习；三是在教师中倡导学说普通话；四是组织教师之间进行教学观摩，还组织了校际间的教学观摩活动，使教师的教学水平得到了极大的提高。

期间，学区组织统考，安里分校在姜疃片区7个学校中成绩突出，时任该片区领导的盖奎荣校长、刘文善教导主任，特地来到安里分校考察，听取教师介绍教学经验。

因办学成绩突出，学校得到了村领导的大力支持。时任安里村书记盖福升主动提出，给学校教师更换新的办公桌椅，新做了办公桌、椅、床等。按照宋文达校长的建议，村里木匠还制作了两张乒乓球台案大小、两边带抽屉的多用办公桌。教师们既可用来办公，课余收拾一下，两张桌子对齐了又可以打乒乓球。此外，村里还给学校新做了一副篮球架，安装了一口大钟，从此上下课敲钟，不再用手摇铃。

学习之余，学校还积极组织学生参加荒山绿化。1963年至1965年，连续3个春天，学校组织学生利用课余时间，在村南河滩、荒山，村东的荒山坡上，栽树一万多株。学生们还进行了梧桐树育苗，得到村民的普遍好评。

（五）"文革"初期

1. "文革"开始

1966年夏天，"文化大革命"全面开始，学校很快掀起"革命高潮"，天天

田边，街头，大集，军乐，锣鼓，彩旗。群众喜闻乐见，阵阵欢笑四溢。

开会、学习、宣传。学生参与写大字报、小字报，批判所谓“封资修”“黑路线”，贴满了校园和村子街道。“破四旧立四新”，女教师、女学生都不许扎辫子，只准留短发，扎了长辫子的被逼迫剪掉。

学校正常的教学秩序被打乱，课本停用，上语文课就是天天学毛主席语录，编排节目到田间地头去宣传。5天一个大集，大旗、小旗、彩旗，铜鼓锣号，师生们拉着队伍，浩浩荡荡去集上宣传，上级指示什么学生就宣传什么，也到其他学校串联取经。大会多：公社开、完小开、村大队开、学校开。大约有半年时间，几乎天天开会，参加运动，教师没有好好教，学生没有好好学。对学生的学习影响很大，家长有意见。

老师和学生上学、放学途中，经常带着铁锨撅篓子拣粪，学雷锋帮助烈军属干活。

1967年下半年，到姜疃完小读五、六年级的学生搬回安里分校，学生增加到7个年级，每个年级两个班，全校大约14个班，400~500名学生。

至1968年，姜疃完小安里分校校长为初明珍，教师分为公办教师和民办教师[①] 两种，其中公办教师3名：张淑美、盖振文、盖世臣；民办教师5名：盖光云、兰保平、盖京先、张玉芬、张玉翠。教师在学校中间的大房子里办公，房子中间放一张乒乓球案板，大部分老师就在这张案板上备课、批改作业，案板收拾一下就能打乒乓球。语文数学有工作本，学生作业本，没有辅导材料。

在当时的背景下，学校想方设法在管理上下功夫，尽可能减少“文化大革命”带来的干扰，要求学生有事有病都要请假，上学迟到了要受批评或罚站。老师早上晚上都要上学、备课、批改作业、开会。假期教师一般不放假，或放的很少，县教育局、完小、都要组织开会学习、培训、搞一些宣传活动、学雷锋。学校主要抓学习劳动勤工俭学，有时候半天学习，半天劳动。

这期间，学校由于前一排大门洞房屋老旧、漏雨破损，考虑到学生安全问题，1967至1968年间，村里安排瓦工对破旧漏雨的房屋进行修缮。在修缮过程中，学校大门洞上方有40多年历史的“六合同春”浮雕拆除，从此再没有复原。

2. 复课闹革命

1968年，“文革”开始两年后，学校“复课闹革命”，秩序基本上得到恢复。学生上课前要唱《东方红》《国际歌》《天大地大不如党的恩情大》；设有音乐课，此时学校已经有了钢琴。教学以语文、算术为主，还有体育课、劳动课、音乐、图画课。体育设施，有了新篮球架。针对农村生产需要，学校还开设了《农业基础知识》课。内容有土壤、肥料、果树栽培管理等基本知识。

1968~1969年，姜疃完小安里分校校长是盖文章，有教师16人。

---

① 公办教师和民办教师

1968年，国家正处于“文革”时期，公办教师基本下放回到原籍农村，这部分人的户籍称为“非农业人口”，也称为“公办教师”。由于师资力量不足，又从回乡知识青年中选拔优秀人才，充实到教师队伍中，他们的户籍关系不变，仍然在农村，称为“民办教师”。公办和民办的区别在于：“公办教师”，由国家财政发工资；民办教师，是由村里记工分，每月给予几元钱的生活补助。上个世纪90年代中期，国家通过考试的方式，分期分批地将民办教师吸纳进国家教育编制队伍，成为公办教师，户口转为非农业户口，现在叫“城镇户口”，习惯上称为“转正”。2000年之后，民办教师逐步退出讲台。

四、聚众力走向兴盛（1969~1979）

20世纪70年代开始，安里学校逐步办起了7年、9年一贯制学校，也是自1929年学校有史以来最为兴盛的时期。学校全面贯彻党的教育方针，逐渐形成了一支忠诚党的教育事业的优秀教师队伍，狠抓教学质量，积极开展勤工俭学，培养了一大批人才。

（一）规范办学秩序

“文革”后期，毛泽东主席号召就地办学、方便群众，全国、全民办学热情高涨，农村实行村村办学。据此，所有小学的公办教师也都下放回农村，师资力量充足。

1969年，安里学校开始实行“七年一贯制单办初中”，即小学5年、初中2年，学校全称为“莱阳县姜疃公社安里学校”。

安里成立单办中学时，学校课桌严重不足，低年级的孩子需从自家带桌凳。那时候，不少家庭有两、三个孩子上学，本来家中经济条件就比较拮据，但多数人家倾尽所能，拿出桌凳给孩子们上学用。

时任安里村党支部书记的盖奎[①]同志，看在眼里，急在心里。他先组织村林业队收集木料，木工组赶制了一批课桌，解决了一大批学生的急需，但仍空缺很

① **盖奎**（1933-2008）
自幼读书至高小毕业，1950年参军，先后担任战士、班长、副排长、代理排长，1958年复员回村务农，后任生产队会计，“文革”前担任安里大队民兵连长，1966年担任村革委会主任，1967年调升姜疃公社革委会副主任，分管贫协工作。1970年当选为村党支部书记。1975年调任姜疃鞋厂（莱阳靴鞋厂）厂长。1983年调任姜疃面粉厂(姜疃修配厂面粉车间)厂长。1986年再次调任莱阳靴鞋厂厂长。

多。此时，盖奎书记毅然决定，捐出公社特批给他建房的两立方平价木材（所谓“平价”，是国家计划内价格，低于市场价格，比较便宜，木材质量也好）。那时候的农村，盖房子是农民生活中头等大事，其中木料是最大一笔开销。他家 6 口人，仅住 3 间低矮狭窄的老房子，听说要把公社领导批给的木材让给学校，妻子和亲朋都很焦急，纷纷劝他不要头脑发热，一时冲动。有人说：“没有了木头，你盖不了新房，凭你那 3 间小破屋，将来两个儿子上哪儿娶媳妇？”但是，盖奎书记不为所动，态度坚决，说：“办好学校念好书，不愁说媳妇！”毅然将木材让给了学校，分文不取。这批木材，也很快就变成了学校里的高桌子、矮板凳，学生们很开心，学生家长和村里群众深受感动。

盖奎世系表

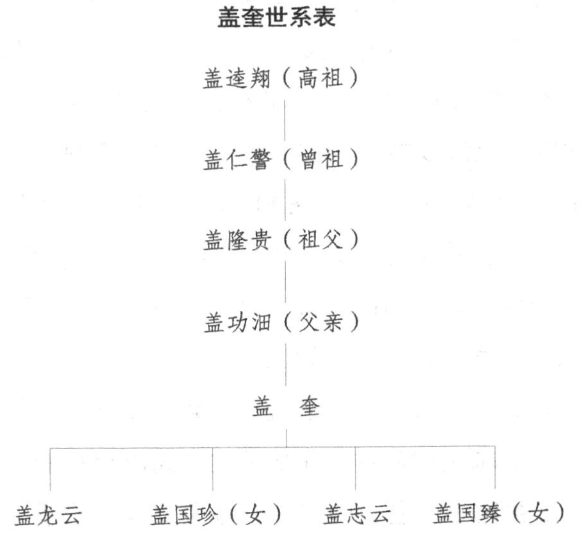

1975 年后，安里村依托安里学校办起九年一贯制学校，也就是小学 5 年、初中 2 年、高中 2 年。一个农民家庭的孩子，只要从一年级进了学校，连续读完 9 年，中间不需要升学考试，不需要出村，就可以完成高中毕业。这对于普及农村教育，让更多的农村孩子有机会读书，成为有用人才，起了极大的促进作用。

这时被下放回村的公办教师，全部集中到学校继续任教，公办教师、民办教师相结合，老中青教师相结合，校长由江吉高担任，全校有教师 32 名。其中公办教师 13 名，民办教师 19 名。

江吉高世系表

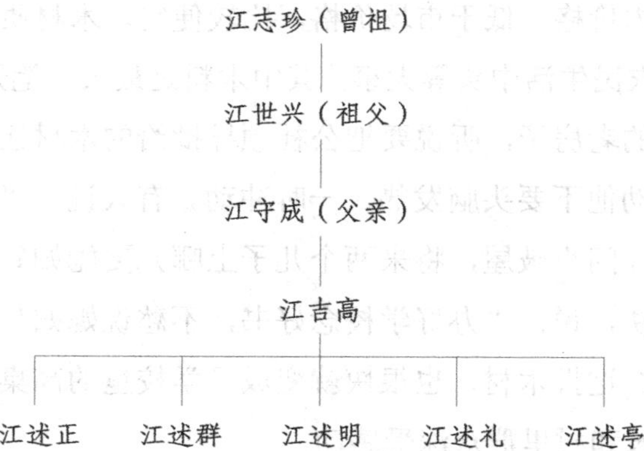

学校共有班级15个，学生800多名。学生、教师、招生人数都达到历史最高点。如：1971年一年级招生入学有3个班级。其他年份从一年级到七年级都是两个班级。还有两个高中班，每班约40多人。此外，还有幼儿班3个，约120余人。

幼儿班、小学班的生源以本村为主；初中班来自本村、上夼；高中班除来自本村的学生，还有安里村周边的姜疃、濯村、泊庄、凤头、上夼、地南头6个村庄。

课程设置方面，小学课程基本是语文和数学，由一个老师教，还有体育、音乐等；升入初中后，有物理、政治、历史、地理等课程。“文革”结束前，不上早、晚自习。1977年高考制度恢复后，开始上晚自习。

1972年，初中升高中考试，莱阳县统一试题，姜疃公社统一批卷，安里学校不足50名毕业生，考取高中18名，升学率大大高出全社的平均数，安里学校的文化课教学始终处在领先的位置。1977年，恢复高考，安里学校1名民办教师、5名学生录取，其中考上大学2名，考上中专4名。当年全县考取中专以上学校的学生尚不到300名。

这一时期，学校实行校长与村党支部领导及贫下中农监管的双重管理制度。一是村党支部直接领导学校，校长兼任村支部委员；二是村支部派遣专人实行贫下中农管理学校，党支部委员、村贫下中农协会（简称“贫协”）主任盖洪双作为贫下中农管理学校的责任人，参与学校的重大问题监管工作。时任姜疃公社书记刘永海对学校工作十分支持，教育助理纪文成经常来学校指导工作，安里大队书记盖奎以身作则，事事处处关心支持学校的工作。

教师的待遇是工分加补贴制度，无论公办、民办教师，都按照村里的整劳力记工分，即每天10分，每月300分，全年满分为3600分。当时每个工分年底兑现约1角钱，公办教师的补贴由县教育局发放，民办教师的补贴由村里支出；幼儿教师开始没有补贴，后来为了调动积极性，大队也发了与民办教师同等的补贴。

为了抓好后勤管理工作，1969年开始，学校还专门设立了“总务”一职，先后由张玉林老师、盖美群老师兼任，其主要工作管辖范围及职责包括：协助校长根据学校工作计划，制定总务后勤工作计划，建立健全学校的各项财务管理制度，负责学校的校容维修、设备设置等工作；做好食堂管理，保证师生的用餐安全；负责学校的经费收支、固定资产管理和办公用品的购置；负责对全校各类用房及照明、供水、排水、管道、道路的维修和管理工作；负责校容管理，搞好校园绿化、清理卫生等工作；负责防暑降温、防寒取暖，防汛、防治病虫害等后勤服务工作；进行安全教育、检查，设置防范措施，杜绝人身伤亡事故和设备责任事故的发生；账目每月一报，负责到镇教委处理报销单据，领取学校每月的办公经费。

同时，学校还注意从青年教师中培养骨干，发展张玉林老师、张正齐老师两名党员。

1976年开始，学校设立团支部，团支部书记由盖美群老师兼任。1979年开始，团支部书记由盖兴群老师兼任。学校团支部成立后，先后在教师和学生中发展共青团员28名。

（二）改善办学条件

一是新建校舍。随着学生、教师人员增多，办学规模不断扩大，旧的校舍已不能适应发展要求。1970年前后，经村支部和学校领导研究决定，改建、新建学校校舍。对原来的旧校舍进行翻修、加固，同时又在原学校后面新建了一排教室。并新建了学校大门，新建成的学校大门仍然是门洞形的，位于学校最南排教室中间，有两扇大铁门，上端有枪矛状的尖头。前三排房屋正中都有门洞，前后有甬路相连接。第三排是学校的办公室，是老师们办公、开会的地方。第四排房子的西边有一个小便门，门外是学生厕所。

二是新建操场。由于新建了第五排教室，占用了学校原来的操场。为了使学生更好地开展体育活动，做到德智体全面发展，村领导研究决定，将学校西边的菜园地，划归学校做为篮球场（即现在的校园位置）；学校前边的六、七亩菜园地，划给学校做操场（现在的几排民房位置）；县教育局还给学校拨了一副铁篮球架，以及部分教具。

三是其他设施。20世纪70年代以前，学校没有电灯，没有自来水。早自习点煤油灯或者蜡烛，教室点汽灯。1985年春节前夕，村里通了电，教室有了电灯；但自来水问题依然没有解决，仍然是师生们自己从学校西边的井里挑水或者抬水喝。

（三）开展勤工俭学

这一时期，大队和学校在加强基础设施建设的同时，为培养学生吃苦耐劳精神，减轻农民家庭的教育负担，积极开展勤工俭学活动。

养殖长毛兔（当年勤工俭学留下的唯一一张珍贵照片，背景是学校建的兔舍，喂兔的女学生其中一人为张慧芝）

养殖长毛兔。长毛兔是当时县里外贸部门大力推广的养殖项目，考虑到养殖成本不很高，投入不用很大，适合学生利用课余、节假日等业余时间喂养。由学校出资，搭建起兔舍，买了种兔，提倡每个学生每天上学“一把草”活动，培养学生们热爱劳动的观念，家长们也十分支持。养殖长毛兔活动受到上级领导和有关部门的关注、重视。1971年，山东省外贸部门推广长毛兔现场会议在青岛市召开，将安里学校作为养殖技术典型推广，来自江苏、安徽、上海以及山东省内的400多名与会代表，到安里学校参观取经。

学校养殖的几百只长毛兔剪了毛，外贸部门收购用于出口，学校有了勤工俭学的第一笔可观收入。这笔收入首先给学生解决读书学杂费问题，学生上学不用家长出钱，吸引了更多适龄儿童上学读书。学校还用这笔钱，给好几个班级的学生每人做了一套校服。在当时，全县的学校都还没有校服这一说，后来根据县教育局局长张巨川的建议，叫工作服。

建立自留山、试验田。“自留山”，就是学校东北面的小后山，当时是“贫

1970—1980年安里学校规模图

这个后山已经划归学校，西坡小地学校已经载了一部分小果树。在学校的建议下，村党支部当时的规划是山腰地种果树，山顶建教师娱乐室，以备教师退休后都去这里休息、娱乐，后来因为学校的变动没有实现，只是种了一部分小果树。

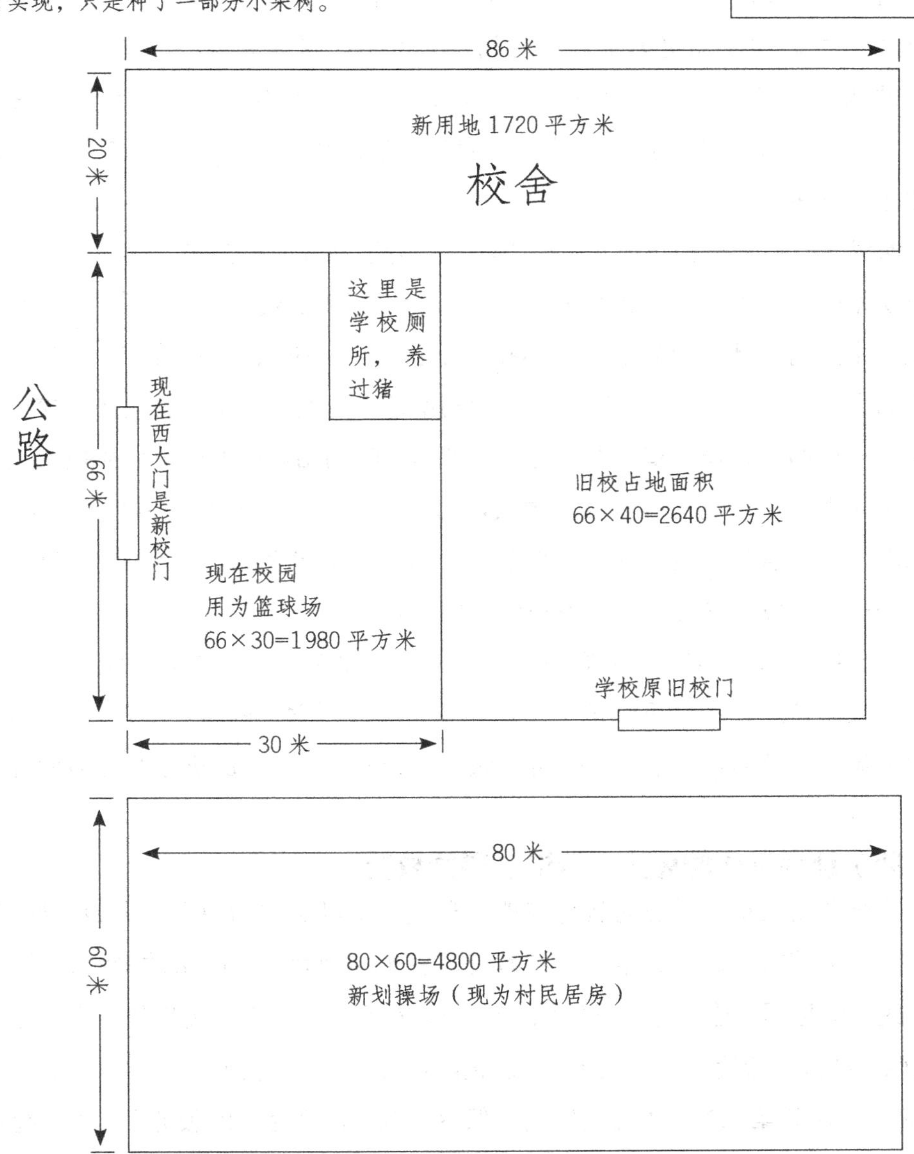

注：因为学校规模扩大，当时村党支部研究决定：

1. 将学校前面菜园地4800平方米划给学校，用作操场；
2. 将校西菜园1980平方米划归学校用作足球场（现在校西院内）；
3. 将学校后1720平方米划建新教室，旧校占地约为2640平方米，扩建新用地前、西、后3处共计8500平方米，学校共占地约11140平方米。

下中农管理学校”，为支持学校勤工俭学活动的开展，村党支部书记盖奎与支部成员研究决定，将小后山无偿划给学校做为开展勤工俭学用。学生自己通过劳动，把原本荒芜的小山开垦成良田，种上花生、玉米、豆类、杂粮等。各班自己管理，收入归自己班级。有的还栽上了桃树、杏树等等。原本荒芜的小后山在全校师生们的辛勤努力下，一时间桃李芬芳、瓜果飘香。“试验田”，是在学校的西南边（现在村西平塘的位置），安里村里将这块土地无偿给学校使用。学生们在试验田里刨地、翻土、施肥、播种、管理以及收获，种的花生和地瓜，长势比生产队的要好。

捋槐树叶、搞“小秋收”、采挖中药材。为了减轻农村孩子入学的家庭负担，学校组织学生春末夏初时捋绵槐叶子，晒干后打成粉卖给收购站。利用课余时间上山采挖中药材，秋天组织学生上山搞“小秋收”。所谓“小秋收”，就是等村里秋收的大季差不多过去了，组织学生们利用课余时间和星期天揽地瓜、揽花生。地瓜卖给村里的养猪场喂猪，中药材晒干了卖给收购站，花生晒干后兑换花生油。各班级争先恐后，掀起比赛。夏季雨夜，师生们为了让晒得半干的刺槐叶子免遭雨淋水洗，整夜看护。为了花生油多卖几个钱，男老师骑自行车到几百里外的青岛即墨去卖。学校用这两项收入解决学生的学费。

成立缝纫小组。学校根据发展需要，在村领导支持下，成立了缝纫小组，3名缝纫女工的待遇，由村里给记工分。主要是免费为学生做新衣服。期间，各班利用勤工俭学获得的收入给学生们每人做一套新衣，收入多的班级甚至多做几套。

（四）加强学生的思想、政治、道德教育

一是建立以课堂为中心的教育阵地。学校坚持以课堂为中心，大力开展爱国主义教育、艰苦奋斗教育、革命传统教育、思想品德教育、时事政策教育等，引导师生践行爱祖国、爱人民、爱劳动、爱科学、爱护公共财物的优良传统，喊响“团结、紧张、严肃、活泼”，“千万不要忘记阶级斗争”，“我们一定要解放台湾”，“友谊第一、比赛第二”，“提高警惕、保卫祖国”，“为人民服务”，“深挖洞、广积粮、不称霸”，“抓革命、促生产”等口号。组织学生学唱革命歌曲，如《红军不怕远征难》《红梅赞》《我的祖国》《南泥湾》等等，通过多种举措，使学生打好思想根基。

二是成立文艺宣传队。部分教师、学生利用课余时间及节假日，响应党的号召，

心声

（1971 年初中班墙报，作者团支部书记盖元翠）
我是葵花向太阳，雨露滋润涨势壮。
刻苦学习思想红，胸前团徽闪闪亮。
我是葵花向太阳，狂风巨浪敢闯挡。
党的培养恩如山，誓为祖国作栋梁！

进行各种宣传活动。主要由盖文周老师负责，组织有文艺特长的学生，如张维涛、张玉巧、盖翠美、盖元翠、周翠英等组成了少而精的宣传队，排练说唱、表演等文艺节目，在村里的戏台、街头、集市等进行演出宣传。学校有全套的锣鼓家什、管弦乐器等。节假日学校经常组织各种活动，如文艺演出、游行宣传等。校文艺宣传队经常在村里“政治文化中心”大庙台子前的大会场演出节目，村里男女老少争相观看，盛况空前。宣传队还到姜疃公社参加汇演，并多次获奖。

三是创办“两室一堂”，即阶级教育展览室、路线斗争展览室、革命烈士纪念堂。张正齐老师负责主办“两室一堂”，创作了许多画作，盖翠美等五、六位同学是讲解员，不仅有本校、本村的学生和家长们踊跃参观，还吸引了许多外村的群众集体前来参观取经。学校每年清明节组织学生祭扫烈士墓，有一年还组织学生以“徒步拉练”方式到红土崖烈士陵园进行革命传统教育。同时，学校还在校内、外搞黑板报、墙头专栏等，进行党的中心工作宣传，国际国内形势教育，受到群众的欢迎。

四是开展丰富多彩的文体活动。学校成立有运动队，经常组织球类比赛、开运动会，各班基本都有排球、篮球。对有排球、篮球特长的学生，先后由盖文堂、

1972年1月7日，宣传队合影，后面背景是学校的教室。前排左起：盖淑兰、周翠英、盖永美；二排左起：盖秀珍、盖旭芬、盖松珍、盖美翠；三排左起：盖兴群、盖天学、张玉巧、盖菊英、张维涛、盖龙云；四排左起：盖翠美、盖元翠。

盖月堂等老师带领组织他们训练；对有长跑特长的学生，先后由盖文江、盖美群等老师带领组织训练。学校在春秋两季举办运动会，主要是田径比赛，跑、跳、投等项目。开运动会时，全村男女老少也都到学校操场观看。奖品是笔、本子等等，中午每班给运动员发个馒头。另外，学校每年还组织冬季越野赛，学生代表还参加公社组织的冬季越野赛。当时学校有田径队，早晨训练，有关负责的老师带领运动员训练。还训练专门的长跑运动员。

1977年6月，宣传队在学校操场上合影。前排手持毛主席像的女生是张玉琴；二排左起：盖向荣、盖春珍；三排左起：盖晓梅、江翠荣、张慧芝；四排左起：官玉军、张维汇、兰风军、周京明、张文芝；最后拉横联的女生是盖国珍、盖桂珍。

五、适变迁完成使命（1979~2004）

安里学校在经历了10年辉煌之后，进入了平稳发展阶段。进入20世纪90年代后，全国教育系统面临的形势是，一方面狠抓教育质量，抓“双基教育”，抓校改、教改；另一方面面临生源锐减，招生人数不够。此阶段安里学校3次调整和更名：1979~1987年，撤销高中，仅办初中、小学，仍沿用“安里学校”名称；因1982年莱阳进行地名普查，安里改名“新安”，1987~1998年撤销初中后，更名为“新安小学”；1998~2003年，因本村生源减少，增加上夼村的招生，更名“新安联小”。

（一）撤销高中班

1979年之后，根据形势发展需要及上级指示精神，安里学校撤销高中班，单办初中，即保留初中班和小学。此阶段，学校有4个初中班，170~180人左右；小学一至五年级，八个班级计300人左右。招生来源：五年级学生毕业后，先由姜疃镇重点中学、姜疃丰台中学录取，剩下的学生由五年级直接进入初中。

1987年4月莱阳撤县设市，安里学校随之更名为“莱阳市姜疃镇安里学校”。

至1987年，校长由宫元凤担任；中学教导主任盖竹云（前）、盖志远（后），小学教导主任赵树贞团支书盖兴群（任期1979~1984年）；总务盖美群。教师28名。

这一时期，学校主要有三个突出特点：

一是抓教师队伍思想、业务建设。学校通过组织教师积极参加各项业务比赛和上级部门组织的业务培训，在实践中学习，在学习中提高，为教师的思想和教学水平的提升提供良好平台。期间，涌现出地区级优秀少先队辅导员盖中正，市级优秀教师宫元凤、盖作云、江述正、位淑杰，市级教学能手赵树贞、盖美群等。同时幼儿教育工作得以长足发展，所有学前儿童全部入校接受教育，盖旭花、张玉红被评为市级优秀幼儿教师。

二是抓教学质量。期间，姜疃镇单办初中共有 12 所，安里学校的教学质量在全镇一直名列前茅。1982 年，镇重点丰台中学考入高中生、中专生共 72 名，全镇所有单办中学里，只有安里学校初中班考取了盖永礼、盖艳云等 3 名学生，其它 11 所均无一人考取。1984 年姜疃镇年终统考时，安里学校成绩十分突出：盖中臣教的数学课，全班平均成绩全镇第三名；盖兴群教的数学课，全班平均成绩全镇第三名；宫元凤教的物理课，全班平均成绩全镇第三名；盖美群教的化学课，全班平均成绩全镇第二名；盖秀群教的小学二年级一个班的语文、数学，全班平均成绩全镇第三名。为此，安里村专门召开了表彰大会，全村村民参加，为学校老师们庆功喝彩。几位教学成绩突出的老师被请上台，村领导为他们披红挂花，村民们鼓掌喝彩，场面极其隆重。

三是抓学生德智体美劳全面发展。学校在抓好应试教育的基础上，注重培养学生德智体美劳全面发展。不仅每年统考平均成绩均位列全镇前二名，还积极组织学生参加各类文体活动，获得了全镇队列体操第一名、春季田径运动会第一名、男女篮球第二名，文艺汇演每年都列前二名的好成绩。

1994 年六一儿童节在姜疃演出

四是抓学校基础设施建设。学校领导经与村委协商，对安里学校的旧校舍进行全面的改造升级，新建了学校西大门，使学校最先成为全镇实验室、图书室、少先队活动室、家长学校等达标单位；电化教育全镇一流水平。80 年代后期，村里有了自来水，学校也第一时间接通了自来水。

（二）撤销初中班

1987 年，安里学校撤销初中班，更名“新安小学”。

至 1998 年，教师共 17 名，其中校长为宫元凤，教导主任兼总务盖美群、赵树贞（前期）、江树正（后期），教师兰保平、盖作云、盖中正、盖美志、盖玉海、盖松林、盖元桂、位淑杰、盖旭花、盖举荣、张玉红、盖永泉、盖群堂。

1984 年开始，安里学校设立少先队大队辅导员，由盖中正老师兼任。少先队工作空前活跃，取得了许多荣誉。1998 年，安里学校学生宫伟、张璐被评为“莱阳市优秀少先队员”；1998 年 2 月，学生江杰超、宫晓霞、张璐分别获得烟台市少年儿童“迎 98 新春剪纸大赛”二等奖、三等奖；同时这三名同学还分别获得“烟台市一级雏鹰奖章”二枚、“莱阳市雏鹰奖章”一枚；同年 6 月，张霞同学的面塑作品，获莱阳市第二届中小学生科技活动优秀奖。1998 年 4 月，安里学校 75 名少先队员与烟台市建昌街小学队员结成“手拉手”对子，互寄友谊卡、互相通信，互相勉励；此活动中，安里学校少先队第二中队被烟台市授予“手拉手”先进中队。

（三）合并办学

1998 年，因安里村生源减少，增加上夼村的招生，安里小学更名“新安联小”。设小学一至五年级，此阶段共有学生 150 人至 180 人左右。

1998~1999 年，新安联小校长宫元凤，副校长盖玉伦、盖美群（兼总务），主任江树正，少先队大队辅导员盖中正，教师 7 名，其中王树栋、位淑杰、盖松林、盖旭花（代）为小学教师，盖静、盖举荣、张玉红为幼儿教师。

1999~2003 年，新安联小每年招收一至五年级学生，五个班级，每年学校保持学生数量 220 余人，招生来源是本村和上夼。校长盖志魁，副校长盖玉伦，会计辛凤云，教师 10 名：盖元桂、盖松林、盖连成、于岩民、位淑杰、盖旭花、位庆安、于屹、刘惊涛、盖林涛。课程设置：依据教育局的安排实施，教学内容有语文、数学、英语、音乐、体育、美术、思想品德、科学。

这一阶段，学校主要抓好三项工作：

一是抓“双基教育”，抓教学质量。认真组织备课、作业批改，每个学期学校组织各班级评比打分、全校评比打分；镇教委组织全镇评比。组织教师观摩听课，每周校长组织听教师讲课，学校每周举行教研会，公开评课。积极参加姜疃镇、莱阳市组织的教师公开课比赛，学校有两名教师获奖，5 名教师参加姜疃镇公开

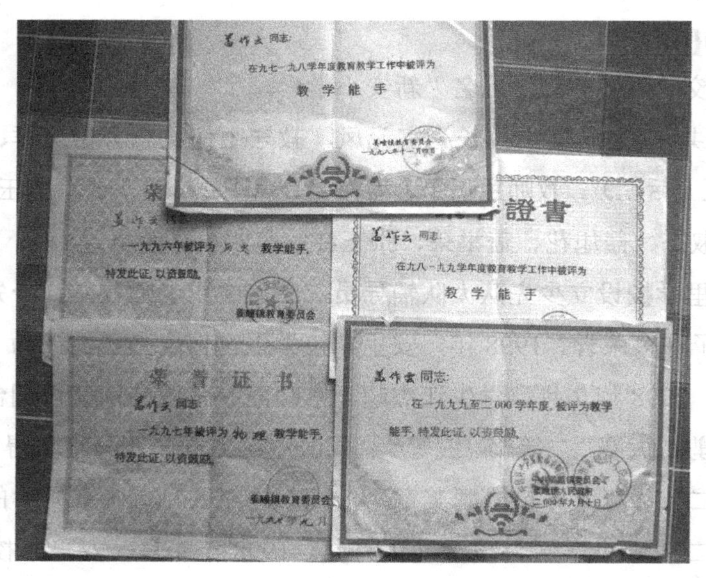

教师获奖证书

课比赛获奖。2人获莱阳市“优秀教师”称号；第18个教师节，学校获姜疃镇“教书育人”先进单位荣誉称号。全镇统考连年稳居第三名，五年级毕业生升学率百分之百。自2001年，学校开设《英语》《电脑》课程，按照教委规定全部课程开齐、开足。

二是教学设施、教学仪器一流。教学仪器配套达标；多媒体教学仪器达标，老师能熟练运用，组织学生上试验课，做实验记录；音乐和体育器材达标。学生人均图书12册以上。教学仪器有：每个班级有投影仪1个，全校有幻灯3个，照相机1个，新配的风琴3台，篮球架、腰鼓等文体设施齐全。

三是校园绿化、美化、硬化。在校园“绿化、美化、硬化”活动中，安里村委领导大力支持，为学校购买了银杏、大叶玉贞、龙柏、芙蓉、水杉、法桐等高档绿化苗木，购买了芍药、玉竹、丁香、兰花、月季等大量花草绿化校园，学校由此被评为“花园式学校”。

（四）学校撤并

2003年12月，根据形势发展需要和上级指示安排，新安联小与姜疃中心小学（2010年更名为“姜疃鲁花中心小学”）合并，大部分老师和全部学生及所有财务转入姜疃中心小学，部分教师调整到其他小学，有关档案资料全部上交姜疃镇教委。

安里学校旧址，现为私人幼儿园（2013年12月13日盖艾玲、张玉京摄）。

为此，学校领导提前做好师生的思想工作，引导广大师生正确认识上级教委的指导方针、政策。2004年春节开学后，150名学生迁入姜疃中心小学读书，教师由镇教委统一调整安排到全镇各个学校教学。各项移交工作顺利圆满，师生普遍感到满意。

至此，安里学校走过了75年历程，宣告结束。

人物篇

RENWUPIAN

一 人物传

二 人物录

三 党政军群教等领域人才简介

一、人物传

盖鸿钧

盖鸿钧（字西堂），男，生于1871年（清同治十一年）农历十二月初八，卒于1931年（中华民国二十年农历三月二十二）。世代务农，曾祖盖人吉、祖父盖汝器、父亲盖锡禄。兄弟五人，排行老二。生子2人，生女1人。家族历来重视对子弟教育，祖上曾出过太学生。至盖鸿钧子女一辈，次子盖振群毕业于山东武术传习所，长女盖素娥毕业于山东省立第一女子师范。据统计，其家族解放后迄今共出过大学生30人，研究生7人，博士生6人，其中大学教授、副教授4人。

盖鸿钧一门系安里乡绅望族，家道颇丰，而一生多善行。生前曾在村里兴办家族式私塾，请教师为族中子弟传教授业，1929年在此基础上废庙兴学，创建安里村“私立旭光小学”，除招族中子弟，还招村里及周边村庄学生入学。安里村重教兴学之风由此盛始。其女盖素娥1926年嫁到莱西，秉承家风，兴学重教，1930年在婆家葛家疃村创办“振坤女校”，执鞭任教。盖鸿钧一生崇尚简朴，嘱家人去世后一切从简。墓碑低矮简易，乡人念其功德，在村后杏山东北大道旁为之树功德碑，上书“高山仰止”四个大字，墓志及功德碑系由清朝莱阳籍著名学者王埆题写。

盖洪双

盖洪双，男，1926年生，中共党员。年少时迫于生计讨过饭，成年后受雇于富家打过短工。1947年在“大参军”运动中，光荣入伍，随即参加战斗负伤，约半年后复员回乡务农。1968 年被选为村贫协主任。负责“贫下中农管理学校”期间，作为贫下中农代表进驻学校。认真学习领会党的教育方针，学习毛主席对教育办学的各项指示，工作勤恳负责，每学期为全校师生作“忆苦思甜”报告，对师生深入进行阶级教育。学校撤销初中后，回到生产队，协助队长工作。2008 年汶川地震，经济并不富裕的他向灾区人民捐款 400 元，是村民个人捐额最多的。2010 年 4 月病故于安里。

纪文成

纪文成，男，1930 年 4 月生，莱阳东汪格庄人。胶东工学初中毕业。1948 年参加工作，先后在大夼任教师、文教助理，高格庄公社党委秘书。1972 年（1972 年邓小平主张发展教育，加强领导力量，后被批判为“回潮”）调入姜疃公社任文教助理后，选中安里学校作为培养教育教学的典型和试点，和安里党支部领导一起，潜心研究，谋划学校的发展规划和具体工作。在安里村蹲点，并在安里学校安家起灶，与安里学校师生融为一体，组织各科示范公开课，指导新教师写教案，传授授课方法和技巧，积极开展教改实验，领导和指挥安里学校在开门办学、勤工俭学、文化课教学等方面取得不斐成效，极大地带动全社 20 多所学校的教育教学工作的改进。安里学校七、八十年代各项工作取得的优异成绩，有他的一份重要贡献。于 1990 年离休。

江吉高

江吉高，男，1932 年生，中共党员，中学一级教师。1954 年至 1968 年先后在招远县张家小学、姜家、毕郭、犁儿埠完小等地任教师、校长，后调入教育局工作二年；1969 年至 1976 年，在安里学校任校长兼村支部宣传委员；1977 年至 1987 年，在姜格庄联中任校长兼支部书记；1988 年至 1991 年，调任岚子乡党委党校校长；1992 年退居二线；1993

年12月退休。在安里学校任校长期间，学校得到长足发展，教师数量、办学规模、招生人数达到历史巅峰，培养出许多优秀人才，多次获得上级的奖励及荣誉称号。

盖 奎

盖 奎，男，1933年生，自幼读书至高小毕业，1950年参军，先后担任战士、班长、副排长、代理排长，1958年复员回村务农，后任生产队会计，“文革”前担任安里大队民兵连长，1966年担任村革委会主任，因政策水平和领导能力突出，于1967年调升姜疃公社革委会副主任，分管贫协工作。1970年当选为安里村党支部书记，带领群众兴修水利，改造田地，成绩显著。尤其重视农村教育工作，全面落实党在“农村实行普及义务教育”的政策方针，在上级各部门的支持下，创建安里“七年一贯制”“九年一贯制”教育模式，使当时安里村所有适龄儿童入学率达到98%以上，安里学校各方面工作得以空前发展，达到前所未有的兴盛。

1975年调任姜疃社办企业负责人，仍继续关心支持安里学校工作。

2008年1月12日于安里家中辞世。

二、人物录

（一）历任校长

葛子明

第一任校长：葛子明

任期 1930~1934 年，校名“安里私立旭光小学”

字仕涛，男，1906 年生，莱西店埠乡葛家疃村人，后迁到西南阁村。系盖鸿钧之女盖素娥丈夫葛葆珍的堂兄弟。1930 年至 1934 年由安里学校创建人盖鸿钧荐举为第一任校长。1938 年前后曾任莱西夏格庄乡校校长。期间，参加过莱阳早期的抗日活动。1938 年秋任莱阳保安团团长，从此一生追随国民党。1944 年任莱阳书记长，后任国民党莱阳保安旅长，1945 年春被赵保原收编，1945 年 2 月任国民党莱阳县长，也是国民党在莱阳的最后一任县长。1945 年 12 月中国人民解放军解放莱阳城前逃亡青岛。1949 年全家随船去台湾。1993 年于台湾病逝。

照片缺

盖旭斋

第二任校长：盖旭斋

任期 1934~1945 年，校名“安里私立旭光小学”

（个人资料经去莱阳老干局、教委、人事局等相关部门反复调查无果）

位仁寿

第三任校长：位仁寿

任期 1945~1950 年，校名“安里小学”

男，1925 年 6 月 15 日生，莱阳姜疃镇西马家泊村人。1944 年在姜疃森埠庄教学，后调到安里任教。1945 年至 1950 年，任安里小学校长。1958 年至 1960 年，先后在姜格庄、瑶头教学。1963 年调入莱阳大甭黄金庵学校任校长。1975 年离休。1990 年至 1994 年，被聘任在姜疃镇参与党史编纂工作。2012 年 2 月 13 日病逝。

于吉欣

第四任校长：于吉欣

任期 1950~1953 年，校名“安里小学”

男，1921 年 6 月生，莱阳市姜疃镇西宅村人。山东第二乡师毕业。1930 年 1 月，在安里村小学读书；1938 年 12 月在灵湖小学读高小。1939 年 7 月至 1941 年 12 月，在莱阳十一联中一级读书。1942 年 1 月至 1950 年 2 月，先后在七区杨格庄完小、东森埠庄、石水头完小教学，后在蓬莱县政府、万第政工队工作过。1950 年 3 月至 1953 年 6 月，任姜疃镇安里小学校长。1953 年 7 月起，先后在西森埠庄、万第西朱陆村联小，东羊郡村、中鲍村联小任教。1975 年 4 月离休。

刘宗太

第五任校长：刘宗太

任期 1953~1957 年，校名“安里小学”

男，1917 年 10 月生，莱阳市姜疃镇后森埠庄村人。1930 年 1 月至 1932 年 6 月，在姜疃镇安里小学读书 1945 年 3 月至 1954 年 6 月，先后在青杨夼、照旺庄乡候家夼、姜疃镇马家泊、姜格庄任小学教员。1954 年 6 月至 1958 年 6 月，在姜疃镇安里学校任教，期间于 1953 年至 1957 年任安里小学校长。1958 年 6 月至 1978 年 10 月，下放到本村务农。1978

年10月至1980年10月，在岚子乡后石水头教学。1980年10月离休。

于文永

第六任校长：于文永

任期1957~1959年，校名“安里小学”

男，1934年11月生，路格庄村人，初中文化。1941年2月至1947年2月在东路格庄读书。1952年5月至1955年7月在莱阳二中读书。1956年4月起在姜疃镇安里村学校任教，期间于1957年至1959年担任安里小学校长。1960年8月起在姜疃公社风头村、泊庄小学以及安里村任教。1970年3月起，先后在横岭口联中、东路格庄、憩格庄、北汪格庄村等学校任教。1992年8月退休。

盖鹤亭

第七任校长：盖鹤亭

任期1959~1961年，校名“安里小学”

男，1923年7月生，姜疃镇泊庄村人，中共党员。1931年至1937年，在姜疃完小读书。后考入灵湖中学，毕业后，在大夼韶格庄教书。1939年入伍当兵，在中国人民解放军兖州某部任司药工作，1942年提升为连职干部。1958年复员后在姜疃大众药房工作。1959年调安里小学任教，后担任校长。1961年回乡务农。2001年7月病逝。

宋建国

第八任校长：宋建国

任期1961~1964年，校名“安里分校”

男，1933年农历正月25日生，莱阳姜疃镇东宅村人，中共党员。自幼在瑶头完小读书，毕业后于1951年7月至1952年7月担任东宅小乡文书。1952年起，参加教育工作，先后在莱阳禄格庄乡江旺庄完小、马格庄小学、濯村完小任教师。1958年7月至1963年7月在安里分校先后任教导主任、校长。1963年7月起，先后在石水头联中任校长、东宅单办中学任负责人。1972年7月至1983年11月，在姜疃中学任校长。1983年11月9日病逝。任职期间，多次受到莱阳县委、政府，县教育局，姜疃镇党委政府、镇教委等部门的表彰奖励，多次被评为县、镇优秀共产党员、优秀中学校长。

宋文达

第九任校长：宋文达

任期1964~1966年，校名“安里分校”

男，1933年6月24日生，姜疃镇岚子村人，中学一级教师。1952年在莱阳师范初级部读书，毕业后分配到莱西曲格庄前山小学，先后任初小、高小教师。1960年至1963年调姜疃姜格庄任初小、高小教师。1964年至1966年，调安里分校任分校主任（校长）。1968年调姜疃北黄完小任教导主任，后来公办教师下放回原籍，在本村任小学教师至1970年。1970年至1984年，先后担任姜格庄联中、瑶头联中校长。1984年，调岚子乡教师进修站任站长。1995年退休。

初明珍

第十任校长：初明珍

任期1966~1968年，校名“安里分校”

男，1934年3月生，莱阳市岚子乡北黄村人，中共党员，中学一级教师。1945年2月至1952年4月在安里村读书。1952年4月考入莱阳师范，毕业后于1955年7月起在穴坊镇教格庄小学任教。1964年8月至1969年12月，在姜疃公社安里学校任教，期间于1966年至1968年担任安里分校校长。1970年1月起，先后在穴坊镇富山联中、程格庄联中、岚子乡北黄联中、岚子中学等地任教。1995年10月退休。

盖文章

第十一任校长：盖文章

任期1968~1969年，校名“安里分校”

男，1930年生，安里村人，中师毕业，中学一级教师。1951年2月至1955年9月在莱西龙湾庄完小教学。1955年9月至1958年8月在莱阳冯格庄完小教学。1958年8月至1961年8月在莱阳县野头完小任教导主任。1961年8月至1965年8月在姜疃公社北黄完小任教导主任。1965年至1967年在大夼公社路格庄完小任教导主任。1968年至1969年在安里分校任校长。1970年8月至1972年8月在中荆乡光山联中任教导主任。1972年8月至1991年8月在高格庄联中任教导主任。1991年12月退休。2006年3月病逝。

第十二任校长：江吉高

任期1969~1976年，校名“安里学校”（见人物传）

张玉林

第十三任校长：张玉林

任期1976~1978年，校名“安里学校”

男，1941年11月生，中共党员。1950年在安里小学读书。1963年毕业于莱阳一中，高中毕业后任教。1964年起任农业中学教师。1969年起在安里村任民办教师，兼任安里学校总务、副校长。1976年至1978年任安里学校校长。1978年转正后，担任教师培训站站长。1986年任莱阳市前淳于乡教育助理，后改为副科级信访助理。1999年退休。多次被评为“先进工作者”。

第十四任校长：宫元凤

任期1979~1999年，校名“安里学校”“安里小学”“新

官元凤

安联小”

男，1952年6月生，小学高级教师。1959年9月在安里学校读书。1963年9月起，先后在姜疃完小、姜疃丰台农中、莱阳十中读书。1970年12月高中毕业后应征入伍，在部队期间，赴太原海军第二航空学校进修。1976年3月复员，回安里村参加莱阳县物理教师培训，结业后在安里学校初中部任物理老师。1979年1月代理校长职责。1987年9月单办初中合并后，继续留校负责学校工作并兼任小学数学教学。1999年9月任姜疃瑶头联小校长。1994年聘为小学高级教师。2012年退休。

盖志魁

第十五任校长：盖志魁

任期1999~2003年，校名“新安联小”

男，1954年10月生，姜疃镇凤头村人，中共党员，小学高级教师。1961年起，先后在凤头、濯村、姜疃读书，高中毕业后到安里村任教。1981年至1983年在莱阳师范读书。1983年至1996年在姜疃中学小学任教。1996年至1999年在凤头联中任校长。1999年至2003年在新安联小任校长。任教期间，曾获得过“莱阳市优秀教师”“烟台市教学能手”等荣誉。

（二）各时期教师

盖冠英

盖冠英，男，1899年5月生。自幼读私塾，刻苦好学，学业优秀。下学后在乡下教私塾。1930年安里旭光小学开办，他是首批任课教师。1935年至1936年因战乱学校解散，他只身在下疃家庙坚持办学。他教学认真，兢兢业业献身教育，先后在濯村、五龙村、发坊等地任教，因心直口快、敢于提不同意见，1957 年被错划右派，开除公职回乡改造，没等到平反，于 1961 年因饥贫疾病辞世，终年 61 岁。

盖玉泉

盖玉泉，男，1908 年生。自幼在安里读书，后考入山东第二乡村师范，毕业后任教。先后在穴坊鸭儿沟、万第河马崖小学。平度二中、莱西一中、莱阳三中任教。“文革”期间遭受错误批判，于 1970 年在姜疃马家泊小学任教时被遣回村务农。1974 年落实政策平反，办理退休，被安里村领导安排在学校任代课教师。1981 年春病逝。

盖洪基

盖洪基（曾用名盖廷武），男，1910 年生，中共党员。1948 年参加工作，先后在安里学校、姜疃完小等地任教师。“文革”期间下放回村。1994 年 8 月病逝。书法造诣深厚，任教期间常教学生写毛笔字。

张举生

张举生，女，张家灌村人。自幼读书，乡师毕业后，在莱阳多个学校任教。“文革”前曾在安里小学教学多年。已离休。

盖福升

盖福升，男，1912 年生，中共党员，荣负军人。1964 年 8 月至 1965 年 8 月任大队党支部书记兼任设在安里学校里的农业中学校长。已病故。

江作世，男，1913 年生。初中文化，是安里小学建校初期的教师，先后两次在安里小学任教多年。曾在宋格庄、西

江作世

宅小学，石水头完小执教。为人忠厚，工作认真负责。1957年被错划为“右派”在校改造，平反后继续任教。1973年退休（后改为离休），已病故。

盖功寿

盖功寿，男，1915年生。1926年在安里村家庙读私塾。1931年在安里私立旭光小学读书。1952年在安里小学任教，后调马家泊小学任教，前后四年。1956年回乡务农。已去世。

盖淑珍

盖淑珍，女，1916年生。自幼在黄埠寨读私塾，多方求学，具备了高小文化，是当时少有的知识女性，是安里学校私立旭光小学成立后首批教员。任教数年，后嫁到本村随夫务农。2008年病故。

张晓云

张晓云，男，1917年2月生，中共党员。1926年在安里村家庙读私塾。1931年在安里盖鸿钧所建立的私立旭光小学读书。1937年在本村务农。1945年起，先后任安里村副村长、财粮委员。1947年7月任姜疃区医药社会计。1951年2月在安里学校任教，后调到羊郡区北黄家村任教师。1960年12月在高格庄前孙家鲍村学校任教。1969年1月至1971年12月重新回到安里学校任教。1972年退休（1980年改为离休）。退休后，被安里村领导聘请在本村学校任代课教师4年。2002年病逝。

石仁卿

石仁卿，男，1922年1月22日生，姜疃镇塔南泊村人。1932年至1941年上学，初中毕业后，1949年7月被莱阳人民政府教育科招考为教师，派到安里学校任教。1950年2月起，先后调到高格庄薛村完小、乔家鲍村小学任教。1962年重又调回安里小学任教，当年调宋格庄小学至1966年“文化大革命”开始后，调到姜疃西森埠庄小学任教。1969年2月，上级把所有公办教师全部下放原籍，回家务农3年。现离休。

李明江

李明江，男，1925年10月24日生，莱阳姜疃镇姜格庄村人。1932年在本村读小学，1939年起先后在北黄高小、莱阳灵湖二中等地读书。1945年2月12日（农历腊月三十日）晚解放万第后回本村务农，担任财粮会计，负责征收公粮。1949年2月接上级调令参加工作，安排到姜疃区安里学校担任教师。同年调姜疃完小任教。1955年起，先后任姜疃完小教导主任、莱阳县肃反办公室外调员。1957年下半年回姜疃完小继续教学，1959年聘为该校校长。当年11月调任瑶头完小校长。1968年秋“文革“期间教师带薪全部下放回家，在本村任教。1970年成立联中在姜疃濯村片工作。1973年调入姜疃石水头联中。1975年后退休。1984年落实政策调整为离休。

逄　政

逄　政，男，1926年1月17日生，姜疃镇地北头村人。自幼在本村、马家泊小学读书。1943年至1945年在灵湖读书。1945年参加教师集训学习后，先后在小泊子、韩格庄、夏格庄、朱兰等地小学任教。1960年4月至1970年5月先后在安里分校、马家泊分校、地南头小学、地北头小学任教。1970年6月起，先后在瑶头联中、北黄联中任教导主任。1986年退休。

盖立群

盖立群，男，1926年生。1938年在安里学校读书。1951年莱阳师范毕业后，先后在万第石庙，姜疃镇北黄、泊庄，安里学校任教。一生本分做人，老实做事。1987年退休。已病故。

张维先

张维先，男，1927年5月生，中共党员。1947年参加中国人民解放军，在九纵二十六师七十六团七连服役。1948年7月大汶口战役负伤。1950年退伍回乡务农。初级社后任大队会计。1957年任设在安里学校农业中学校长。1958年任安里农业大学政委、校长。后因伤口复发去世，被追认为革命烈士。

王贵学

王贵学，男，西玉泉庄人。初中文化。1958年前后在安里小学教学多年，后调入淳子等小学任教。已退休。

盖荣先

盖荣先，男，自幼在安里小学读书，高小毕业后在村务农。1957年在安里学校担任民办教师。公社化后一直担任生产队队长。领导能力强，土地责任制后仍是种田好手。

盖世臣

盖世臣，男，1931年生，姜疃凤头村人。早年报考莱阳师范读书。毕业后，先后在安里、凤头、瑶头、董格庄、北黄等中小学任教。“文革”前，任莱西夏格庄学校校长。“文革”期间回乡，“文革”后平反重返课堂。荣获过“优秀教师”“三十年教龄”等荣誉。1991年病逝。

盖竹云，男，1934年5月生，中共党员，中学一级教师。1954年初中毕业后任教，先后在安里学校、丰台中学等地任

盖竹云

教师。1980 年调入姜疃丰台中学任镇中心教研组组长，连续 14 年教毕业班，初中升学考试全市前 5 名。1994 年被教研室特聘为《初中思想政治课教学单元达标检测题》编委会编辑，负责编写复习资料制定答案，后又被授予《初中思想政治课》教学理事。曾被莱阳市教研室安排为莱阳市初中政治学科中心教研组成员。先后被评为莱阳县先进工作者、莱阳县优秀教师、烟台市优秀教师，1999 年教学论文获莱阳市一等奖。1995 年 6 月退休。2012 年 8 月病逝。

张中斌

张中斌，男，濯村人。初中文化。1959 年前后在安里学校任代课教师多年，已病故。

孟庆梓

孟庆梓，男，1934 年生，姜疃镇辛庄村人，初师毕业，中教一级。1941 年 2 月至 1950 年 2 月在本村小学读书，务农。1950 年 2 月至 1952 年 4 月在北黄完小读书。1952 年 4 月至 1955 年 2 月在莱阳师范初师部读书。1955 年 2 月至 1956 年 11 月在莱西南阁村、西张格庄完小教学。1956 年 11 月至 1960 年 8 月先后在莱阳县姜疃镇董格庄完小、濯村完小教学。1960 年 8 月至 1962 年 8 月在安里学校教学。1962 年 8 月至 1994 年 4 月先后在姜格庄完小、辛庄村学校、北黄联中、濯村联中、辛庄学校教学。1994 年 4 月退休。

赵生云

赵生云，男，1934 年生，姜疃镇东马家泊村人。1945 年 8 月至 1953 年 8 月在本村读小学，瑶头完小读书。1953 年 8 月至 1956 年 8 月自修后升民师培训班学习。1957 年 8 月至 1958 年 8 月在本村小学教学。1958 年 8 月至 1960 年 8 月在莱阳工读师范学习。1960 年 8 月至 1963 年 8 月在安里学校教学。1963年8月至1991年8月先后在姜疃完小、北黄联中、瑶头联中、石水头联中、韩格庄中学教学。1997年10月退休。

张洪云

张洪云，男，1935年8月23日生。1947年1月起，先后在安里初小、姜疃完小读书。1954年9月至1960年1月在莱阳一中、莱阳师范读书。1960年2月起，先后在团旺、董格庄、石水头、文登、安里村学校任教。1977年8月在姜疃联中任教至退休。2007年12月病逝。

盖存吉

盖存吉，男，1936年3月生，姜疃镇森埠庄村人，小学高级教师。1955年1月莱阳师范毕业，先后在姜格庄分校、泊庄小学、安里分校、东石小学、西森小学、地北头小学等任教，教龄长达42年。1983年获全国少工委颁发的“园丁荣誉纪念章”。1988年5月，首批被评为小学高级教师之一。

盖洪涛

盖洪涛，男，1936年生，中学一级教师。1950年入学，1957年初中毕业。1958年3月在安里学校担任代课教师。1958年7月到莱阳专区速成中师学校一年，毕业后于1957年7月分配工作任教师，先后在莱西、莱阳姜疃北黄完小任教。1968年回安里学校，任教10年，后在瑶头学校继续从教。先后参加过莱阳师范理化专业培训班学习半年、烟台师专化学系函授学习二年。担任过高中、初中化学教师。1996年退休。

盖京先

盖京先，男，1936年生。1946年在安里读小学。1962年莱阳农校毕业后，回安里学校任民办教师，先后担任班主任、体育教师、数学教师等。1972年转正后，先后在莱阳高格庄高中、团旺高中任教13年。后调入姜疃高中任教5年。2000年退休。

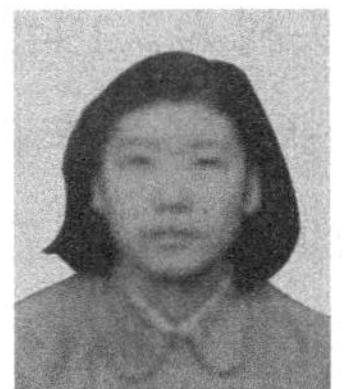
张淑美

张淑美，女，1936年12月生，大夼镇杜家泊村人。1945年7月至1950年7月在本村完小读书。1952年7月至1955年7月在海阳师范读书。1955年7月至1956年9月在莱阳县穴坊镇南泊子小学教学。1956年9月至1961年9月先后在河头店镇白藤口小学，孙家夼小学教学。1961年9月至1968年12月在姜疃公社安里学校教学。1969年1月至1975年9月在团旺公社大李格庄学校教学。1975年10月退休。

盖　英

盖　英，男，1937年生。自幼在安里小学读书。1953年姜疃完小毕业后，于1957年在安里学校担任民办教师，至1962年离校务农至今。

张　环

张　环，男，1938年农历八月初五生，小学高级教师。1948年8月至1952年8月在安里读小学4年。1952年8月至1957年8月先后在姜疃、莱阳二中读完小、初中5年，毕业后回村务农一年。1958年8月起，先后在姜疃西宅小学、后森埠庄小学、马家泊分校。担任过教师、主任教师等。1968年11月下放回家务农，工分加补贴。1970年开始在安里学校任教。1978年8月起，先后在东庄小学、姜疃小学、岚子乡后石水头小学等地担任过教师、主任教师。期间，于1988年5月晋升为小学高级教师。1999年3月退休。

盖文功

盖文功，男，1938年5月8日生。1949年在安里小学读书，完小毕业后于1957年至1964年在安里学校担任民办教师，

1965年离校务农至今。

位作安

位作安，男，1938年7月生，姜疃镇瑶头村人。1949年1月起先后在瑶头小学、瑶头完小、莱阳二中读书，毕业后于1957年7月在姜疃东马家泊分校任教。1958年8月在安里农业大学任教。农大解散后，1959年4月起，先后在岚子小学、东马联中、姜疃联中、丰台中学、中荆联中等地任教。1986年起调任穴坊镇教委主任。后又在团旺高中、莱阳二中、莱阳九中任教。1998年4月退休。

盖作恩

盖作恩，男，1938年9月生，姜疃村人。1946年至1952年在姜疃完小读书。1952年至1955年在即东中学（现即墨二中）读书。1956年考入济南农校，毕业后，分配沂水县林业局任技术员。1965年调安里小学任教师，后在姜疃丰台中学、姜疃联中任教师。1980年调入莱阳农业局果树站任农艺师，后任副站长。1998年退休。

逄洪昌

逄洪昌，男，1938年生，姜疃镇地北头村人。1948年入学。1953年6月在路格庄高小毕业考入莱阳二中。毕业后先后在安里学校、石水头农业中学教书。1958年2月，农业中学撤并迁至安里，成立安里农业大学，在安里农业大学任教。1959年6月支边，在黑龙江虎林县850农场，先后任学员、汽车修理工、驾驶员、车间主任、车队队长、党支部书记等职。曾组织领导一个革新小组，自行设计制造了百余件汽车修理工具、设备等。自己设计制造了15吨龙门自动吊车、大型百吨液压机、大型双缸80吨校汽车大梁液压机等。先后多次获场级、局级模范党员、学雷锋标兵、先进工作者、劳动模范等称、先进科技工作者等多项荣誉。

盖振文

盖振文，男，1938年12月15日生。初中毕业，参加工作后函授中师毕业。职称主治中医师。1949年1月至1952年12月在安里小学读书。1953年1月至1957年7月先后在姜疃完小、莱阳一中读书。1957年8月至1958年1月回村务农并兼任夜校教师。1958年2月至1969年3月担任过姜疃完小代理教师。在石水头完小任教时转正为公办教师、在姜格庄完小任教。后来担任姜疃公社教育部门总会计和姜疃完小会计。1969年3月至1971年4月在安里小学任教，兼姜疃公社教育部门总会计。1971年5月起，先后在莱阳十中任事务长、校医，莱阳四中校医。1999年2月退休（学校留任工作至2001年3月）。

盖福祥

盖福祥，男，1939年生，姜疃村人，莱阳师范学校毕业，小学高级教师。1949年2月至1955年7月在姜疃完小读书。1955年7月至1958年7月在莱阳二中读书。1958年7月至1961年7月在莱阳师范读书。1961年7月至1965年2月在安里学校任教。1965年2月至1972年7月先后在姜疃完小、莱阳二中、马家泊联中、瑶头联中任教。1972年7月至1999年7月先后在莱阳市教育局教研室、教师进修学校、教育局招待所、莱阳聋哑学校工作。1999年7月退休。

兰保平

兰保平，男，1939年4月生。1950年在安里、姜疃、莱阳二中、莱阳四中（莱西）读书。1964年开始在安里学校任教。1996年退休。

粘秀兰

粘秀兰，女，1939年农历八月初九生，高格庄镇东大策村人。自幼读书，团旺五中毕业后回本村教学。1969年起在安里学校担任代课教师、民办教师。后因丈夫在外地工作子女无人照顾辞职。

周敬堂

周敬堂，男，1940年3月生。1950年9月在安里小学读书。1962年9月莱阳师范毕业后，先后在安里小学、凤山中学任教。曾担任过瑶头联中教导主任。1988年被聘为中学一级教师。2005年5月退休。2012年3月病逝。

赵树贞

赵树贞，女，1940年农历5月15日生，莱州市店子镇徐家疃村人。1950年8月至1958年8月先后就读于莱州市店子镇徐家疃完小、莱州市前师范学校。1958年8月毕业后，先后在莱阳山前店小学、莱州店子镇徐家疃小学、莱阳高格庄薛村小学任教。1968年8月调到安里小学任教。1991年9月退休。任教期间，连续多年评为莱阳优秀教师。1985年晋升为小学高级教师。2003年1月21日病逝。

张翠菊

张翠菊，女，1941年9月生。1952年8月在安里小学读书。1956年起先后在姜疃完小、团旺中学读书。1961年8月考入莱阳师范，毕业后于1964年8月分配在团旺镇崔疃完小任教。1968年12月调入安里学校任教。1971年8月起，先后在姜疃镇马家泊联中、赤山联中、城厢镇南关小学任教至退休。

盖中臣，男，1941年农历10月生，中学一级教师。1951年起在安里小学读书。1955年起先后在姜疃完小、莱阳

盖中臣

二中读书。1962年8月考入山东冶金学校（中专）读书，学校撤销后转入莱阳一中读高中，毕业后回村务农。1978年1月被安排在安里学校任民办教师。1987年调到姜疃联中任数学教师，并担任数学教研组组长。1995年晋升中学一级教师。1998年转为公办教师。已退休。任教期间，先后多次获得“姜疃镇优秀教师”“莱阳市优秀教学能手”等荣誉。担任班主任的班级连续多年被评估教学水平为“优”，数学教学论文在莱阳市评比中获二等奖。

马秀莲

马秀莲，女，1941年农历10月13日生，团旺镇西中荆后村人。自幼在中荆完小读书。1957年8月考入莱阳师范，毕业后分配到安里小学任教3年。1962年起先后在中荆完小、河洛观音庙小学任教。后调入莱阳广播站工作。“文革”期间调到莱阳绢纺厂子弟小学任教。1995年退休。

盖光云

盖光云，男，1942年2月4日生，中学高级教师。1950年至1957年就读于安里小学、姜疃完小。1957年至1960年就读于灵湖中学。1960年至1963年就读于莱阳一中。毕业后，从1963年开始，先后任教于安里学校、姜疃中学、中荆高中、莱阳九中、莱阳五中等学校。曾任莱阳九中教导副主任、莱阳五中教导主任。先后获得莱阳市优秀教师、烟台市优秀教师等荣誉。2007年病逝。

盖　梁

盖　梁，男，1942年6月16日生。1950年在安里小学读书，后上姜疃、莱阳二中读书，1957年下半年因家庭困难休学回村，担任安里村男女青年夜校教师。1958年在安里学校任代理教师一年。1959年复学至初中毕业。1961年回村，先后管理过村里户口、仓库等，担任过村农业科研队技术员兼副队长。1981年调姜疃镇政府科技服务部工作一年。1982年在家务农至今。

盖美英

盖美英，女，1942年8月生。1950年在本村小学读书至高小毕业。1959年至1964年任安里小学民办教师。结婚后，在本村务农至今。

盖民先

盖民先，女，自幼在安里读小学，是1958年前的老完小生。1960年前后曾在安里学校担任民办教师，出嫁后回乡务农至今。

盖忠诚

盖忠诚，男，1942年9月生。自幼在安里学校读书，1958年至1960年担任安里学校民办教师。1960年8月参加中国人民解放军。1966年2月到海军南京军事学院培训结业，历任国家海洋局北海分局政治部任干事、副科长、副处长等职。1983年转业。1984年起任北海分局保卫处处长。2002年9月退休。任职期间，曾荣获国家公安部颁发的"从事保卫工作三十年"荣誉证书、奖章，多次受到青岛市公安局嘉奖。现任青岛老年书画研究会创作研究员、副会长兼副秘书长。

张　树

张　树，男，1943年1月13日生。自幼在安里小学读书，完小毕业后，于1959年7月考入莱阳十三中（后改为莱阳五中）。1963年毕业（1961年生产救灾停课一年）回乡在大队副业队木工组做工。后任耕读班教师、民办教师多年。2010 年病故。

盖洪棣

盖洪棣，男，自幼随家人在黑龙江读小学。1956 年姜疃完小毕业回村务农，腿有微疾但酷爱读书，知识渊博。1960 年起先后两次在安里学校任民办教师。后担任生产队会计多年。已病逝。

于岩民

于岩民，男，1943 年生，姜疃镇西宅村人，中共党员，小学高级教师。1965 年 2 月至 1990 年 7 月在西宅小学任教。1990 年 8 月至 2001 年 1 月先后在姜疃镇瑶头联小、西宅小学任教。2001 年 2 月至 2003 年 10 月，在新安联小任教。2003 年 11 月退休。曾于 1984 年参加莱阳市教师进修学校函授学习，1988 年获中师文凭。1993 年被评为优秀教师，并获“小学高级教师”职称。在全国举办的小学自然智力竞赛中，荣获全国级的指导教师二等奖。在新安联小任教期间，获全镇教学成绩优秀奖，以及指导学生书法积分奖、先进教师奖等荣誉。

盖永才

盖永才，男，1943 年 4 月生，安里村人，莱阳师范毕业，中共党员。1951 年 8 月至 1955 年 8 月在安里学校读书。1955 年 8 月至 1957 年 7 月在姜疃完小读书。1957 年 8 月至 1963 年 7 月在莱阳二中、莱阳师范读书。1963 年 8 月至 1968 年 12 月在崂山县付家埠小学教学。1969 年 1 月至 1972 年 6 月在姜疃公社安里学校教学。1972 年 7 月至 2003 年 5 月先后任莱阳市教育局教研室、莱阳市招生办任主任。2003 年 5 月退休。病逝。

王树栋

王树栋，男，1943年8月14日生，姜疃上夼村人。1950年2月至1956年7月先后在本村读小学、高格庄大泊子读完小，毕业后在家务农。1958年8月起在安里农业大学读书一年，毕业后在姜疃任民办中学教师。1962年8月起在本村任半工半读教师。1964年12月在本村小学任教。1998年7月正式调安里小学任教师。2000年9月退休。

盖中华

盖中华，男，1960年前的老中学生。曾在安里学校担任民办教师，转正后，继续在安里学校任教。曾在外村学校任教导主任。教学成绩突出，深受学生和家长欢迎。已病逝。

张玉芬

张玉芬，女，1943年11月22日生，中共党员。1952年9月至1956年7月在安里村小学就读。1956年9月至1961年7月先后在姜疃完小、莱阳十三中就读。1961年7月初中毕业回乡务农，先后任生产队妇女队长、大队妇女主任。1965年至1969年12月在安里村小学任民办教师。1974年随军在大连市土城子部队，在旅顺制药厂（后改为大连第三制药厂）工作。1987年1月随夫转业调到莱阳市铸锅厂。1993年10月被莱阳动力机械厂合并，任仓库保管员。1993年11月22日退休。

张正齐

张正齐，男，1944年农历6月29日生，中学高级教师。1955年之前在外地读书。1963年9月考入莱阳一中，毕业后回安里村务农。1969年7月担任安里学校民办教师。1976年担任安里村村党支部书记。1977年恢复高考，考入山东昌潍师专数学系。毕业后先后在莱阳九中、黑龙江八五〇农场一中任教。1985年至2003年在胜利石油管理局机关六中高中部任级部主任。执教期间，多次被上级部门授予“地市级优秀教师、模范班主任及教育处优秀共产党员”等荣誉。2004年退休后先后被新疆吐哈油田高中、东营胜利新西兰学校、新疆鄯善二中聘任。2010年离开教坛。执教之余，爱好绘画，作品曾被国外人士收藏。

张玉翠

张玉翠，女，1945年5月生，中学文化。1954年6月至1958年6月在安里小学读书。1958年7月至1963年7月先后在姜疃完小、莱阳十中读书。1965年6月在安里小学任教。1973年3月随军青岛市，在海军北海舰队后勤部海卫招待所任保管员。1997年10月退休。

江竹青

江竹青，女，1946年5月生。自幼在姜疃完小读书，1961年在莱阳十中读书，初中毕业后回乡。1967年3月至1969年10月在安里小学任民办教师。1970年务农至今。

盖文堂

盖文堂，男，1946生。1967年莱阳一中毕业后回乡，任安里学校民办教师，主教体育，负责校篮球队、排球队的训练。1972年开始任莱阳红星化工厂任厂长。1990年因病回乡。2010年病逝。

盖永生

盖永生，男，1946年生。1953年至1957年在安里小学读书；后考入莱阳一中，高中毕业后于1968年7月至1970年9月，在安里学校任教。1972年毕业于烟台师范大学，后任莱阳市初中数学教研员7年、任乡镇教委主任兼中心学校校长15年。1985年、1986年，先后两次被评为莱阳市优秀教师、烟台市优秀教师。1995年，被聘为中学高级教师。任职期间，被聘为山东省中学数学教材教法研究会《中学数学杂志》编委会特约通讯员、编辑。参加过青岛海洋大学出版的考试知识《数学》的编写，并担任电子科技大学出版的《教育、教学、专题研究》“教改、教管、教法”篇副主编。先后在省级刊物发表教学论文3篇。

张维令

张维令，男，1947年6月生，中共党员，中学一级教师。1955年9月至1961年8月在安里学校读书。1961年8月至1964年8月在莱阳十中读书。1964年9月考入莱阳师范学校。1967年起，先后在赤山、吕格庄农中，安里学校、东庄学校任教。1983年至2007年7月历任姜疃丰台中学、瑶头联中、凤山中学校长、莱阳市西关中学副校长。1978年任莱阳第八届人民代表大会代表。1984年任中共莱阳第六次代表大会代表；1986年被评为烟台市优秀教育工作者。2007年7月退休。

位淑杰

位淑杰，女，1947年12月生，姜疃镇瑶头村人，小学高级教师。1968年毕业于莱阳一中，毕业后在瑶头联中任教。1976年在安里学校任教，负责一至五年级的语文、数学教学，担任过班主任，教过初中班数学。2002年退休。任教期间，多次荣获姜疃镇、莱阳市委市政府授予的“优秀教师”、莱阳教委授予的“巾帼建功能手”“三爱先进个人”等荣誉。曾在莱阳市《教学研究》刊物上发表论文《“设疑法”——启发式教学的有效方式》。

于　屹

于　屹，男，1948年5月30日生，姜疃镇西宅村人。1967年毕业于莱阳一中。1978年起先后在姜疃高中、瑶头联中担任英语教师。1995年获曲阜师范大学（成人教育）高等专业毕业证书。2001年晋升中学一级教师。2002年至2004年在新安联小任教。任教期间，1996年撰写的《谈如何培养学生的自学能力》被中国教育学会理论研究会评为二等奖。1997年被评为姜疃镇“英语教学能手”荣誉。现退休。

盖林涛

盖林涛，男，1949年2月生，姜疃镇凤头村人，小学高级教师。1969年9月莱阳灵湖二中高中毕业。同年12月应征入伍，在福州守备二师服役。1976年退役后在本村任教；1998年至2003年调入安里学校，担任四、五年级的班主任。任教期间，所带班级曾获得镇语文考试总评第二名，2000年镇数学考试总评第一名的好成绩。

盖作云

盖作云，男，1949年9月生。自幼先后在安里、姜疃读小学、完小，后考入莱阳十中、莱阳二中读高中。1970年在安里学校任教，担任班主任，教初中语文、高中物理课。1978年调到姜疃丰台中学任班主任，教高中物理。1981年起回安里学校任班主任。1996年起调入丰台中学任物理教师。2009年退休。任教期间，多次被评为优秀教师。

盖良群

盖良群，男，1949年12月30日生，大专学历，中学高级教师。1958年在安里读小学。1970年8月毕业于莱阳十中。1971年2月起，先后在安里村学校、丰台中学任教。1997年晋升为中学一级教师。2004年晋升为中学高级教师。任教期间，在市级刊物发表过教育专业论文6篇，省级刊物发表过1篇，国家级刊物2篇。曾先后被评为县市级先进工作者，获得过“莱阳市优秀教师”“莱阳市教学能手”等荣誉。

2009年12月退休。

位庆安

位庆安，男，1950年农历正月生，姜疃镇瑶头村人，中共党员，高中学历。1969年春参加中国人民解放军。1974年转业回村任教师，后转到姜疃小学任教导主任。2002年调安里学校任政教主任，并先后兼任二、三、五年级班主任。任职期间，所带班级多次被评为先进班级，个人多次被评为优秀教师。

张玉京

张玉京，男，1950年11月生，中学高级教师。1958年入安里学校读书。1970年毕业于莱阳十中，同年进入安里学校任教。1987年调到姜疃初级中学任教。任职期间，多次被评为镇优秀教师，一次被评为莱阳市“三爱”先进个人，两次被评为莱阳市优秀教师。1995年通过自学考试，获得山东曲阜师范大学专科毕业证书。2001年被聘为中学高级教师。2010年退休。

盖月堂

盖月堂，男，1950年生。先后在安里学校、姜疃完小、莱阳二中、莱阳十中读书。高中毕业后，于1971年至1987年在安里学校任教。2004年任村委会主任。2009年6月病逝。

盖保仁

盖保仁，男，1951年2月6日生。1958年9月在安里小学读书。1964年9月至1969年7月姜疃丰台农业中学、姜疃高中读书。1972年参加中国人民解放军。1974年至1984年在安里学校任教。1987年至1992年在莱阳淳于乡中学任教。2001年病逝。

盖文周

盖文周，男，1951年6月5日生，中共党员。1959年6月至1963年6月在安里学校读小学。1963年7月至1970年11月在姜疃读完小，后在莱阳十中读初中、高中。1970年12月至1972年11月在安里学校任教师。1972年12月参加中国人民解放军，历任六十七军某部通信营报务员、报务主任、有线连副指导员、指导员。1987年转业，历任山东省畜产进出口公司莱阳裘革加工厂业务员、计划科副科长、厂办公室主任、厂长助理。1993年5月任山东佛来伲集团公司副总经理，兼任莱阳市东方皮件有限责任公司总经理。2008年12月退休。

盖元桂

盖元桂，女，1951年8月生，小学高级教师。1973年1月姜疃高中毕业，同年3月至2003年7月，在安里学校任教，担任班主任。任教期间，年年获得优秀班主任称号，1997年荣获莱阳市优秀班主任称号。多次组织校内二年级语文教学观摩课，在乡镇组织的教学观摩课中表现突出，多次被评为莱阳市优秀教师、语文教学能手。

兰淑娥

兰淑娥，女，1951年9月生。1959年9月在安里学校读书。1963年9月至1970年12月先后在姜疃完小、莱阳十中读书。高中毕业后，于1971年3月至1981年7月在安里学校任教。任教期间，学校开展勤工俭学，组织的长毛兔养殖工作受到上级表扬。多次组织宣传队文艺演出，得到乡亲们的欢迎。

盖文江

盖文江，男，1951年生。1959年至1964年在安里小学读书。莱阳十中（高中）毕业后回乡任民办体育教师，转为公办教师后，调到姜疃联中负责后勤工作，即将退休前病故。

盖美群

盖美群，男，1952年生，大专学历。1959年9月至1964年7月在安里学校读小学。1964年9月至1972年8月先后在姜疃完小、姜疃高中读书。高中毕业后，在安里学校任民办教师。1998年在瑶头联小由民办教师转正。2007年退休。

盖国云

盖国云，男，1952年生，中共党员，小学高级教师。自幼在安里小学读书，高中毕业后考入莱阳师范。毕业后先后在丰台高中、安里学校、姜格庄中学任教。1982年起先后担任岚子中心小学校长、石水头联中校长、岚子乡教委副主任。工作期间，曾被评为莱阳市优秀教师、人口普查省优秀工作者。2012年退休。

盖志远

盖志远，男，1952年生。先后在安里学校、姜疃完小、莱阳十中读书。1973年参加中国人民解放军。1976年至1993年先后在安里学校任教师、中学部主任。2003年病逝。

盖常云

盖常云，男，1953年7月生。自幼在安里读初小。1968年姜疃联中毕业考入莱阳十中，高中毕业后回乡。1971年在安里学校任民办教师，教学严谨，教材熟练，成绩突出。1981年始务农至今。

江述正

江述正，男，1953年11月6日生，小学一级教师。1967年12月在安里小学毕业。1973年1月姜疃高中毕业，同年9月至2002年在安里学校任教。1985年12月在莱阳中师函授毕业。任教期间，曾获莱阳市优秀教师。1995年11

月被聘为山东省教育学会小学语文教学研究专业委员会委员。2002 年 12 月病逝。

辛凤云

辛凤云，男，1954 年 1 月 19 日生，姜疃镇西路格庄村人，大专学历，小学高级教师。1959 年 8 月起，先后在本村完小、莱阳二中读书。高中毕业后，于 1971 年 1 月在西路格庄小学任教。1999 年 8 月至 2004 年 1 月在新安联小任教，兼任总务主任和会计。新安联小与姜疃中心小学合并后，2004 年 2 月至 2008 年 9 月，在姜疃中心小学任教。任教期间，多次获得“姜疃镇优秀教师”“莱阳市优秀辅导员”“烟台市优秀少先队辅导员”等荣誉。1996 年发表的教育论文获得“中国教育三等奖”，1998 年发表的教育论文获烟台市“教育科学优秀成果”三等奖。曾 3 次组织学生参加全国教育协会举办的《创新写作》竞赛，有 104 名学生获得一至三等奖。

江桂芳

江桂芳，女，自幼在安里小学读书。1972 年高中毕业，回乡在安里学校担任民办教师，教学成绩突出，后考入莱阳师范，毕业后在莱阳十中、烟台二中担任理化教师至退休。

盖兴群

盖兴群，男，1955 年 4 月生，中共党员，本科学历讲师。自幼在本村读书。1974 年姜疃高中毕业后，在安里学校任教师并兼任团支部书记。1984 年考入栖霞师范读书，毕业后分配到莱阳教师进修学校教数学，后任教师进修学校总务主任。教学业务精湛，深得学生爱戴。2005 年不幸因车祸去世。

盖向东，男，1955 年 5 月 25 日生。1973 年 10 月至 1975

盖向东

年8月任安里学校四、五年级数学老师、六年级音乐老师。1975年8月至1990年8月，历任莱阳市粮食储运站军供出纳、政工科长、粮食局机关纪检干事。1990年8月任莱阳市冯格庄粮所所长。

盖麒群

盖麒群，男，1955年生。自幼在安里小学读书。1972年莱阳十中（姜疃高中）毕业后回乡务农3年。1975年4月被选为民办教师，在安里学校教小学。工作认真，成绩突出，学生认可，家长满意。1978年7月辞职务农。

盖美志

盖美志，男，1955年生。自幼在安里小学读书，中学毕业后，于1972年参加中国人民解放军。1976年退役回乡到安里学校任教，担任小学一级民办教师。1997年因家境原因离教务农至今。

张维涛

张维涛，男，1955年6月生。1964年8月至1971年12月在安里学校读书。高中毕业后于1978年1月在安里学校教学，同年7月考入莱阳师范。1980年7月毕业后在高格庄鲍村联中任教。1984年8月至1989年7月在高格庄联中任教导主任。1989年8月在姜疃凤山中学任教导主任。1993年1月任凤山中学校长。2003年8月调入丰台中学任教。曾获“全国物理优秀指导教师”。

江春芳

江春芳，女，自幼在安里学校读小学、初中。姜疃高中毕业后，回村担任民办教师，期间考入莱阳师范，毕业后在莱西市教育局工作。

江守涛（见“优秀人才”）

周翠英

周翠英，女，1956年7月30日生，中共党员。1963年6月至1972年11月在安里学校读小学、初中。1972年11月至1974年6月在姜疃高中读书。毕业后回村务农四年，担任村团支部副书记兼安里大队养猪场副场长。1976年10月至1978年2月在安里学校任民办教师。1978年2月考入莱阳师范。1980年1月起，先后在莱阳高格庄高中、莱阳六中任教师。期间，于1981年7月在烟台教师进修学院进修。1988年10任莱阳市总工会任图书管理员。1991年6月任莱阳市文化宫副主任兼图书馆馆长。分别于1989年9月、1991年4月，在省电大图书馆专业（专科）、莱阳农学院经济管理专业（本科）就读进修学习。1994年4月任莱阳市总工会组织部副部长。2004年2月任莱阳市人力资源社会保障局农村社会养老事业管理处基金运营科科长。2011年8月退休。

盖玉伦

盖玉伦，男，1956年11月12日生，姜疃镇上疥村人。1964年1月至1970年12月在本村小学读书。1973年1月至1975年7月先后在姜疃联中、姜疃高中读书。毕业后，在本村任卫生员3年。1977年8月至1998年8月在本村小学任教师、校长。1998年9月调到安里小学任教。2004年调到姜疃鲁花小学任教。

盖一军

盖一军，男，1956年11月生，中共党员。1965年7月至1972年12月在安里学校读小学、初中。1973年1月至1975年7月在姜疃高中（原莱阳十中）读书。1975年8月至1976年11月在安里学校任教。1976年11月至1984年5月，先后任莱阳无线电厂工人、车间副主任、车间主任、厂党支部委员。1984年6月至1994年12月，先后担任莱阳无线电厂质检科科长、烟台电视大学档案管理专业学员、莱阳市无线电厂办公室主任、副厂长、党支部副书记、广通达集团公司副总经理兼第一公司经理。1995年1月任莱阳广通达集团公司常务副总经理，于1996年5月被市委组织部任命为副科级企业干部，党总支副书记。2007年9月内退。工作期间，先后多次被市工业委授予“优秀共产党员”“先进工作者”。

张维浩

张维浩，男，1957年农历五月初五生，大专学历。1966年6月至1973年11月在安里学校读书。1973年12月至1976年7月在莱阳十中读书。高中毕业后，于1976年8月在安里学校任教。1978年7月考入莱阳师范读书。1980年7月起，先后在高格庄胡城联中任教5年，在姜疃丰台中学任教2年。1987年至2012年7月任姜疃教委勤俭办主任。2012年7月任丰台中学总务主任，后调鲁花小学任教。曾于1996年7月至1999年月在鲁东大学政治系读书，专科毕业。任教期间，获得过莱阳市优秀教师、先进工作者等荣誉。1998年10月晋升中学一级教师，2004年11月晋升中学高级教师。

初宝香

初宝香，女，1957年5月27日生。1966年9月至1974年7月先后在院上村小学、北黄联中读书。1974年9月至1976年7月在姜疃高中读书。毕业后在院上村小学任教。1982年至1990年在安里村务农，期间在安里学校担任代课教师。同年进入山东省东营市农业局工作。2007年8月退休。

张玉秋

张玉秋，男，1957年8月16日生，学历本科，中学高级教师。1965年8月至1972年12月在安里学校读小学、初中。1973年1月至1975年7月在姜疃读高中。高中毕业后，于1976年10月至1978年9月在安里学校任教师。1978年9月至1980年1月在莱阳师范读书。1980年2月至1984年7月在莱阳东关联中任教师。1984年8月至1986年8月在烟台教育学院读书。1986年9月至1993年7月任莱阳市教委教研室英语教研员、初中组组长。同年获山东省优秀教师。1993年8月任莱阳市教委教研室副主任（副科），兼任英语教研员。2009年退休。

盖彩云

盖彩云，男，1958年2月15日生，中共党员。1967年7月至1976年7月先后在安里小学、姜疃高中读书。毕业后，在安里学校任民办教师。1981年7月至1983年7月在莱阳师范读书。毕业后在姜疃中心中学任教。2000年6月毕业于山东师范大学。2006年12月晋升为中学高级教师。任教期间，先后被莱阳市委、市政府、莱阳教委评为优秀教师、先进工作者、教育系统“三爱标兵”、初中教育先进个人。

盖群堂

盖群堂，男，1958年6月21日生，小学高级教师。1977年8月毕业于姜疃高中。1978年4月在安里学校任教。1993年10月考入莱阳师范民师班进修学习。1995年8月在姜疃凤山中学任教。2003年起，在姜疃鲁花中心中学任教。2000年，莱阳市“多媒体优质课”评选中，其执教的数学课获得“数学优质课”。于1999年12月考取山东师范大学小教教育专业大专文凭。

盖龙云（见“优秀人才”）

张维学

张维学，男，1958年10月28日生，中共党员。1968年7月至1975年7月在安里学校读小学、初中。1975年7月至1977年7月在莱阳十中读高中。1980年8月至1986年7月在安里学校任民办教师。1986年8月至1988年7月在莱阳师范读书。1988年8月至2006年7月在姜疃中学任教师。期间，于1998年12月毕业于山东师范大学。2000年11月被聘为中学一级教师。2006年8月起，在姜疃中心初级中学任教。1994年起担任姜疃中学教导主任，分管学校团支部及教学工作。先后两次被评为莱阳市优秀教师。

盖建军

盖建军，男，1958年11月生。1968年7月至1975年7月在安里学校读小学、初中。1975年8月至1977年7月在莱阳十中读高中。毕业后，在安里小学任教3年。1982年8月到莱阳市第一人民医院工作。2005年11月调到莱阳市中医医院病案管理室工作。

盖玉海

盖玉海，男，1959年7月生。1967年在安里小学读书。1979年高中毕业后回到安里村。1980年起任安里学校民办教师。1987年莱阳中师函授毕业。1994年离职在村务农。任教期间，所教班级多次获镇统考第一名，培养出许多优秀学生。

盖秀群

盖秀群，男，1959年7月25日生。1966年8月起在安里小学、姜疃完小、莱阳十中读书。1976年开始，先后在安里小学、丰台中学任教。1989年参加烟台师范学院函授大专毕业。后被评为中学高级教师。2012年11月9日病逝。

盖连成

盖连成，男，1959年9月生，姜疃镇大庄子村人。1968年起先后在本村小学、姜疃联中、莱阳十中读书。1977年8月高中毕业后回村务农。1985年在本村小学任教。1999年8月至2003年7月在新安联小任教。2007年8月调姜疃鲁花中心小学任教。任教期间，1996年被评为莱阳市优秀辅导员，1999年被评为烟台市优秀辅导员，1998年获得全国少先队辅导员培训证书。2000年7月考入莱阳师范读书，学制2年。同年9月被评为莱阳市级优秀教师。2012年荣获北京基础教育研究所“金牌辅导员”荣誉证书。

盖永泉

盖永泉，男，1962年11月25日生，大专学历，小学高级教师。1970年8月至1979年7月先后在安里学校、姜疃丰台高中读书。1984年1月至1995年3月在安里学校任教。期间，于1994年8月考入莱阳师范读书。1995年4月在姜疃中心初级中学工作。1996年7月获得山东师范大学函授大专学历。任教期间，先后被评为烟台市小学教育教学先进个人、烟台市“小学语文‘双规’教学实验与研究”优秀实验教师、莱阳市优秀教育工作者、莱阳市优秀团干部。

盖旭花

盖旭花，女，1963年3月19日生，中共党员。1970年9月至1977年8月在安里学校读小学、初中。1977年9月至1979年8月在姜疃丰台中学读高中。1979年9月在安里学校任教。2004年学校撤并后，担任幼儿教师。任职期间，曾被莱阳市教育部门评为莱阳市优秀教师，论文《浅谈如何搞好幼小衔接》获莱阳市优秀论文二等奖，执教的语文课在莱阳市《多媒体优质课评选》中评为市优质课。

盖淑奎

盖淑奎，女，1964年9月生，小学高级教师。1972年8月至1980年7月在安里学校读书，后考入莱阳一中。1985年8月参加教育工作，现为鲁花中心小学教导副主任。任教以来，先后被授予莱阳市“三爱”标兵、莱阳市少先队辅导员、莱阳市“巾帼建功能手”“三八红旗手”、莱阳市优秀教师。

盖中正

盖中正，男，1966年10月生，中共党员。1974年至1983年在安里学校读小学至高中。1984年起在本村任教。1995年参加山东师范大学自学考试获大专文凭。2000年7月考入莱阳师范读书。2002年被聘为“小学高级教师”。新安联小撤并后，调入姜疃鲁花中心小学任教。

盖松林

盖松林，女，1968年3月生。1989年至2003年在安里学校任教。1992年晋升小学一级教师。

刘惊涛

刘惊涛，男，1976年12月13日生，姜疃镇青杨夼村人，中共党员。1995年7月毕业于莱阳师范美术班，后自学考取大学本科文凭。师范毕业后参加工作，1997年加入中国共产党。2003年在新安小学任教，后调入姜疃鲁花中心小学任教。任教期间，分别于2005年、2009年、2012年被评为莱阳市教书育人先进个人、优秀教师，获得过莱阳市“恒达杯”书法比赛一等奖、“阳光、健康、快乐”书法一等奖、国画二等奖、“安全杯”书法一等奖、“喜迎十八大反腐倡廉”书法二等奖。

（三）优秀人才

邢一夫

邢一夫（其父邢华山），男，1942年10月生，山东莱阳市团旺镇团旺村人。中共党员，大专文化。海军大校军衔。1950年1月至1954年7月在安里小学读书。1954年8月至1960年8月，先后在姜疃完小、莱阳二中上学，后考入莱阳一中。1961年8月加入中国人民解放军，历任学员、打字员、保密员。1970年3月起，先后在国防部第七研究院、海军北海舰队政治部工作，历任政治部秘书、秘书科长、副秘书长。1988年被授予海军上校军衔。1994年12月晋升为六级政工师，授予海军大校军衔。1996年6月退休。工作期间，多次获上级部门嘉奖，被评为“五好战士”、先进干部，荣立三等功一次。

盖国祥

盖国祥（其父盖风平），男，1953年11月生。中共党员，大专文化，空军上校军衔。1960年至1966年在安里学校读书。1974年12月参加中国人民解放军。1977年9月加入中国共产党。入伍以来，历任空军航空兵第13师37团地勤机械员、飞行员、空中机械师、分队长、副中队长、中队长、副大队长、师副参谋长。任中队长期间，曾连续3年保持广州军区空军样板机师优质机机务中队，连续3年保持达标先进单位，连续3年保持行政管理先进单位。

1987年3月毕业于河南大学政治理论系。1991年3月至1991年6月在空军工程学院大队长班培训。1994年7月毕业于空军第二航空学院机械专业。1990年1月被空军批准为一级飞行员。1993年4月被空军批准为工程师。共飞行3000多小时，多次执行空运、空降、空投救灾、人工降雨、货运包机、大规模多机种、军种合成演习等。先后荣立三等功3次，二等功1次。1997年10月转业到开封市邮政局，历任科长、书记。已退休。

盖岳文

盖岳文（其父盖法占），男，1956年2月生。中共党员，大学文化，海军大校军衔。1964至1971年在安里学校读书。高中毕业后在姜疃镇粮管所工作并入党。1976年12月参加中国人民解放军，历任战士、文书、舰务长，师政治部干事、科长、军政治部处长、团政委、旅政委、支队（师）政委。2004年至2011年任青岛海军潜艇学院副政委。是青岛市双拥共建领导小组成员，青岛市第十届人民代表大会代表。

于1982年在海军大连政治学院政工专业、1993年在中央党校经济管理专业、1995年在中央党校部队分部、2007年在海军工程大学等地进修学习。曾在《解放军报》、《人民海军报》、《政工学刊》、《海军政治工作》、《舰队政工通讯》、《舰队政治工作信息》等报刊发表文章27篇。1995年、2000年、2002年被北海舰队评为政治工作研究先进个人，荣获荣誉证书。先后受到部队各级嘉奖17次，荣立三等功1次，多次被评为先进干部、优秀党员、优秀党务工作者。

江守涛

江守涛（其父江振世），男，1956年5月生。中共党员，研究生学历。1964年至1975年在姜疃完小、姜疃联中、莱阳第十中学读书。1975年高中毕业后在安里高中（村单办）任语文教师。1978年调姜疃丰台高中任语文老师。1979年考入山东师范大学中文系学习。1983年7月毕业获文学学士学位。大学毕业后在即墨二中任教师1年。1984年6月调入山东省人大教科文卫委员会工作，历任副主任科员、主任科员。1987年至2011年在山东省人大常委会法工委工作，历任主任科员、行政法制处副处长、处长（期间，1991年4月至1992年10月，下派嘉祥县万张乡挂职，任乡党委副书记兼包村组组长，2004年至2007年参加中央党校法学理论专业研究生班学习，获研究生学历）。2011年任山东省人大农业与农村委员会副主任。

张维荣

张维荣（其父张行云），男，1956年12月生。本科学历，中共党员。空军上校军衔。自幼在安里学校读书。1974年11月参加中国人民解放军，历任空军航空兵第13师37团战士、机械师、团政治处干事、修理中队政治指导员、飞行大队政治教导员、政治处主任。1994年4月任团政委。1999年4月任师政治部副主任。2001年7月转业到开封市人力资源和社会保障局，任副局长、党委成员。期间，先后3次脱产学习：1987年毕业于河南大学政治理论系，1990年被选送到空军指挥学院进行中级指挥培训，1991年毕业于中央党校经济管理专业。

曾被广州军区空军政治部评为“优秀指导员”标兵。任教导员期间，所在飞行大队被空军命名为“拳头飞行大队”。任团政委期间，带领部队多次完成重大作战演习任务，团党委连续3年被上级评为先进团党委。在1998年的抗洪救灾中，因带领部队完成任务出色，受到中央军委的表彰。先后5次荣立三等功，多次受嘉奖。2001年转业地方工作。2002年因完成开封市驻村工作任务突出，荣获开封市“五一”劳动奖章。

江桂斌

江桂斌（其父江志儒），男，1957年11月8日（农历9月17）生。1965年至1972年小学到初中就读安里学校。1978年初考入山东大学化学系（1977级），1982年至1984年在山东大学任教。1987年至1991年在中国科学院获硕士和博士学位。1989年至1991和1994年至1996年分别在加拿大国家研究院和比利时安特卫普大学作访问学者和博士后研究，2008年9月至2009年1月，香港浸会大学University Fellow，2010年11-12月日本名古屋大学访问教授。2009年当选中国科学院院士，2012年当选发展中国家科学院（TWAS）院士。

现任中国科学院生态环境研究中心主任，环境化学与生态毒理学国家重点实验室主任，中国化学会副理事长，中国毒理学会副理事长，北京色谱学会理事长，《环境化学》主编和其他35本国际国内杂志副主编或编委。

作为分析化学家和环境化学家，其提出并推进了若干分析化学、环境科学与毒理学领域的研究，为两期国家重点基础计划项目（973）首席科学家，国家基金委重大基金和创新群体负责人，国家973顾问组成员，国家纳米重大研究计划专家组成员，国家环境咨询委员会委员，国家食品安全风险评估专家委员会委员等。

曾先后参加中国南极、北极和珠峰科学考察，在地球三极开始了相关研究。他已近百次应邀出访了30多个国家和地区，参加国际会议和学术交流。作为美国化学会著名杂志ES&T副主编，为中国的环境科学与毒理学水平的提升和走向国际做出了突出贡献。

先后在国际重要专业期刊发表英文学术论文500篇，应邀在国内外重要学术会议和著名大学作大会报告或特邀报告350次，足迹遍及世界著名城市、国内所有省份和台湾、香港、澳门等。

其培养逾百名博士研究生，桃李遍及中外。曾先后获得国家杰出青年科学基金、中国科学院青年科学家奖、长江学者成就奖、安捷伦“思想领袖奖”、国家自然科学奖（两次）和中国科学院杰出科技成就奖。

盖龙云

盖龙云（其父盖奎），男，1958年7月生。1975年7月高中毕业任村民办教师。1976年2月参军，1978年10月加入中国共产党。国防大学硕士研究生学历。

入伍后历任陆军第41军第121师警卫连战士、副班长、排长，广西军区独立师司令部作训科参谋，步兵第133师司令部作训科参谋、教导队副队长，广西军区司令部作训处参谋、副处长、处长，摩步第121师参谋长、师长，第41集团军副军长，代理海军东海舰队副参谋长，2013年4月任广东省军区司令员。曾于1979年2、3月参加对越自卫还击作战，80年代初、中期参加中越边境炮击袭击作战。曾被表彰为“全军百名优秀参谋”“全军优秀指挥员”，3次荣立三等功。2009年6月晋升少将军衔。

盖中涛

盖中涛（其父盖超群），男，1963年5月21日生，中共党员。自幼在安里学校读书。1980年9月考入青岛医学院儿科系读本科，后获博士学位。现任山东大学齐鲁儿童医院（济南市儿童医院）党委委员、院长，山东大学教授、硕士研究生导师，山东大学医学院传染病医院教学院长、主任医师，山东省免疫学会理事，山东省医学会传染病专业委员会副主任委员，山东省医师协会传染病专业委员会副主任委员，济南市医学会传染病专业委员会副主任委员。是济南市传染病重点学科学术带头人，济南市中青年科学技术学术带头人，济南市优秀科技工作者，第二届泉城卫生学者，济南市十佳医生，济南市廉洁行医标兵，荣立山东省抗击“非典”三等功。

张维汇

张维汇（其父张旭云），男，1964年7月14日生。1971年7月至1978年8月在安里学校读书。后来考入山东建筑大学。毕业后，在山东省建筑设计研究院工作，任总工程师、研究员。现为山东建筑大学硕士研究生导师，国家震后房屋建筑应急评估专家队专家，中国建筑学会结构分会理事，中国建筑学会高层建筑专业委员会委员，山东土木建筑学会建筑结构专业委员会秘书长，山东省勘察设计协会结构与抗震专业委员会主任委员，山东省超限高层建筑工程抗震设防审查委员会委员，山东省建筑标准设计专家委员会委员，山东省地震安全性评价专家委员会委员，山东省建筑产业现代化专家委员会专家，山东建筑大学客座教授，英国结构工程师学会正会员。先后获省部级优秀设计奖七次，发表学术论文七篇，参与编写国家和山东省设计标准规程八部。主持或参与设计了山东泰山大厦、济南华强中心等项目为代表的数百项工程，获得“山东省工程设计大师”“当代中国杰出工程师”称号。

张云涛

张云涛（其父张正和），男，1968 年 10 月 29 日生。1976 年至 1985 年就读于安里学校。1985 年至 1988 年就读于莱阳市第十中学。1990 年至 1995 年就读于山东医科大学口腔系。1995 年获医学学士学位。1995 年至 2000 年在滨州医学院口腔系工作。2000 年至 2003 年就读于华中科技大学同济医学院。2003 年获医学硕士学位，现任滨州医学院口腔学院教授，硕士生导师，滨州医学院附属医院口腔科主任医师。山东省卫生厅重点学科成员，山东省口腔修复学会理事，中华口腔医学会会员。

盖英萍

盖英萍（其父盖章群），女，1971 年 3 月 22 日生。博士，教授，硕士生导师。1978 年至 1983 年就读于莱阳安里村小学；1983 年至 1986 年就读于莱阳丰台中学。1986 年至 1990 年就读于莱阳一中。1990 年至 1994 年就读于山东农业大学林学院林学专业。1994 年获农学学士学位。1996 年至 1999 年在山东农业大学攻读森林保护专业硕士学位。1999 年获农学硕士学位，同年就职于山东农业大学生命科学学院。2004 年至 2008 年在山东农业大学攻读生物化学与分子生物学专业博士学位。2008 年获理学博士学位。现为山东农业大学生命科学学院教授，硕士生导师，山东农业大学“1512”工程专家人选，中国生物化学与分子生物学学会会员，泰山学者学术团队学术骨干，教育部长江学者创新团队骨干成员，生物化学与分子生物学国家级教学团队主要成员。曾获“山东农业大学个人突出贡献奖”“山东高校三八红旗集体”“山东省三八红旗集体”等荣誉。

盖玉林

盖玉林（其父盖德金），男，1972年8月7日生，山东莱阳市姜疃镇安里村人。1979年8月至1985年8月在安里学校读书。1990年8月考入国防科学技术大学，先后获硕士、博士学历。现为解放军总装备部某部处长。

盖兆军

盖兆军（其父盖永生），男，1976年5月生。吉林大学博士学历、高级经济师。1984年9月至1989年7月在安里学校读小学。1989年9月至1995年7月，先后在莱阳前淳于、莱阳八中读初中、高中。1995年9月考入上海电力学院电力系统及其自动化专业。1998年7月起，历任国家电网公司山东电力集团寿光供电公司技术员、专工、人力资源部部长。2007年6月在国家电网公司山东电力工程咨询院工作。2009年4月起，历任国家核电国核电力规划设计研究院培训部主任、北京国和英才公司总经理。期间，于2005年9月考入东华大学工商管理硕士研究生，2012年8月考入吉林大学人口、资源与环境经济学博士研究生（在职）。工作期间，先后获得集团公司技术比武一等奖、劳动管理竞赛优秀奖、优秀共青团员。

盖新貌

盖新貌（其父盖志远），男，1982年10月24日生。

1988年8月至1993年8月在安里学校读书。2000年8月考入国防科技大学理学院应用数学系读本科，先后获得硕士、博士学位。现为解放军空军某部工程师。

盖鑫磊

盖鑫磊（其父盖兴群），男，1982年11月2日生，现在读美国加州大学博士后。1988年8月至1993年8月就读于安里小学。1993年转学至莱阳市实验二中。1996年考入莱阳一中就读。1999年8月就读于北京科技大学冶金工程专业。2003年7月获得本科学位，同年起开始公费就读于同校物理化学研究生专业。2005年免试获得提前攻读博士学位资格，后师从世界知名冶金专家Seetharaman教授，得到北京科技大学和瑞典皇家工学院联合培养。2008年12月获得北京科技大学物理化学专业工学博士学位。2009年6月获得瑞典皇家工学院材料科学与工程的第二个博士学位。其后赴美国工作，现就职于美国加州大学戴维斯分校，从事大气环境、空气质量监测和污染控制方面的研究。

三、党政军群教等领域人才简介

（一）副科级以上公务人员

盖淑润

盖淑润，女，1922 年 6 月生，中共党员。自幼在安里学校读书。解放战争初期，在五龙县委党校学习。1945 年 3 月任团旺区民兵自卫团副团长。1946 年 5 月任团旺区委宣传干部，是解放战争期间安里村最早参加革命的女青年之一。1948 年 10 月随军南下，历任四川省秀山县一区妇联主任、酉阳县医药公司经理，党支部书记。2012 年病逝。

江平世

江平世，男，1923 年生。1930 年在安里读书，是安里私立旭光小学建校后招收的第一批学生。1947 年参加中国人民解放军，历任战士、排长。1953 年转业，历任山东禹城盐业批发处记账员、山东德州国棉一厂管理员、莱阳穴坊税务所专管员。1973 年离休。

盖维先

盖维先（曾用名盖先），男，1925 年农历 10 月 25 日生，中共党员。1937 年至 1940 年在安里学校读书。1945 年 1 月参加中国人民解放军，历任战士、排长、连指导员、营教导员、团政治处主任。参加了解放战争三大战役。1966 年转业，历任海南岛八所港务局党委书记、海口港务局副局长、广州海运局湛江办事处主任、广州海运局副局长。1984 年离休。

2007年冬在广州病逝。

张维斌

张维斌，男，1927年5月10日生，中共党员。1935年至1939年在安里学校读书。1940年在姜疃中心小学读书。1945年6月参加中国人民解放军，历任战士、副班长、班长、副排长、排长、团军需员、司务长。1955年11月转业，历任安徽普济圩农场一分场十队管教干事、安徽省东流县文化馆馆长、安庆市交通局车辆厂副厂长、安庆市粮食局大观区粮油管理站分站长、安庆市粮食局粮油制品厂副厂长、安庆市粮食局大观区粮油管理站副站长、站长。1981年11月离休（副县级）。

盖冠凤

盖冠凤，男，离休干部，自幼在安里读书。早年参加革命，曾任国家七机部某处领导。

盖万凤

盖万凤，男，自幼在安里读书，早年参加革命，曾任即墨武装部部长。已病故。

盖　康

盖　康，男，自幼在安里读书，早年参加革命 。后历任即墨县民政局局长、即墨县公安局局长等职。已病故。

盖洪所，男，1927年农历8月25日生，中共党员。1944年在安里学校读书。1945年1月至1949年11月，先后

盖洪所

在姜疃完小、胶东公学、莱阳第一中学读书。1949年12月至1955年11月，先后在姜疃区西五龙小学、陶障区南寨口村小学、南寨口完小任教。1958年9月至1961年12月，历任莱阳卫校政治教师、梁好泊完小校长、山东省教育干校学员。1962年1月至1970年8月，历任大疥公社秘书、莱阳人事局科员、莱阳县革委组织组干事。1970年8月至1976年10月任莱阳知识青年上山下乡办公室副主任。1976年11月至1981年11月任莱阳民政局副局长。1981年12月任莱阳卫生局副局长。1983年1月离休。1996年1月病逝。

盖宝云

盖宝云，男，1930年12月生，中共党员。自幼在安里学校读书。中华人民共和国成立前曾任过村、乡儿童团长、青救会长、团支部书记、区武装队通讯员、党支部委员等。中华人民共和国成立后，先后考入烟台二中、文登师范、莱阳师范、山东师范专科学校、山东大学。1957年起，先后在莱州一中、莱州二中、莱阳教育局、莱阳市委党校任教。1989年11月退休。2008年病逝。

盖忠明

盖忠明，男，1933年生，中共党员。自幼在安里学校读书，1949年6月参加中国人民解放军，后任济南军区某部机要秘书。1958年转业到黑龙江工作。1964年支援西北到甘肃正宁县工作，任湫头供销社主任。1965年起，先后任农业银行正宁县山河公社指导员、正宁县支行副行长。1973年调任正宁县公路段副局长。1978年任正宁县县委知识青年办公室副主任。1982年调任庆阳地区中国工商银行环县支行任副行长。1984年调任中国工商银行正宁县支行正科级调研员。1991年5月病故。

盖洪芝

盖洪芝（曾用名盖宏志），男，1934 年 4 月出生。1953 年参加革命工作。同年入党。历任昌潍地区中级人民法院秘书、政审科科长、办公室主任。1974 年病逝。

盖永学

盖永学，男，1938 年 2 月生。1946 年起在安里学校读书到四年级。后在姜疃完小毕业考入莱阳一中。1958 年考入莱阳农校（莱阳农学院）。毕业后，先后在微山县农林局、乡镇工作。1978 年调到莱阳穴坊镇税务所，后任税务所所长。1998 年退休。

盖　斌

盖　斌，男，1939 年 4 月 13 日生。1949 年 9 月至 1953 年 8 月在安里学校读书。1953 年 9 月起，先后在姜疃完小、莱阳二中、莱阳农校读书。1969 年 9 月起，先后任山东省郯南农场畜牧技术员、郯城县农业局会计辅导员、莱阳市农业局经管员，后被聘为农业经济师。1981 年 3 月起，先后任莱阳市农业局政工科科长、党委委员、副主任科员。1996 年 6 月退休。

江守民

江守民，男，1940 年 10 月生，中共党员，一级警督。1949 年至 1955 年就读于安里小学。1958 年毕业于掖县师范学校。1964 年 12 月至 1972 年 12 月，先后在莱阳大夼镇山后村、黄金庵、迎格庄任教。后历任莱阳县文教局、沐浴店公社党委秘书、莱阳县委组织部干事、莱阳市委办公室干事、秘书。1976 年起，历任莱阳县人民法院副院长、党组副书记、院长。1984 年任莱阳政法委书记。1987 年至 1994 年兼任莱阳公安局局长、党委书记。1993 年 3 月起任政协莱阳市委员会副主席、党组副书记。2001 年 1 月退休。

盖月吉

盖月吉，男，1944年7月生，中共党员。自幼在安里学校读书。1962年参加中国人民解放军，历任战士、排长、连长、参谋、副营长。1979年转业，先后担任基层武装部部长、莱西产芝水库管理局局长、莱西市水产局局长、莱西市市直机关党委书记。2004年退休。

盖景云

盖景云，男，1945年2月24日生。1954年8月至1958年8月在安里学校读书。1958年9月起，先后在姜疃完小、莱阳十中读书。1963年8月参加中国人民解放军，历任战士、班长、正营职技师。1982年3月转业，历任莱阳人民检察院书记员、检察员。2005年退休。

盖永强

盖永强，男，1945年生。1953年在安里小学读书。1987年至1988年在淳于乡任政工书记。已病逝。

张正芳

张正芳，男，1949年12月28日生，中共党员，大专文化，一级警督。1958年7月至1962年7月在安里小学读书。下学后任小队民兵队长。1969年4月参加中国人民解放军，历任战士、班长、消防技术教官。1978年4月由青岛公安消防队转业至黑龙江省虎林市850农场公安分局，任副局长、教导员。2010年10月退休。

张维明

张维明，男，1952年11月生，中共党员。1959年9月至1964年7月在安里学校读书。1964年8月至1970年7月在姜疃联中、莱阳十中读书。1970年12月参加中国人民解放军，历任战士、电台台长、排长、副连长、连长、副营长、师通信科长，中校军衔。1990 年 9 月转业，历任莱阳市电业局副局长、调研员。2003 年，被授予“莱阳市劳动模范”。2005 年被授予“烟台市劳动模范”。现退休。

盖天学

盖天学，男，1956 年 2 月生，中共党员，本科学历，高级经济师。1964 年 7 月至 1972 年 12 月在安里读小学、初中。1973 年 2 月至 1975 年 7 月在姜疃（原莱阳十中）读高中。毕业后回村务农。1976 年 3 月参加工作，先后在大夼、姜疃、团旺、柏林庄供销社、市联社任团支部书记、经理、副主任、主任等职（期间 1989 年 4 月至 1990 年 4 月在山东省供销社职工大学脱产学习）。1994 年 5 月至 2002 年 1 月在莱阳市建筑管理处先后任经理、科长、办公室主任。2002 年 2 月至 2008 年 3 月调任莱阳市园林管理处副主任。工作期间，于 1984 年、1992 年先后获山东省供销系统文明标兵、先进工作者等称号。2008 年 4 月内退。

盖国友

盖国友，男，1957 年 9 月 9 日生，中共党员。1966 年 2 月至 1974 年 7 月在安里学校读书。1976 年 12 月参加中国人民解放军，历任战士、排长、师教导队教员、汽车训练队队长、运输科副营职助理员、正营职助理员。1994 年 8 月转业，任威海市公安局铁路分局民警，正科级公务员。

盖中林

盖中林，男，1958 年 3 月 21 日生，中共党员。1965 年 9 月至 1971 年 7 月先后在辽宁省南票镇黄家屯、玉皇阁小学读书。1971 年 9 月至 1976 年 9 月，先后在安里学校、姜疃高中读书。1976 年参加中国人民解放军，历任战士、班长。1990 年转业，先后在山东省东营市国营黄河农场、山东省东营市工商行政管理局工作（正科级干部）。

盖中梁

盖中梁，男，1960年4月生，中共党员。1969年9月起在安里学校读小学、初中、高中。1978年7月在高格庄建筑公司工作。1983年1月起，历任穴坊镇政府公务员、镇政府文书、镇团委书记。1995年3月起，历任羊郡镇党委政法委员、羊郡镇党委组织委员。2001年1月任龙旺庄街道办事处副主任。现内退。

盖武先

盖武先，男，1960年8月24日生，中共党员。1967年7月至1978年7月在安里学校读小学、初中、高中。1979年1月参加中国人民解放军，在武警北京总队独立营四支队服役。1989年8月转业，在北京市司法局工作。1998年7月至2000年7月在北京市干部行政学院读书。2002年7月至2004年7月在中央党校函授学院读书。2005年12月起先后获国家公务员嘉奖二次、优秀国家公务员表彰二次，荣立三等功一次。

江翠蓉

江翠蓉，女，1964年1月4日生，中共党员。1971年9月至1978年8月在安里学校读小学、中学。1978年9月至1984年7月先后在姜疃丰台、莱阳九中、即墨二中读高中。1984年9月至1986年7月就读于青岛市财政学校。1986年7月起，先后在即墨市南泉政府财政所、崂山区五交化公司、机械电子工业局、李沧区经济委员会散装水泥办工作。1995年1月至2003年4月，先后任青岛市李沧区、市南区、四方区社会保险事业办公室副主任、主任。2003年5月起，历任青岛市社会保险事业办公室基金稽核处处长、失业处处长。

2012年5月任市社会保险事业局劳动能力鉴定处副处长。

江海波

江海波，男，1964年3月生，中共党员。1971年8月在安里学校读书。1983年12月参加工作，先后在莱阳团市委、莱阳市财贸办公室历任干事、副部长、部长、科长、纪委书记、党委委员、副主任（期间，曾在莱阳市吉龙集团总公司挂职副总经理、任莱阳市再生资源回收总公司总经理、党支部书记）。现任莱阳市海洋与渔业局副局长、党委成员。

盖柏先

盖柏先，男，1964年9月20日生。1972年至1981年在安里学校读书。1982年至1985年就读于莱阳市第九中学。1985年考入山东大学法律系本科。1989年7月起，历任烟台市中级人民法院告诉申诉庭、刑二庭、刑一庭书记员、助理审判员、审判员。2000年6月被选任为市中级人民法院第一批审判长。2003年起任刑一庭副庭长。2010年任市中级人民法院未成年人案件审判庭庭长。

盖旭君

盖旭君，男，1965年2月出生，中共党员。1972年9月在安里村学校读小学至初中。1979年9月在莱阳十中读高中。1986年7月毕业于山东省人民警察学校，后历任城厢派出所民警、公安局政工科科员、徐格庄派出所副所长、古柳分局基础科科长、山前店派出所指导员、莱阳公安局工会副主席、副科级侦察员。2010年10月任莱阳公安局政治处副主任、兼任离退休干部党支部书记。

盖文仁，男，1965年2月12日出生，大学文化，本科学历，

盖文仁

工程学士学位。1973 年至 1981 年就读于安里学校。1981 年至 1983 年就读于莱阳九中。1983 年 7 月至 1987 年 7 月就读于中国矿业大学采矿工程系。1986 年 12 月加入中国共产党。1987 年 7 月调入山东省煤炭工业局工作；现任山东省煤炭工业局人事教育处处长。1991 年被省经贸委评为全省企业管理工作先进个人。1995 年被省委组织部评为省直机关第七批下派干部先进个人。2004 年被评为全国煤炭工业建设工程质量监督优秀中心站长，2010 年被省政府评为全省防汛工作先进个人。2011 年被省政府评为全省安全生产工作先进个人，同年建立的《全省煤矿安全质量标准化信息管理系统》获山东省煤炭科学技术二等奖，2012 年组织的《全省煤矿瓦斯地质规律研究》获省政府科技进步三等奖。

江海涛

江海涛，男，1966 年 5 月生，中共党员。1972 年 9 月至 1980 年 7 月在安里学校读书。1991 年 9 月毕业于山东省政法干部学院法律专业。1983 年 11 月起，先后在莱阳市城厢镇政府、莱阳司法局、法制办公室、莱阳市政府办公室、莱阳行政审批中心工作。现任莱阳市政协副秘书长、办公室主任。

盖晓燕

盖晓燕，女，1969 年 1 月 17 日生，中共党员。1977 年 7 月至 1982 年 7 月在莱阳市姜疃镇新安小学读书。1982 年 7 月至 1988 年 7 月先后在莱阳市姜疃镇丰台中学、莱阳一中读书。1988 年 7 月考入在山东省经济计划学校。1991 年 7 月起，历任莱阳市工商局工作科员、财务科副科长、科长、企业注册局指导员、副主任科员。1998 年至 2000 年考取山东省委党校经管专业本科。2001 年至 2003 年 7 月考取中国农业大学社会学专业研究生。

盖玉松

盖玉松，男，1970年11月4日生，中共党员，工程硕士研究生学历。1978年9月至1983年7月在安里学校读小学。1983年9月至1989年7月先后在莱阳市姜疃镇丰台中学、莱阳市一中读初中、高中。1989年9月考入石油大学工民建专业读书。毕业后，历任莱阳市建筑业管理处科长、市建筑设计院副院长、市规划管理处主任，市规划建设管理局副局长兼市城市管理行政执法局局长，市城市管理行政执法局局长兼莱阳经济开发区管理委员会副主任，市住房和规划建设管理局副局长兼市城建管理监察大队大队长、经济开发区管理委员会副主任，市住房和规划建设管理工作委员会副书记兼市城市管理行政执法局局长职务。2013年1月6日任莱阳丁字湾滨海省级旅游度假区工委副主任、中共羊郡镇党委书记、羊郡镇人大主席。2014年8月29日，调任莱阳市龙旺庄办事处党工委书记。在职期间，于1995年、2004年，先后两次在莱阳农学院工民建专业、天津大学工业工程专业在职学习。工作期间，连年被评为“先进工作者”“劳动模范”“优秀思想政治工作者”“优秀共产党员”，莱阳市“十大杰出青年”“山东省建设行政执法责任先进个人”“山东省住房城乡建设系统劳动模范”，荣立三等功4次。

盖德平

盖德平，男，1971年1月10日生。1978年8月至1983年7月在安里小学读书。1983年8月至1986年7月在莱阳市姜疃镇丰台中学读书。1986年9月考入山东济南城市建设学校给水排水工程专业。1990年8月起，历任莱阳市城建管理监察大队中队长、市建筑业管理处安监站站长、市住房和城乡规划建设管理局开发区分局副局长。2011年12月任莱阳丁字湾南海新区规划建设管理处副主任。

盖东彦

盖东彦，男，1971年2月生，中共党员。1979年9月至1984年9月在安里读小学。1984年9月至1990年7月在姜疃镇丰台学校读初中、高中。1991年9月至1994年6月在山东政法学院读书。1994年7月起，历任莱阳市人民法院书记员、审判员、沐浴店法庭副庭长、莱阳法院执行三庭庭长、民事审判一庭庭长。2011年1月，任莱阳市人民法院龙旺庄法庭庭长。2012年11月，任莱阳市人民法院党组成员、执行局局长。多次受到莱阳市政府嘉奖，曾荣立三等功2次，2011年被评为“烟台市政法系统先进个人”。

盖中同

盖中同，男，1971年5月12日生，中共党员。1977年6月至1987年6月在安里学校小学读书至高中。1991年12月参加中国人民解放军，历任战士、学员、军务参谋兼纠察队长、汽车连副连长、连长、运输股长。2011年1月转业，先后任大连市瓦房店司法局副主任科员、共济司法所所长。

盖照东

盖照东，男，1973年7月生。1980年至1985年在安里学校读书，后考入上海中国纺织大学。2001年4月至2006年12月任莱阳市经贸中专校长。2006年12月起，先后任羊郡镇政府副镇长、党委副书记。

（二）军队连级以上干部

张正山

张正山，男，1925年生，中共党员，正团级。1936年在安里小学读书，后完小毕业。1945年参加中国人民解放军，经历解放军三大战役。“文革”前转业到绥中百货公司担任党委书记。1986年离休。

盖　成

盖　成（曾用名盖澄），男，1925年生，中共党员，正团级。自幼在安里小学读书。1947年参加中国人民解放军，历任南海独立一团战士、排长。后转业至潍坊兵役局（现人民武装部）。1984年离休。2010年病逝。

盖聚成

盖聚成，男，1925年生。自幼在安里小学就读。1947年参加中国人民解放军，在南海独立一团某连担任司务长，后随军转战，最后晋升正营级干部。“文革”后转业到莱阳姜疃医院（莱阳第一人民医院）负责后勤工作。已病逝。

兰保信

兰保信，男，1928年生。自幼在安里小学就读。1945年参加中国人民解放军，参加三大战役，枪法极好，优秀狙击手，正团级。已病逝。

盖孟顺

盖孟顺，男，1929年生，中共党员，副师级。1938年在安里小学读书，后完小毕业。1947年参加中国人民解放军，先后在南海独立一团，历任战士、班长、政治处干事、青岛警备旅政治处主任、野战军八九医院分管政工的主任。2007年病逝。

盖洪山

盖洪山，男，1929年生。自幼在安里小学读书。1947年3月参加中国人民解放军。历任战士、华东军区司令部管理科干事、山东军区后勤营房处管理员、济南军区后勤营管处助理、营房科科长（正团级）。曾荣立四等功一次、三等功一次。1949年5月加入中国共产党。1955年被授予中华人民共和国三级解放勋章。1981年离休。2009年8月病逝。

盖中民

盖中民，男，1930年生，正团级。1940年在安里小学就读。1947年参加中国人民解放军，后任武警长春总医院院长。已病逝。

盖淑德

盖淑德，女，1931年生。1941年在安里小学就读。1947年参加中国人民解放军，转战大江南北，数次立功受奖。解放后转业到北京市从事政工工作，直至离休。

盖志昌

盖志昌，男，1938年生。1948年在安里小学就读。1963年参加中国人民解放军，后任铁道兵某团团长。1984年铁道兵集体转业，到铁道部第十四局任驻北京办事处主任（正处级）。现退休。

张维禄

张维禄，男，1938年生，中共党员。自幼在安里小学读书，后完小毕业。1957年参加中国人民解放军，在海阳县工程兵部队服役，历任战士、班长、排长至副营级，后转业到齐鲁石化负责后勤工作。1998年退休。

兰保国

兰保国，男，1941年4月20日生。1950年至1959年在安里读书。1959年12月参加中国人民解放军，历任连队分队长、队长、副站长、师机关参谋。1978年10月转业，历任乡镇农业助理、农业机械站站长、公交主任。

刘福坤，男，1949年生，中共党员。1958年起先后在安里小学、姜疃完小、莱阳二中、莱阳十中读书。高中毕业后

刘福坤

于1970年12月参加中国人民解放军，历任战士、无线电主任（营职）等职。1983年调莱阳机场任营职助理员。1987年转业到莱阳工商局任市场科干部。2011年8月病逝。

盖永志

盖永志，男，1965年出生，大专学历，中校军衔。自幼在安里学校读书，高中毕业后于1985年应征入伍，1987年入党。1990年毕业于汽车管理学院，1998年任副营长，2001年任营长，2002年参加海陆空装备技术骨干培训，2004年晋升技术九级。荣立三等功2次。

张玉波

张玉波，男，1969年4月生，中共党员，少校军衔。1976年起在安里学校读书到高中。1987年10月参加中国人民解放军，历任战士、南京空军气象学院学员、班长，93719部队场务连排长、副连长、连长，助理员、机关参谋。1994年荣立三等功一次。

张文涛

张文涛，男，1975年6月生，中共党员，本科学历，中校军衔。1982年7月至1988年7月在安里学校读书。1988年7月至1994年7月，先后在姜疃镇丰台中学、莱阳市一中读书。1994年7月考入大连陆军指挥学院本科。1998年7月起，历任排长、团机关助理员、连长、团机关参谋、工程师。于2006年12月荣立三等功一次。

盖才杰

盖才杰，男，1979年生，中共党员，正营级，少校军衔。1986年至1991年7月在安里小学读书。1991年7月至1994年在莱阳实验中学读书。1994年7月至1997年在莱阳一中读书。1997年参加中国人民解放军。2000年7月考入上海武警指挥学院，毕业后在武警上海总队从事审计工作。2010年荣立三等功一次。

盖巧莲

盖巧莲，女，1981年12月11日出生，中共党员，少校军衔。1988年9月至1993年7月在新安小学读书。1997年9月至2000年7月在莱阳一中读书。2000年9月考入辽宁石油化工大学本科。2004年7月参加中国人民解放军，历任广州军区第三通信团分队长、副连长、装备处助理员、保障处助理员等。先后获得辽宁省优秀毕业生、部队多次嘉奖、荣立三等功一次。

（三）科研、文教、卫生、企事业等领域人才

兰振忠

兰振忠，男，1929年生。1947年参加中国人民解放军，在部队作医务工作，后由部队考入医科学院，本科学历。1955年分到青岛山大医院，是权威的主任外科医师，理论和技术是当时医院的领军人物。已病逝。

盖淑香

盖淑香，女，1932年生。1942年在安里小学读书。1949年6月起到胶东渤海银行工作，一生从事金融、财务管理工作，直至在龙口市离休。

照片缺

徐　强

徐　强，男，1932年4月生。1939年在安里小学读书，1957年7月师范毕业参加工作，后任平度高中校长。1992年退休。

盖超群

盖超群，男，1932年12月生。自幼在安里小学读书，姜疃完小毕业后，1947年考入莱阳中学。1951年参加中国人民解放军，在济南十二步兵学校学习，结业回部队，到青岛观通区长岛观通排担任文化教员。1958年升入莱阳农学院园艺系。1962年分到诸城农业局，后调入莱阳农业局果蔬站工作。1982年退休。

盖中兴

盖中兴，男，1934年农历正月初六生。自幼在安里读书，后考入外地卫生学校，毕业后分配到栖霞寨里医院任护士。1955年任莱阳中心医院麻醉师。1965年任莱西日庄医院外科医生。“文革”期间，受迫害自杀。

盖章群

盖章群，男，1935年10月12日生，中共党员。1945年8月先后在安里小学、姜疃完小读书。1952年8月起在莱阳一中读初中、高中。1958年8月考入北京体育学院本科。1963年8月任辽宁省锦西县完全中学副校长。1971年5月起，先后任莱阳躬家庄高中、穴坊高中副校长。1990年5月任莱阳市教师进修学校教师。1994年退休。

盖永明

盖永明，男，1941年生。1949年在安里小学读书，高小毕业以优异成绩考入初中，又以优异成绩考入高中。1959年7月考入西安交通大学桥梁工程系。毕业留校任教，后分配到省级单位工作。已退休。

盖中仁，男，1942年农历正月生。1949年至1953年在安里小学读书。1953年起，先后在姜疃完小、莱阳二中读

盖中仁

书。1958年8月考入南京长江无线电工业学校雷达结构设计专业大专，毕业后分配到北京七六一厂任技术员。1984年在七六一厂职工大学兼职任教，同年受聘为北京市无线电子行业培训初级工、高级工和技师。1987年晋升为工程师。1999年9月退休。

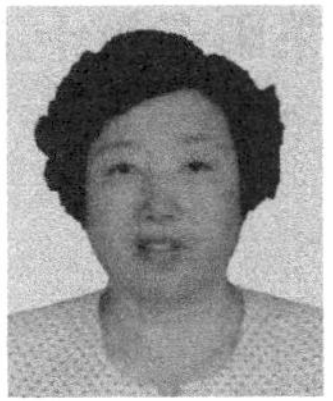
盖永芬

盖永芬，女，1946年1月13日生，中共党员。1952年9月至1964年7月，先后在安里小学、姜疃完小、莱阳第十三中学、莱西一中读书。1964年9月考入大连工学院化工系高分子专业本科。毕业后任黑龙江兰西县（鍈）二酸厂任技术员，1974年12月任莱阳县农机公司业务员，1980年9月任莱阳电视大学教师。1984年8月任莱阳化学工业公司技术科长。2001年1月退休。

盖爱华

盖爱华，女，1946年生。自幼在安里小学读书。后在烟台市烟台山医院任副主任医师。

盖玉国

盖玉国，男，1950年7月生，姜疃镇上夼村人。大专文化，副主任医师（管理）。1958年7月在上夼村读小学，1961年7月在安里村读高小。1964年7月起，先后在莱阳十中、二中、姜疃高中读初中、高中。1970年7月高中毕业后回本村务农。1971年1月任姜疃联中教师，同年9月在烟台市莱阳中心医院任会计。1972年11月参军入伍，任航空兵某部第十二师战士（部队期间荣立三等功两次）。1974年3月至2010年10月，在烟台市莱阳中心医院先后任宣传干事、团委书记、工会主席、副院长。是山东省书法家协会会员，莱阳市书法家协会技术顾问，北京青年美术馆顾问，北京东方名人书画院副院长。已退休。

盖良先

盖良先，男，1950年8月12日生，中共党员。1958年9月至1963年8月在安里学校读小学。1964年9月至1966年8月在姜疃完小读书。1970年至1985年，先后在村技术队、副业队、生产队工作。1986年任鲁花集团副总经理。期间，多次获得莱阳市委市政府表彰嘉奖，是莱阳市第十五、十六、十七届人大会代表。

张玉莲

张玉莲，女，1950年10月生，中共党员。1958年9月起，先后在安里学校、姜疃完小、姜疃丰台中学读书。1968年1月至1971年4月在莱阳医学专科学校读中专、大专，毕业后任莱阳市妇幼保健站医师。1977年5月起，先后任莱阳县第二人民医院妇产科副主任、主任。1994年10月任莱阳市妇幼保健院科主任。1996年晋升为副主任医师。2005年10月退休后被莱阳市多家医院聘任。任职期间，个人连续多年被评为系统、单位“先进工作者”，1996年被莱阳市妇联授予“三八红旗手”。

盖忠凤

盖忠凤，女，1952年8月3日生。1959年起在安里学校读小学。1964年至1969年在姜疃丰台读中学。毕业后回村，历任村妇女副主任、青年团副书记。1975年起，历任姜疃、大夼、岚子等乡镇妇女干部。1987年至1999年12月历任莱阳种鸡场任副场长、政工师。2000年任莱阳城厢街道办事处居委会工作。2007年退休。

盖艾玲

盖艾玲，女，1953年12月生，中共党员。1960年9月起在安里学校读小学。1966年9月至1971年7月，先后在姜疃完小、丰台中学、莱阳十中读书。1971年8月参加工作，先后任打字员、干事、文书、秘书科长等职。期间于1985年9月考入烟台大学中文系汉语言文学专业读书二年，被烟台大学宣传部聘为《烟台大学学报》副主编。1994年8月任莱阳电视台专题部副主任，2002年晋升主任编辑。任职期间，先后创办、担任《梨乡采风》、《法制经纬》、《七彩人生》等栏目策划与制片人。2000年担任策划、撰稿、导演的30集电视系列专题片《五龙人家》，获中国国家广电局评选的“全国农村民俗风情纪实类电视专题片”一等奖、烟台市“五个一精品工程奖”，并有多部民俗风情类电视专题片如《鱼化石》、《蝴蝶剪纸》等，被烟台电视台国际部选中，在澳大利亚、加拿大等国家及地区电视台交流展播。1998年出版个人散文集《荻叶风华》；并多次参入莱阳史志类编写工作。2010年12月退休。

盖永太

盖永太，男，1958年2月19日生。1965年8月至1972年12月，在安里学校读小学、初中；1973年1月至1975年7月，在姜疃高中读书。1975年8月至1978年2月，任安里村副业队前台会计。1978年3月，考入山东潍坊电力学校电气专业。1980年2月至1991年5月，先后任莱阳发电厂电修班副班长、班长。1991年6月调入莱阳市电业局。2003年9月起，先后任姜疃变电站站长、高格庄变电站站长。2003年10月任莱阳市电业局调度所变电运行专工。

张桂香

张桂香，女，1959年11月13日生，中共党员，大专文化。1969年7月至1977年7月在安里学校读书。1977年7月至

1978年6月在黑龙江省850农场场直一中读书。1978年6月至1997年10月先后任850农场财务科出纳员、会计，期间于1985年7月考入黑龙江八一农垦大学财经系进修2年。1997年10月任大连市中山区街道办事处财务科长。2010年11月退休。

盖国鹏

盖国鹏（原名盖荒若），男，1960年5月生，中共党员。1969年至1973年在安里小学读书；1973年随其父迁到甘肃庆阳市正宁县居住、读书。1981年起，历任中国人民银行正宁县支行副股长、股长，镇原县副行长，庆阳市中心支行任后勤服务中心副主任、主任、机关党委副书记、工会副主任。

盖淑廷

盖淑廷，男，1960年5月5日生，国家特级厨师。1968年起安里学校读书至九年制高中毕业；1977年考入山东烟台商业学校烹饪专业。1979年12月在山东省机关事务管理局下属单位济南东郊饭店工作，于1990年考取国家特级厨师。2010年退休。

张维臣

张维臣，男，1960年10月生，大学文化，高级工程师。1968年8月至1978年7月在安里学校读书。1980年9月考入山东冶金工业学院（现青岛理工大学）给水排水专业本科。1984年7月起在烟台市建委工作。1985年3月起，历任烟台市建设工程质量监督站监督员、副科长、科长。2004年2月，被山东省建设厅、山东省建筑工程管理局评为“全省创建无质量通病住宅工程先进个人”，12月被中国建筑业协会工程质量监督分会评为“全国工程质量监督系统荣誉监督工作者”，2012年3月被山东省住房和城乡建设厅评为“建设工程质量管理先进个人”。

盖福周

盖福周，男，1962年12月生，大专文化。1970年8月至1978年8月，安里学校读书。1979年8月起在姜疃丰台中学读书。1982年10月参加中国人民解放军，历任军事科学院汽车队战士、班长、济南军区后勤十分部汽车修理厂厂长。1992年7月考取莱阳农学院经济管理专业大专。1996年10月转业到莱阳市人民政府机关事务管理处工作，后任科长。

盖卫东

盖卫东，男，1962年11月生，大学文化，副总工程师。1974年9月至1977年7月安里学校读书。1977年9月至1980年7月，先后在姜疃中学、莱阳一中读书。1980年9月考入山东建工学院工民建本科。1984年7月起，历任山东电力局基建办副主任、鲁能拓展置业副总工程师、鲁能控股公司四部经理，期间考取同济大学建筑管理工程第二学位。2002年9月起，先后任北京英大公司副总经理，北京天润和信房地产开发有限公司、北京海港房地产公司、北京华金泰房地产公司、海南英大公司总经理。

盖晓梅

盖晓梅，女，1963年3月6日生，中共党员。1971年12月至1979年8月在安里学校读书。1979年9月至1979年8月在莱阳一中读书。1979年9月考入威海市技校（现威海市职业学院）。1982年8月在威海市钟表厂工作。1984年5月起，先后任莱阳市建业建筑工程有限责任公司、会计、预算、项目经理。获工程师、高级造价师职称。在职期间，曾被评为“莱阳市优秀女工”。2008年退休。

张 英

张　英，女，1963年10月17日生，中专文化，经济师。1970年7月至1975年6月在安里学校读书。1976年7月在黑龙江省虎林市850农场场直一中读初中、高中。1980年8月考入牡丹江农校。1982年起在850农场工作。1985年7月起先后任虎林市西岗制药厂、山东省东营市人民政府机关小车队会计。

盖旭焱

盖旭焱，男，1964年1月生，中共党员。1971年9月至1979年7月在安里学校读小学、初中。1979年9月至1983年7月，先后在莱阳九中、莱阳十中读高中。1983年9月考入曲阜师范大学生物系本科。1987年起，先后任山东胜利油田师专教师、讲师。1992年11月起，先后任胜利油田师专办公室、组织人事部秘书、组织员、监察室主任、纪委副书记、副教授。2001年11月任中国石油大学胜利学院产业中心主任兼书记。

盖国盛

盖国盛，男，1964年5月28日生。1974年至1978年在安里小学读书。1993年至1996年于青岛市市南区干部职工中等专业学校电气专业面授毕业。2005年至2008年于山东省电力学校电气工程及自动化专业大专班函授毕业。1981年在山东省莱西市供电公司工作，技师(中级)。

盖永玉

盖永玉，女，1964年7月17日生。1971年至1979年在安里学校读小学、中学。1979年9月至1981年7月在姜疃高中读书。1981年11月起，先后在莱阳第一人民医院、莱阳卫生防疫站工作。1999年11月起，历任中国人寿莱阳支公司展业部经理、展业处经理。工作期间，先后荣获“烟台市十佳职场服务标兵”“中国人寿服务标兵”“喜迎奥运，超越梦想”贡献奖、“烟台市保险行业服务标兵”。2009年荣获中国人寿总公司表彰，受邀在北京参加“北京《中华情·国寿情》庆60周年”大型晚会。

盖松先

盖松先，男，1964年9月20日生，中学高级教师。1972年至1980年在安里学校读书。1980年至1984年先后在姜疃丰台中学、莱阳九中读书。1984年9月考入山东师范大学历史系本科。1988年7月起任教于莱阳九中、莱阳一中。2012年起任莱阳一中教务副主任。工作期间，先后被评为莱阳市优秀教师、高中教育教学先进个人、高中教育教学先进教研组长、莱阳一中优秀共产党员。

张慧芝

张慧芝，女，1964年12月2日生，中共党员。1971年8月起在安里学校读书，后考入莱阳一中。1984年10月开始任教，1989年函授毕业于烟台教育学院。1984年起，先后在丰台、濯村、凤山中学，盛隆小学任教。工作期间，先后被评为“莱阳市教育教学先进个人”“莱阳市优秀教师”。

盖永礼

盖永礼，男，1964年12月10日生，本科学历，高级工程师。1973年9月至1981年7月在安里学校读小学、初中。1981年9月至1984年7月在莱阳九中读书。1984年9月至1988年7月考入中国石油大学（华东）机械系化工机械与设备专业，获工学学士学位。1988年起，先后在胜利油田油气集输公司、美国（COOPER-CAMERON）库伯-卡麦龙公司北京代表处、山东科瑞压缩机有限公司工作。

盖晓先

盖晓先，男，1965年6月2日生，中共党员。1973年9月至1980年8月在安里学校读书。1980年8月至1984年6月，先后在姜疃丰台中学、莱阳九中读书。1984年9月考入上海电力学院。毕业后在泰安电校教学。1992年起在威海供电公司工作。现任威海市高新区客户服务中心党支部书记。

盖艳云

盖艳云，男，1965年10月25日生，大专学历，制冷工程师。1974年9月至1981年8月在安里学校读书。1981年9月至1985年8月，先后在姜疃丰台中学、莱阳九中读书。1985年9月考入山东省商业专科制冷专业。毕业后分配在莱阳外贸公司任技术员。1988年至1996年，历任莱阳外贸冷藏厂（现新冷大集团公司）技术员、工程师。1996年创业成立"莱阳冷通制冷工程部"。

盖国平

盖国平，男，1965年11月生，大专学历。1969年8月至1973年在安里小学读书，后随其父迁到甘肃庆阳市正宁县居住、读书。1981年考入长庆油田石油技校钻井专业。1984年起在长庆油田采二采油工作，后任长庆油田采二综合服务处维稳办主任、保卫科长（正科级）等职。

盖志云

盖志云，男，1965年11月生，大专文化。1973年9月至1980年6月在安里学校读书。1980年9月至1984年6月，先后在莱阳姜疃丰台中学、莱阳九中读书。1984年9月考入浙江冶金经济专科学校（现嘉兴学院）。1987年7月起，先后在山东铝业公司、中国铝业公司总部任职。2010年5月任中铝国际贸易有限公司业务经理。

盖德晓

盖德晓，男，1966年5月生。自幼在安里小学读书，初中毕业后，于1981年9月考入莱阳师范。1984年分到团旺镇光山初中任教。1996年7月调到姜疃丰台中学任教。2011年到姜疃鲁花小学任教至今。

盖中坤

盖中坤，男，1966年6月7日生，中共党员。1975年9月至1983年7月在安里村学校读小学、初中。1983年9月至1985年7月在莱阳六中读书。1991年9月至1993年7月考取烟台市商业学院莱阳分校带薪进修企业管理专业大专。1986年起，历任莱阳市酿造厂共青团书记、包装车间主任、基建科科长。1999年任莱阳市同利酿造有限责任公司副总经理。曾被评为“莱阳市优秀青年团干部”“莱阳市商业系统先进工作者”。

盖凤强

盖凤强，男，1966年9月25日生，大专学历，高级教师。1973年9月至1978年7月在安里小学读书。1978年9月至1985年7月，先后在姜疃丰台中学、莱阳十中读书。1985年9月考入烟台师范学院。1987年起，先后在莱阳六中、九中任教。

盖丽萍

盖丽萍，女，1967年3月1日生。1974年至1981年就读于安里学校。1981年至1982年就读丰台中学。1982年至1985年就读莱阳师范学校。1985年至1992年先后任教瑶头联中、姜疃联中。1992年至1994年就读烟台教育学院中文系。1994年8月任教莱阳实验中学。

盖少慧，女，1967年5月2日生。1973年9月至1978年

盖少慧

8月在安里学校读书。1978年9月起，先后在丰台中学、莱阳六中读书。1987年至2004年任莱阳加发电器厂会计主管。2004年创办莱阳光明家庭服务中心，每年安置下岗失业女工1000多人（次）。公司先后被评为“巾帼创业先进集体”“烟台市居民服务业行业明星示范店”，个人先后被评为“莱阳市创业女能人”“烟台市三八红旗手”。

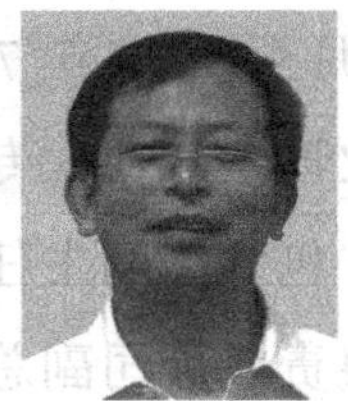
张云建

张云建，男，1967年11月19日生。1975年就读于安里小学。1981年考入姜疃镇丰台中学读初中。1983年考入山东省莱阳一中读高中。1986年考入山东中医药大学（原山东中医学院）5年制本科学习中医临床专业，获得学士学位。现就职于山东省淄博市淄川中医院。

张宝芝

张宝芝，男，1968年1月25日生。1978年9月至1984年7月在安里学校读书。1986年9月考入山东建筑工程学院（山东建筑大学）本科起重运输与工程机械专业。1990年7月任烟台胜地汽车零部件制造有限公司总裁助理兼技术部经理、工程师。

盖仲彦

盖仲彦，男，1968年5月4日生，高级教师。1976年9月至1985年7月，在安里学校读书。1985年9月至1988年7月在莱阳十中读书。1988年9月考入烟台师范学院数学系。1990年起，先后任莱阳八中数学教师、教导主任、副校长。2001年起，先后任莱阳五中副校长、校长。2008年至2012年，先后任莱阳市教学研究室副主任、莱阳四中校长。2012年8月任莱阳市文峰学校校长。

盖美玲

盖美玲，女，1968年12月28日生，中共党员。1977年9月至1982年7月在安里学校读书。1982年9月至1985年7月在丰台中学读书。1985年8月考入莱阳师范学校。1988年7月在莱阳九中任教。多次被评为莱阳市“优秀教育工作者”“尊老敬老好儿女”、烟台市教育系统信访先进个人。

盖海先

盖海先，男，1969年生，研究生。1977年至1982年在安里学校读书。1982年至1988年，先后在姜疃丰台中学、莱阳一中读书。1988年9月考入南京航空学院本科，毕业后任航空航天部门经理。1998年移民加拿大并入籍。现在加拿大温哥华从事电子信息工作。

盖仲先

盖仲先，男，1969年5月生，本科学历。1976年8月至1981年7月，在安里学校读小学；1981年7月至1988年7月，先后在姜家庄联中、莱阳九中、五中读初中、高中。1988年12月开始在莱阳市水泥厂工作。1998年4月取得律师资格证书，在山东旌旗律师事务所从事律师工作。

盖德京

盖德京，男，1970年8月16日生。1978年9月至1986年8月在安里读小学、中学；1986年9月至1989年8月在莱阳十中读高中。1993年9月考入华北广播电视学校。1995年起，先后在莱阳电视台、中国国际电视制作总公司（中央电视台制作部）工作。2003年独立创办“北京艺佰一艺术设计有限公司”“北京风向空间装饰工程有限公司”。自公司成立以来，多次参入承担国家级大型文化体育活动，如：国庆50周年文化部彩车监制、2000年央视春节戏曲晚会舞美监制、2001年央视春节晚会舞美监制、央视心连心大型演出舞美监制、世青赛运动会（北京）舞美监制、2005年澳门东亚运动会舞美制等等数十次社会公益活动、文艺演出等。

盖晓智

盖晓智，男，1970年12月20日生，大学文化，工程师。1978年9月至1983年8月在安里小学读书。1983年9月至1990年8月，先后在姜疃丰台中学、莱阳一中读书。1990年9月考入哈尔滨工业大学威海分校机械制造工艺与设备专业。1993年8月起在威海交通运输集团有限公司综合处工作。

盖德光

盖德光，1972年11月16日生。安里小学，丰台中学毕业。2003年成立公司，从事建筑幕墙施工及建筑材料业务。施工过中国政府援助非洲国家相关工程。

盖玉罡

盖玉罡，男，1972年12月生。1979年至1985年在安里学校读书。1985年9月至1988年7月在姜疃丰台读初中。1988年9月至1991年7月在莱阳一中读高中。1991年考入清华大学材料科学与工程系，获双学士学位。毕业后，任青岛海信传媒网络科技有限公司主任工程师。

盖晓松

盖晓松，男，1973年6月21日出生，大专文化，工程师，中共党员。1980年至1990年先后在安里小学和姜疃丰台中学读书。1990年至1993年在烟台经济学校学习化工工艺专业，1999年取得全国高等教育自学考试国际贸易专业的大专文凭。从1993年起先后在烟台化工企业、有色金属集团任职。

张　芸

张　芸，女，1973年11月2日生，本科学历。1979年至1984年，先后在安里小学、黑龙江850农场、胜利油田机关一小读小学。1984年起，先后在胜利油田机关六中、山东省重点中学胜利油田一中读初中、高中。1992年考入中国地质大学石油地质开发专业。毕业后，先后在胜利油田、美国独资微创医疗器械有限公司、海立中野冷机有限公司、上海英国独资企业多米诺标识科技有限公司工作。

盖玉生

盖玉生，男，1973年生，本科学历。1981年在安里小学读书。1989年入济南纺织工业学校读书4年，毕业后分配到济南工作至今。

盖春莲

盖春莲，女，1973年生，1979年至1980在安里学校育红班读书。1980年至1985年在安里学校读小学。1985年至1987年在安里学校读书至初二，因安里学校初中撤并到姜疃联中读书，后转学姜疃镇丰台中学。毕业考入莱阳卫校影像诊断专业，考取安徽理工大学临床医学本科，学士学位。现就职于山东潍坊市寒亭区人民医院CT室。

盖凤辉

盖凤辉，男，1973年生。大学本科学历。自幼在安里学校读书，高中毕业以优异成绩考入某财经大学。由于心系西部开发，志存边疆建设，毕业后毅然到伊犁地区最基层的金融单位任职。工作认真，成绩突出，多次被评优获奖。现任新源县农业开发银行行长。

宫景芝，女，1974年9月生。1981年9月起在安里学校

官景芝

读书。1991年莱阳一中读书，后考入烟台师范学院物理系。1996年7月起，先后在照旺庄蒿北头中学、盛隆小学任教。期间，2005年取得鲁东大学函授学士学位。2009年被评为莱阳市优秀教师。

盖纯先

盖纯先，男，1974年9月5日生，中共党员，大专学历。1981年至1987年在安里学校读书。初中和高中分别就读于姜疃中学和莱阳四中。大专就读于山东轻工业学院，学习机械电子工程专业。现在鲁花集团公司工作。

盖海燕

盖海燕，女，1974年9月27日生。1981年9月起，先后在安里、丰台、莱阳九中读书。1996年考入东北林业大学。毕业后，就职于烟台三环锁厂有限公司，高级工程师。

盖德涛

盖德涛，男，1975年12月生人，中共党员，大专学历。1982年9月至1987年8月在安里学校读小学。1987年9月至1993年8月，先后在姜疃镇丰台中学、莱阳五中读初中、高中。1993年9月考入烟台粮校粮油工程专业。1997年8月起，先后任莱阳鲁花植物油厂车队队长、综合办公室主任。2003年任山东鲁花食品有限公司副总经理。2006年起，先后任山东鲁花集团采购部部长、集团姜疃工厂总经理。

张　燕

张　燕，女，1976年9月生，硕士研究生。1984年9月至1990年7月在安里小学读书。2001年9月考入山东省潍坊医学院本科。2006年9月起，在贵州省贵阳医学院攻读硕士研究生。2009年7月起，在贵阳医学院任教。曾主持厅级基金1项，参与卫生部基金、贵州省科技厅基金、贵州省卫生厅科学技术基金、贵州省教育厅基金等科研课题10余项。

盖　梅

盖　梅，女，1976年9月8日生，大专学历。自幼在安里学校读书。1993年考入烟台师范学前教育专业。1996年至2002年在莱阳城建幼儿园任教。2000年取得山东师范大学学前教育大专毕业证。2002年起在童心教育集团工作。现任大华幼儿园教师、级部主任。

张迎冬

张迎冬，女，1976年11月生。1981年8月至1986年8月，先后在安里学校、黑龙江省虎林市850农场场直机关小学读书。1986年8月在山东省胜利油田机关六中读初高中。1992年6月考入在胜利油田卫生学校医士班。1996年6月任胜利油田海洋钻井医院医士。1998年5月，任胜利油田胜东医疗卫生中心机关党支部书记。

江　丽

江　丽，女，1977年生。1985年9月至1989年8月在安里小学读书，后在丰台中学、莱阳一中读书。1995年9月考入安徽财经大学旅游管理专业。1999年7月起，在曲阜远东职业技术学院任教，任工商管理学院旅游管理教研室主任。2010被评为曲阜市青年岗位明星。

盖晓梅

盖晓梅，女，1978年12月生，中学一级教师。1985年9月至1991年7月在安里村学校读学前班和小学，后在莱阳市实验中学读书。1994年考入莱阳师范学校。1997年起，在莱阳市古柳中学任教。期间，获得北京师范大学本科学历。2011 年被评为“莱阳市教学工作先进个人”。

盖慧娜

盖慧娜，女，1979 年 6 月 19 日生。1987 年 9 月至 1993 年 7 月在安里小学读书。1993 年 9 月至 19967 月在姜疃中学读书。1996 年 9 月考入莱州师范学校。2003 年起，先后在高格庄中学、莱阳市第九中学任教。

盖丽娜

盖丽娜，女，1980 年 12 月 31 日生，硕士研究生。1987 年至 1992 年在安里小学读书。后在莱阳实验中学、莱阳一中读初中、高中。1999 年 8 月考入山东师范大学本科。2006 年毕业于中国政法大学，获硕士学位。2009 年任中国冶金地质总局矿产资源研究院企业法律顾问，经济师。

张鲁雁

张鲁雁，女，1983 年 4 月 4 日生，本科学历。1989 年 9 月至 1994 年 7 月在新安小学读书。1994 年 9 月至 2001 年 7 月，先后在凤山中学、莱阳九中读书。2001 年 9 月考入山东大学（威海分校）。2005 年 7 月在江苏省太仓市水利局水政执法大队工作。

盖永娜

盖永娜，女，1983 年 05 月 20 日生，大学文化。1990 年 9 月至 1995 后 7 月在安里学校读书。1995 年 9 月至 1999 年 7 月在姜疃联中读初中。1999 年 9 月至 2002 年 7 月在莱阳高级职业学校读高专。2002 年 9 月考入山东交通职业学院管理系物流管理专业。2005 年 7 月任山东万声通讯实业有限公司担任技术维护工程师。

盖伟鹏

盖伟鹏，男，1985年生，大专学历。1992年9月至1997年7月在安里学校读小学。1997年9月至2004年7月，先后在姜疃中学、莱阳五中读初中、高中。2007年8月至2009年9月，先后任山木培训学校计算机老师、济南济阳分校校长。2010年起，历任威海市海润电脑职业学校计算机专业主讲教师、校政教处副主任兼计算机维修专业教师。

张林杰

张林杰，男，1986年4月20日生，小学就读于安里学校。2002年考入莱阳九中重点中学。2009年于山东理工大学毕业后，任鲁花公司质检室化验员。2010年调入鲁花集团总部品管部。2013年荣获“鲁花集团道德标兵”。现任鲁花品管部品管办副主任。

忆旧篇

YIJIUPIAN

一 师表风范

二 岁月如水

三 轶事旧闻

一、师表风范

谱写安里学校辉煌历史的带头人
——记江吉高校长

文/盖良群

上个世纪70年代，在烟台地区、莱阳县教育系统的史册上，记载着安里学校光辉史迹。“烟台地区教育先进集体”“莱阳县教育系统先进集体”等荣誉称号。众所周知，谱写安里学校辉煌历史的带头人——江吉高校长功不可没。

江吉高校长善于根据形势需要，与时俱进，在他任职期间，他带领师生，认真贯彻执行党的教育方针，精心组织领导全校师生紧跟上级的工作部署。为了办好特色学校，培养学生热爱劳动，自强自立的能力，减轻学生家长的经济负担，带领师生大搞勤工俭学，特别是在当时形势下，他积极与外贸等多部门沟通，为支援国家出口，在不耽误学生学习的情况下，充分利用课余和节假日的时间，发展长毛兔的喂养工作，这一事业的发展，既为国家做出了一定贡献，又大大提高了学生的劳动能力，增强了学生身体素质。学校的养兔工作，得到了国家土畜产进出口公司大力肯定，曾组织江苏、山东、安徽和上海市的有关部门来我们学校参观学习，取我们学校勤工俭学的经验。三省一市前来参观学习勤工俭学的经验，赢得了各级领导重视，纷纷组织各学校来我们学校参观，推广安里学校的办学经验。

在江吉高校长的带领下，学校狠抓了学生德智体美劳的全面发展，取得了一定成绩，他代表学校应邀出席了烟台地区教育战线先进集体，先进个人表彰大会，大会授予安里学校先进集体荣誉称号，他本人也被授予先进工作者荣誉称号。与此同时，吉高校长又在大队党支部的支持下，办起了学校缝纫组，利用勤工俭学的收入，为学校好几个班级的学生统一制作校服，学生的学费，课本费等多项费用全部免收，这一办学特色，得到了家长的称赞，受到了上级的表扬，这对于安里学校的义务教育的普及起了决定性因素，安里学校无一儿童失学。学校办学的红火，这在当时的莱阳县是首屈一指，各项工作始终都名列前茅。

学生自愿结队，优势互补，班级开展“一帮一，一对红”活动，增加班级凝聚力，学习积极性明显提高。

学校的首要任务是让学生学习好文化知识，培养国家栋梁之材。为搞好教学，他费尽心血，从多方面提高教师素质，在教师的生活细节给予无微不至的关怀。要给学生一杯水，教师需备一桶水，为了提高教学质量，他组织实施了传帮带，以老带新，以新促老，教师之间相互学习，相互促进，取长补短。针对年轻教师教学经验缺乏，他就让有特长的老教师谈经验，传授教学本领。为了让每一位老师忠于职守，脚踏实地地做好本职工作，他非常注重教师在各方面的后顾之忧，特别是民办教师的经济收入。那时候，安里学校民办教师占全校教师人数的多数，是教学的一支主要生力军。他积极与村党支部沟通，从教学工作出发，实行男女教师同工同酬，节假日不回生产队，全部回学校备课，批改学生作业，搞教研，此举既有力调动了教师工作的积极性，又增加了民办教师的家庭经济收入。对于公办教师他也同样关心照顾。公办教师张环，妻子有病，子女又多，家庭生活比较困难，针对这种情况，他亲自向公社、县教育局反映情况，得到了上级组织的照顾，每年都能给予张环老师一定的困难补助。领导的关怀照顾，大大激发了张老师的工作热情。

安里学校之所以能成为烟台地区及莱阳县教育界一颗明珠，与江吉高校长工作有方密切相关。作为校长，他对全校老师的情况了如指掌，有的教师家庭有矛盾，情绪低落，工作不安心，他便到教师家中，帮助化解家庭纠纷，利用工余时间做思想工作，直至夫妻和睦。有的教师需要建房结婚，他主动找村党支部帮助教师申请批房基。有的女教师因为家庭琐事，婆媳闹矛盾，工作受到影响，他总会三番五次地到她们家中做工作，直到婆媳关系融洽了他才放心。

70年代的安里学校，在上级党组织和村党支部的领导关怀下，在江吉高校长的组织指挥下，全校师生团结一致，共同努力，紧跟时代的步伐，谱写了一曲曲灿烂的篇章。

永不熄灭的烛光

——记盖竹云老师

文/张正齐

盖竹云，1954年初中毕业便投身教育，40多年来，从小学到初中、高中，因工作需要辗转调到许多学校，都是冲在第一线，满工作量运行。语文，政治，历史，地理，只要需缺，领导安排从不打折扣，常常两门课乃至三门并掌，而且所教课目成绩领先，学生们称他是“万能教”“实在高”。他的课，无论哪一科教了多少遍，教案都是每堂必备，只要学生初学，他都是认真地一项不落地备好课堂教案计划。一个学期下来，教案摞成一尺多厚。这些教案工整规范，栏目齐全，成为新教师争相学习参考的样板。他说“无论你教多少遍，上课都要新教案，新就新在新发现，熟能生巧，巧能达绝，课要上的好，教案缺不了”。

盖竹云老师教学的这份责任心，一直伴随着他40多年的教学生涯。1980年，他调入姜疃丰台初中，任镇中心教研组组长，年年毕业班，一连14年，所任学科的中考成绩，从来都排在全县前五名，还曾位居榜首。由于他教学的突出业绩，1994年莱阳市教育局教研室特聘他为“初中思想政治课单元达标测试”编委编辑，负责编写复习资料与标准答案。授予他“初中思想政治课协会教学理事”一职，参加听课选评全市教学能手，并不止一次地为莱阳南半市教师上语文、政治观摩课。他给南半市老师介绍教学经验，切实可行，没有花腔。他说：“精诚所至，金石为开，吃透教材，吃透学生，耐下心份，扎扎实实，成绩没有上不去的。”

盖竹云老师教学工作一贯精诚，难能可贵。1969年，安里学校成立单办中学，从小学到初中，后来又办高中，最多时近20个班级，近40名教师，近800名学生。这么大的摊子，作为教务主任，教学这一路他一人担着，份量实在太重了。而那时，又正是大行开门办学、勤工俭学，如果文化课教学位置摆不正，计划措施不得当，教学任务难以完成。盖竹云老师深入细致地学习领会党的教育方针，制定灵活合理的阶段教学计划，把勤工俭学、社会活动和文化课教学，严丝合缝地结合起来。他以身作则，除担任一个大班的语文课外，每星期至少抽出四节课听课。特别是对新教师，听完课给出书面课评，还有面谈，肯定优点，分析不足，指明方向，分析教材难点、重点，还要指出内容详略取舍到教法教态，板书设计，一一指导。最让老师们服气的是多次为老师们讲示范课，一节分几种教法，让大家讨论评价，特别是对青年教师所提及的教法建议，给以详细的分析，充分的肯定，大大地调动起了老师们的研究教材教法的积极性。

盖竹云老师从教学实践中总结的教学论文，立意新，启发性很强，深受一线老师赞扬，获得了市教学论文一等奖。他认为作业是学生对教师教学最及时最客观地反馈。他一学期总组织几次作业批改交流评比。他反对作业量过大，提倡作业内容精选，根据学生情况，有一定比例针对性的自编题，不要求全班作业统一，分层次要有一二道自选题，凡布置的要全批全改，并要恰当地写上表扬鼓励词。

竹云老师十分重视作文课教学，他鼓励同学们写日记，写随感，写评论短文，常在同学们中选些优秀的文章作为范文宣读，在班里办了优秀作文展览专栏，还成立了作文兴趣小组，编辑《战地黄花》小报，两周一期，凡选上小报的作文，家长也能得到一份，因此，学生们对写作的兴趣越来越浓。每次开门办学、勤工俭学活动后，都能收到很多好文章，感想、评论、建议、表扬、一得之见等等。形式活泼，内容清新，像春天盛开的小花，芳香四溢。学生们都说“写出作文老师念，贴在墙上大家看，心里别提多痛快。”有位语文老师反映，有几个同学的作文一盘散沙，乱七八糟真没法看，竹云老师却说“一盘沙，沙里可能有金，要把文中的好词好句淘出来，要给予表扬，然后再和他一起讨论怎样审题，如何立意，只要把题目审好，立意准确，文章就不会失大格”，他嘱咐青年教师：“好孩子、好文章都是夸出来的。要给学生信心和动力，好文章慢慢会冒出来。”有一回，莱阳十中的一位老教师，不经意翻了竹云老师班里的学生作文，竟俯案静心地读了好几本，大为惊讶地说：“这水平，超过高中学生了。”

盖竹云老师把全校的教学工作装在心里，各班课程的进度，各科教学情况，成绩突出的尖子生，学习吃力的后进生，心里一清二楚。发现问题，立即在范围内开短会，摆出问题、指明解决方法和应对措施，干净利落解决问题。凡老师们反映的教学问题，他都能以最快的速度解决，从不敷衍。那时民办教师多，挣工分，每月两元补贴，但干劲儿可不一般，靠班紧，教材下功夫狠，没有计较工作量的。自愿加班加点，个个暗中较真，不甘落后。不论什么工作，只要一布置，各班便闻风而动，信心百倍，劲头十足，没有完不成任务的，没有克服不了的困难，这种局面，是竹云老师用心血和汗水开辟出来的。

竹云老师写一手好毛笔字，每到年假，他自己带笔墨，为乡亲们义务写对联。他会各种字体，书法功底厚，字体俊秀，能换着样写，一天几十家，对联户户不重样，大家赞叹不已。他还利用这段时间和群众拉家常，把学校的工作，特别是教学情况较全面地介绍给群众，以征求家长对学校教学的要求和建议，从而密切校群关系。群众了解了学校，关心学校，支持学校。安里学校在全公社几十所学校中，教学成绩越来越好，名气越来越大，人人称道，好评如潮。竹云主任指挥管理有方，教学成绩上了档次，在勤工俭学，开展文体活动方面也不外行，他和后勤主任相互配合携手同心，小农场，小秋收，尤其是长毛兔养殖，成绩不菲，三省一市的代表都专程来我校参观学习。他和体育老师组织了多次校际篮球、排球赛，夺冠是常事。他配合党的中心工作，排节目搞宣传，他和几个文艺骨干老师，一起组织文艺宣传队，根据需要，自编自演，自谱曲调，自编歌词。有表演唱、小歌剧、快板书、三句半等。节目内容贴近农村生活实际，生动活泼，引人入胜。什么孝敬父母、计划生育、邻里和睦等等。竹云老师拉二胡，指挥乐队伴奏，常常排练三两晚上就能上舞台。在姜疃集市上，常听人夸“安里学校了不得，太能耐了”。劳动使同学们更加热爱生活，汗水不仅创造了物质财富，还让同学们更珍惜明窗净几的文化课学习。丰富多彩的文体活动，提升了师生的精神追求，开阔了思想境界。开门办学，竹云老师总能抓住时机，让同学们学会观察，选材，写场面，写体会评论，并开办专栏，交流评比这些作文。这样课堂内外相结合，真情实感写文章，学生们的观察能力、取材技巧、写作水平得到了进一步提升。

盖竹云老师，从走上教坛就把全部身心都献给了人民的教育事业，工作中的苦和累，他淡然处之，有的是不懈地努力和不停地追求。1987 年他光荣地加入了中国共产党，从此更加处处事事以共产党员的标准严格要求自己。他教过数以千计的学生，在各条战线上涌现出不少栋梁之材，每到新年临近，一张张贺年片雪片般飞来，他一一珍藏，视之为工作中不竭的动力。

40 多年来，有多少次困难补贴、生活救济，虽然他家孩子多，妻子有病，符合补贴和救济条件，但他总是把救济和补贴让给别的老师，从没有向组织伸过手。和他年龄相仿的老师，至少被安排一个子女，而他 4 个孩子智力身体，文化程度都合格，却一个也没安排。他工作中多次被评为县市、地级优秀教师，各种荣誉授奖证书不下 30 多本，其中地级优秀教师曾是晋高级职称的硬杠，但竹云老师工作抢在前，待遇却靠后，直至退休，他还是中教一级教师，好一个一级教师啊。

2012 年 6 月，校志小组前去采访，竹云老师用颤抖的手，给我们写下回忆的资料。谁知两个月后的 8 月间，他却因病医治无效，永远地离开了我们，一只点燃自己、照亮别人的蜡烛熄灭了，但在他数千个弟子的心里，那颗红色的烛光，将永远地在跳跃。

安息吧，竹云老师，你太累了。我们永远怀念您！

优秀园丁

——记张玉林老师

文 / 盖作云

张玉林老师为党工作 36 年，当过教师、校长、师训站长、教育助理、民政信访助理。在教育岗位上拼搏了几十年，年年被评为模范教师，多次被评为市先进工作者，受到了人民群众的好评。

1964 年，玉林高中毕业后，放弃了上大学和进城工作的机遇，毅然回乡当了民办教师。他在农业中学干了 5 年，提倡校村、校厂结合，定期到农村参加劳动，培养学生知识与实践相结合。

1969年，莱阳市普及初中教育，安里学校变为七年制学校，拥有600多名师生。张玉林勇挑重担，回到安里学校，担任俩个班的数学教师，并兼任学校的财务工作。

那时候，他白天上课辅导学生，晚上备课批改作业，给学生补课，处理财务工作，走访学生家庭，忙得不可开交。自己的责任田荒了，他置之度外；孩子病了，让家属带着去看医生。在他的带动下，全校师生一盘棋，教师努力教学，学生安心读书，在姜疃公社统考时，安里学校各年级的考试分数都名列前茅，他教的数学取得第一名。为提高学校的教育质量，他还建议通过走访家长，与家长一起做好学生的工作，齐心协力，保证了学校的教学质量，同时也提高了学生的文化素质。事实证明，这段时间里，安里学校为培养人才所做的一切都没有白费，为后来出现的一大批国家栋梁之材奠定了坚实基础。例如将军盖龙云、大校盖岳文、大校张维勇；中科院院士江桂斌、硕士盖海先。在地方机关，事业，企业单位的干部更多。都是在这段时间从安里学校走出去的杰出人才。1975年，安里学校办起了高中班，从育红班到高中班共有教师近40人，学生近800名，学校的各项工作都在全公社的前头，学校被授予烟台市先进单位。77年恢复高考后，每年都出大中专学生8-9名，桃李满天下。

玉林老师勤奋好学敬业，恪尽职守，干实事，求实效。

1979年到1988年，他任师训站站长、教育助理时，便把成才梦放在首位。他认为，对于教师来说，个人能力提升，知识的充足，才能胜任教育战线上的各项工作；对于学生来说各方面素质高，文化课学习好，方能成才。

为实现成才梦，他要求教师学历要达标，小学达到中师学历，中学达到大专学历。他利用星期天组织教师学习，开展听课活动，取长补短。为检验学校办学质量，一年两次大检查，不定期小检查，到学校检查校容校貌，听课，检查学生作业；一年两次全乡通考，一次小发明展览，学科知识竞赛，论文交流；一年两次总结大会，评选模范教师，交流先进经验，创优争先，批评教育落后教师。实行高职低聘后，他勇于改革创新，制定评选细则，累计分数，谁的分数高谁晋级，分数低的下聘。极大地调动了教师的积极性，杜绝了评选中的舞弊漏洞。

张玉林老师任职期间，每年大中专录取率都是第一名，重点高中录取也名列榜首，教委被评为烟台市尊师重教先进单位。

他还曾资助过家庭困难的学生完成学业，当民政助理10年，执政为民，全

作业展览经常开展，可以互相交流学习，好作业能起示范作用，每次展览都将评出一批优秀作业嘉奖。

心全意为人民服务，千方百计为人民排忧解难。退休后他志愿为村里乡亲们的红白喜事帮忙，从来不要任何报酬。

张玉林老师在教育战线奋斗几十年，如同蜡烛一样，点燃自己，照亮别人，荣誉面前从不伸手，在社会上默默为人民做贡献，赢得了人们的好评。

一曲灵魂工程师的赞歌

——记盖永才老师

文 / 张正齐

盖永才，从小就理想当老师。为实现愿望他刻苦学习，埋头苦干，小学到初中一直是班里的优等生。1961 年夏，他考取莱阳师范，如饥似渴地攻读各门课程，认真求知，刨根问底，严谨的学习态度在同学中是出名的。

1964 年，他以优秀的成绩毕业，被分配到青岛崂山县一个山区任教。那时候崂山县还比较闭塞，教育比较落后。盖永才以真挚热情的态度，牢固扎实的知识和埋头苦干的精神，得到山里孩子们由衷的爱戴。“文革”开始，1968 年前后，全省公办小学教师回乡，边教学、边接受贫下中农再教育时，山里的群众联名写信，要求县教育局留下永才老师，他教的孩子们也舍不得离开他。

安里村在外的公办教师回村后，都安排在学校继续任教，因此当时的师资条件十分优越，安里村党支部在上级部门的支持下，决定普及初中教育，创办单办中学。并选择优秀的老师到初中班任教，盖永才老师首先入选，担任初中班的班主任兼数学老师。那时全公社的初中教育有很快普及的趋势，不少小学老师改教初中，就显得比较吃力。永才老师由于在师范各科都打下扎实的根底，自然教材熟练，教学得心应手，他每天都最早到教室迎接同学们。学生上别的课他常常在后面听课，为的是准确了解同学们全面的学习情况。对于中下游的同学，他每人都建立一个学习情况记录，及时利用多种渠道和同学们沟通，全方位调动同学们的积极性。他找同学谈话，首先肯定优点和成绩，特别表扬学习进步的苗头，给学生树立信心和充足的动力，然后再指出不足之处和奋斗的方向、方法。话不多，有份量，有针对性，句句往心里送，全班级无论工作学习总是有一团积极向上和不甘落后的朝气。

永才老师讲课和平时做事一样，简洁利落，最能抓住重点，找准关键，常常取得事半功倍的效果。代数公式杂，几何定理多，他善于总结出规律，每堂课不用 20 分钟便完成授课任务，余下的大半时间让同学们讨论交流，读背写记，大家越学越有兴趣，记忆的方法也越来越巧了。永才老师特别赞扬能提出问题的学生，凡是能提出问题的都是能认真思考，动了脑子的，无论对错，都会对学习产生推动的效果。同学们主动思考，自觉学习的积极性就被调动起来了，没有攻不下的难点。下午课外活动后，再拿出 15 分钟交流检查，让学习中游以上的同学分别当组长，5 人一组，互相提问，每一次都把进步大的同学评为优秀，再把个别掌握知识不牢的同学集中一起，让学得最好的给其补教，这样坚持下去，他们的进步也越来越快了，落后的同学很快也赶上来，形成对知识“初识掌握—巩固牢固—灵活运用”的规律，无论采用什么样的方法考试，成绩都是可喜的。永才老师这种精讲多练、师生互动、学生互动的教学方法，增强了学生攻艰克难的主动性，提高了学习数学的兴趣和自信，体现了以学生为中心的新的教学理念。数学有的章节课容量大，难度也较高，课堂难以全面完成教学任务，永才老师便提前和学生家长打招呼，晚放学半小时给同学补课。他说：完不成教学任务，首先是我的责任，和大家一起接受晚吃饭的处罚。

永才老师有句名言：“可以把明天后天的事拉到今天干，决不可把今天的事推到明天干”。严师出高徒，班里的数学成绩真可算是呱呱叫。后来毕业生上丰

四年级以上各班都成立学科兴趣小组，除课本知识熟练外，还要拓展知识面，加大深度。兴趣小组是课本学习、科任老师的得力助手，是班级里学科带头者。使各科学习成效得到显著提高。

台读高中的学生张维湘说："两数和差，平方立方，两数差和，和这两数和差的不完全平方乘积公式，老师在黑板上还没写完题，安里的学生早就写出来了，外校来的同学很惊呀，他们要一步步乘开合并。都说安里的学生厉害呀。"他还说："这不算什么，反过来就是因式分解公式，我们也是熟得很，当初盖永才老师教我们下了功夫的。"

永才老师教的这个班的学生，赶上 1972 年教育"回潮"，特别注重分数成绩。中考后，莱阳十中的宋文孚老师特来报喜，安里学校 40 名毕业生，考出 27 名，升学率在全公社名列前茅。到 1977 年全国恢复高考，这个班就有 3 名同学榜上有名，要知道那时全国平均 20 多个学生出一个，烟台地区更是 40 多名出一个。

由于安里学校回乡的公办教师多，公社为合理利用师资，均衡提高教学质量，永才老师做为教学骨干，先后被莱阳教委调往其他几处学校。离家远了，但他仍然一如既往地认真工作，严格要求自己，对学生极端负责任。他虽然对教材烂熟如心，但还是一堂一教案，课越上越精，方法越来越巧，不论在那里，教学都一样出色。1973 年他光荣地加入了中国共产党，思想境界、业务水平，上了更高的层次。

由于他的突出业绩和教学能力，被调到了莱阳县教育局教研室工作，负责全县的教学改革和推进。由于他极强的责任心，丰富的一线教学经验，对全县的教育工作倾注了大量心血，取得了十分显著的成绩，初、高中教育一直保持在烟台地区的上游水平。后来又被提为莱阳县招生办主任，这可是个"肥缺"，那年代不是像现在从网上录出新生，中高考人为因素很多，招办主任就握有一部分名额权利。每到中高考录取的时节，招办主任都有到现场分配名额、调整录取生的志愿等等的话语权。这时候社会上总会有许多人请客送礼托门子，找路子，递条子，千方百计和招办主任拉关系。永才老师对此头脑高度清醒，十分珍惜党和人民赋予的权力和责任。他不收礼不吃请，对自己的孩子也不徇半点私情。有人暗地里说他这人刀枪不入，软硬难攻。永才老师正是金钱买不动，斜风吹不倒，可谓两袖清风，一肩明月。

今天我们很难用文字准确地描绘出永才老师在工作中遇到的形形色色难题和压力。金钱物资容易谢绝，多少比他职务高的领导，和他关系密切的亲朋好友。所出的难题真是不好处理，英雄也难过人情关。但这题不管多难他都要去面对，去正视，千难万难都只能以共产党员严格的标准，坚定的立场及真诚老实的态度去一一化解，因此在他任职期间，工作每年都得到上级部门领导的好评。

由于长时间的工作压力和沉重的精神负担，终于使他积劳成疾，被查出患了癌症。残酷的病魔，无情地吞噬健康的细胞，他以常人难以具备的意志，坚强地与病魔做斗争，足足十几年，医生们都无法相信他能支持这么久。

2013 年 3 月，校志组去采访永才老师的事迹，只见他妻子打开了一个盒子，20 多本荣誉证书摆在我们面前："优秀教师""先进工作者""优秀党务工作者"等等。本本火红，字字闪金。那些文字好像瞬间化成了音符旋律，演奏着一曲"灵魂工程师"的优美赞歌。

恩师难忘

——记张正齐老师

文 / 盖天学

光阴似箭，物换星移。40 多年前学生时代的老师，大都只能模糊地回忆起一些片断，而我初中的班主任兼数学课张正齐老师留给我的印象实在太深刻了。他清楚地留在我记忆的胶片里，静下心来，便能清楚连续地显影在我思念的银幕上。

"校外辅导员"和"全能教师"

张老师 1966 年毕业于莱阳一中，因"文革"废除高考，他回村到大队菜园挑大粪种菜。村里的人都知道他“书底子厚”，好多学生，特别是邻居孩子到他家或路过时求他辅导，对此他总是认真对待，过后时常给出书面详细答案。校外“辅导员”也就这样在村里传开了。

由于学校扩大招生及村民的大力推荐，1969年7月，村领导决定让张老师到学校教学，这对他来说可谓如鱼得水。他不仅数学教得很棒，物理、化学甚至语文、史地生、音体美也能拿得起来，深受学生好评。学生时期，我还没遇过这样知识渊博的老师，同学们称他是“全能教师”。

“一起温习”和“师生同阵”

作为班主任，他尊重各科任教老师，虚心听取他人的教育教学意见，共同研讨，互教互学。我清楚地记得当年他对我（当时任班长）交待“只要下节课是我的课，上节课老师写在黑板上的内容就不要擦了，以备我们一起再温习一下”。虽然我有些想法，但很快就明白了张老师的良苦用心。张老师虽然当我们班主任时间不长，但他的确全身心投入，不时走访家长，征求家长对教学的要求和意见。经常找学生谈心，解决思想问题。因而班级风气正，学习氛围浓厚。他很少讲课堂纪律，但同学们都很自觉。听、记、抄写，思维紧跟老师。而张老师凭着不很标准的普通话，课讲得生动、风趣，条理清晰、环环相扣、头头是道。1972年，恢复高中升学考试，即所谓“教育回潮”，我们班考取了18名，录取率达40%，是乡镇平均录取率双倍还多。正是“一起温习全科提高，师生同阵效果显然”。

老师选出适当的课本内容，布置学生预习，然后选出两名学生上讲堂试讲，老师点评总结，往往收到很理想的效果。

“投机倒把”和“一中教师”

为解决班级经费不足，他和学生们一起勤工俭学。当听说青岛市场花生油价格高于我镇粮所价格的两倍时，他毅然冒着“投机倒把”的风险，同江守涛老师一道骑自行车，往返近200公里，销售复收花生榨的油。现在想想，真不可思议。母校是单办学校，有些理化实验没法完成。为巩固理化知识，开拓同学们思路和见识，张老师联系他的母校莱阳一中，带领同学们往返50多公里在一中实验室上了3堂实验课。实验室刘湖山老师很受感动，感叹地说："城里的孩子缺乏你们这种刻苦求学精神"。实验课非常成功，同学们开阔了眼界、学习劲头更加充足。就这样他用心用力、千方百计为同学们创造良好的学习条件，以至于同学们都称他为"一中教师"。

"文化站长"和"村支书"

张老师爱好广泛，不仅主科数理化教得好，而且在音乐美术方面也有很深的造诣，并有很强的组织、指挥能力，常常紧跟形势编些快书、快板表演唱段，活泼新颖，挺受欢迎。他退休后的画作曾被日本、阿根廷友人收藏。1975年底，公社任命他为姜疃文化站站长，期间，他履行职责，扎实有效地开展了群众文化活动，为住村知青排演文艺节目，编词谱曲自己来，还多次参加县上汇演，得到了一致好评。1976年，上级提倡培养年轻干部，加强基层领导力量。公社党委听取村党员和群众的意见，推任张老师回村任支部书记。一个八九百户家底不厚的村庄，书记的担子不轻。作为共产党员张老师服从组织安排，挑起了这副大梁。他虚心向老干部请教，团结支部一班人，克服重重困难，落实生产队领导班子，组织社员改河道、挖平塘、修水利，解决了部分农田的灌溉及全村的点播用水困难，为后来村里上自来水奠定了基础。他和副书记一起参加生产队劳动，一干一天，不装样子。小队里干群有什么矛盾，在共同的劳动中得到调解。一次参加小队麦收，他出汗太多，血压又高，晕倒在地。他还多次为孤独老人挑水、送药、帮助打扫卫生。他和14个生产队长关系处得很密切，大家不把他当外人，各项工作的发动和开展都能得到群众的支持。在抓好农业生产的同时，和老书记盖奎一样，也特别关心学校的发展，为使学校提高办学质量，他克服阻力选进一名因家庭出身问题长期被排在学校门外的老高中生到学校任教，实践证明这位教师不仅教学水平高，而且十分敬业，受到师生和群众的一致好评。

"奔波天南海北"和"回归故里尽孝"

1977年国家恢复高考制度，张老师及其5位弟子，分别被大学、中专录取，当年全县共考取 247 名，安里一个村出了 6 名，录取率占全县 2.4%，这不得不说是莱阳一大奇迹，在全省乃至全国也不多见。

在山东昌潍师专，他是校学生会副主席，数学系一班班长，被评为三好学生、优秀学生干部。1980 年毕业后，先后在莱阳九中、黑龙江八五零一中，胜利油田机关六中任教，多次被评为优秀教师、模范班主任、教学能手。2002 年退休后他拒绝了多家城市私立中学的高薪聘请，毅然决然地到西部新疆吐哈高中、鄯善二中等公立学校送高三毕业班，他的教学态度和成绩，得到了学生和校方由衷的赞扬和很高评价。2007 年因老母亲年事已高，张老师回到山东，两次受聘于胜利新西兰国际中学任教。这所学校尽是富家子弟，对老师十分挑剔。张老师教材熟悉，教法巧妙，加上人格的魅力，赢得了学生的信任和热爱，称他为“齐爷爷”，说“齐爷爷是数理高手”。2009 年因张老师 91 岁的老母亲身体多病，行动不便，张老师不得不离开一生热爱的教育事业，回乡修旧居陪老人。因农村冬天没暖气，和女儿在城里为老人购置“两气”齐全的一套楼房。天气好，张老师常用三轮车带母亲赶集，推轮椅让母亲观光散心。2012 年张老师和兄弟姐妹为老母亲送了终，他兄弟姐妹的孝顺受到村里人的称赞。此时，张老师也年近 70 岁了，40 多年的高血压症从没停过药，副作用并发症始终折磨他的身躯，但他一直乐观向上不服老，有人求他讲题，他还是有求必应。我们从内心感激张老师，祝愿他保重身体，健康长寿！

二、岁月如水

回想·感念

文 / 邢一夫

少年时代，由于父母亲早已参加革命工作，便把我寄养在姥姥家。我的小学阶段是在安里村度过的。可以说小学老师就是我的启蒙老师，安里小学也是我人生成长的摇篮。

小学4年，对于漫漫的人生旅途，虽很短暂，但由于那时我们都很年小，又很单纯，因而一些感人情景就更容易被印在脑海里，刻在心灵中。在以后的岁月里，每每想起老师在那艰难环境条件下，不辞辛苦教书育人，心中便涌动起无尽的感激与思念。

一条扁担一把镰，
老师带头行在前，
勤工俭学劲头足，
割来青草堆成山！
劳动汗水透衣衫，
收获快乐分外甜，
擦洗完毕写体会，
劳动破解作文难。

往事并不如烟。去年春天，青岛市组织机关、部队和学校对军休所周边山岭进行大规模植树造林，心里不禁想起60多年前学校组织参加的植树活动，仿佛就在眼前。

那是1950年春天，新中国刚成立不久，我也上了小学一年级，区里组织各学校到凤山植树。在去的路上，安里学校60多名学生排着长长的队伍，在当时可以说是浩浩荡荡。有位大个子同学在前面扛着红旗引路，后面同学有的挑着水桶，有的扛着锨镢，我们这些年龄小的什么也没拿，跟在他们后面欢跳雀跃，一路飞奔。虽说离凤山有8里多地，但大家心情很激动，步子也就快了起来，不大一会儿就到了凤山脚下。凤山是姜疃区域一座名山，与附近一些丘陵山脉相比，高耸透着秀美。山上有座宝塔高高矗立，我们爬上去观看四周景色，风一吹，宝塔周边呼呼作响，很有一股子灵气，难怪乡间流传着许多逸闻趣事。从山顶往下看，山下有条小河清澈明净，好像一条玉带，河两岸绿树成荫。而山半坡中由于战乱，树木多被砍伐，已经光秃秃的。各学校陆续到齐后，区里一位干部对大家进行简短动员，他用手指着那片荒山坡说："同学们，现在这里挺荒凉的，我们今天就要用双手改变面貌，十年后这里将变成花果园，到那时同学们也都会成为建设祖国、保卫祖国的有用之才，大家加油干吧！"那位干部话音刚落，各学校老师便带着学生在划分的片段上忙碌起来，上面有村民早已放好了各种果树苗。我们学校大一点的同学负责刨坑，到山下挑水，年龄小的只能做些扶扶树苗、培培土的轻活，各学校之间还都暗暗比着劲看谁栽得好，整个植树场地人声鼎沸，热火朝天。临近中午，树苗就全部栽完了，再看原来这片荒山坡，已种上一排排、一行行的果树苗。在春风吹拂下，树苗纷纷摇动枝头，好像在向同学们表达谢意。植树任务完成得好，受到了区领导的表扬。

在回来的路上，我或许是年龄小的缘故，也可能是刚才干活光顾高兴累过了头，实在走不动了。老师便让两位大个同学轮流背着我，其实他们干活更多，也更累啊！同学们高声唱起"解放区的天是明朗的天"，其他学校也唱着另外的歌曲。歌声此起彼伏，在田野里、在山谷中回荡，同学们的脸上也都写满了幸福与欢乐。

回忆父亲盖奎

文 / 盖志云

他曾经是一名农村基层干部，在中国社会大动荡、大变革、大浪潮中度过了76个年头。面对大动荡，他毅然走出家门，追随进步力量；面对大变革，他苦苦坚守，一心服务乡民，兴办农村教育；面对大浪潮，他安贫守道，坦然面对生命无常。坚守底线，始终不渝，是他立身示范，不言而教，纤毫无愧于心的光彩本色，是他留给后人的无尽宝藏。这就是我敬爱的父亲——盖奎。

追随进步，勤奋学习

自鸦片战争开始，直到中华人民共和国成立前后的百余年间，是中国社会大动荡时期，代表正义与非正义的各种利益阶层演绎着惊天动地的搏杀大戏，普通民众生活不安，尤其是广大农村贫穷落后。1950年，苦于家庭生活十分拮据，急需改变命运的父亲执意要走出家门，参军入伍。当时父亲十八九岁，是家里唯一的顶梁柱，上有老奶奶、奶奶需要赡养，比父亲年龄大的是大姑，因为已到了外嫁的年龄，迟早都是外姓的人，家里自然不对她抱太大期望。比父亲年龄小的还有小姑、小爹，他们当时才10岁左右，还需要大人照顾。父亲的举动引起了奶奶的强烈反对。一是家境贫寒，爷爷早逝，刚刚成人的父亲是全家的唯一希望；二是新中国建立后，大量的土地从少数人手里释放出来，种地是当时农村每个家庭的首要任务，没有劳动力就很难想象了；三是朝鲜战争正打得不可开交，参军的后果谁也不敢想象。据说在新兵集中那一天，父亲狠下心来，躲开了家人的视线，毅然决然地跨出家门，快步迈入了新兵集中地点——村西的学校大院，任凭奶奶在学校大门外呼天抢地，他的选择始终没有改变。

父亲迈出的这一步，是有深刻的社会和家庭背景的。当时社会环境动荡不安，我的家庭属于典型的农村贫穷家庭，父亲的童年、少年就是在这样的艰难环境下，不仅没有上学识字的机会，甚至还要出门乞讨，仰人鼻息。再加上祖父过早辞世，家庭重担落在了尚未成年的父亲身上，种种不公平的境遇对父亲内心的冲击是巨大的。新中国伊始，胶东大地与全国广大农村一样迎来了新生，农村的精神面貌焕然一新，同时，国家百废待兴，欣欣向荣，各行各业到处都需要人，无疑也给了大众更多摆脱贫穷命运、展示聪明才智的机会。在当时的环境下，摆在农村人面前的出路，对没有读过书的人来讲，除了安分守己种地吃粮外，只有参军入伍，这既可以增长见识，还可以读书学道理，从而改变祖祖辈辈吃苦受穷的局面。父亲能够勇敢地跨出家庭，正是在深入认识这些前因后果的基础上做出的不二选择。进入到部队这所“大学校”后，父亲刻苦训练，追求进步，认真学习文化，得到了上级领导的赏识，被提拔为代理排长一职，并确定 1957 年下半年进入海军学校深造。但在随后展开的全军第四次精简整编中，他所在部队番号撤销，进海校深造的计划已无法实现，父亲只好复员回到家里，从此再没离开过乡村。而复员回乡的父亲经过部队的锻造，不仅具有了高度的政治觉悟，还具有了较高的文化水平，读写数算都已不在话下。

服务乡村，兴办教育

回乡后的父亲经历了 30 多年的政治大变革，把人生的最美好岁月献给了农村基层干部岗位，从民兵连长，到村党支部书记，再到乡镇企业负责人；从“三反五反”、大跃进运动、“社教”运动、到“文化大革命”，再到改革开放，饱尝了太多的酸甜苦辣，但同时也是他坚守在社会的最底层，立身示范，默默工作，行不言之教，绽放人生光芒的时期。

在父亲担任村党支部书记期间，办好学校教育是头等大事，甚至比发展生产还要重要。当时正值“文化大革命”期间，全国各地都在大破大立、大鸣大放，中国古老的传统文明彻底颠覆，大量优秀文化成果遭到破坏，特别是打乱了正常的教育体制，甚至在高考中出现了所谓“白卷英雄”。在这种情况下，父亲利用贫下中农管理学校的政策条件，将村教育办得红红火火，成为当地具有示范影响意义的典型。在他的主导下，村办学校的规模从原先的小学教育，扩大到了学前教育、小学教育，直至初高中教育。一方面，村里的所有适龄孩子全部免费进入学校接受正规教育，彻底改变了许多村民家庭因条件差上不起学的命运，同时也解决了部分优秀高中毕业生的就业问题，他们尽管只能以民办教师的身份在村里教书育人，但这部分人的家庭也从此走上了逐步兴旺发达的轨道，在改革开放以后，只要坚持到底的，很快都解决了公办身份，一家老少全部转为非农户口。由于我村的学校办得好，在校生数量多，公社曾经将几届运动会集中到我村举行。在我的印象中，大操场上彩旗招展，各个代表队的啦啦队大声喊着口号，赛场上的运动员你追我赶，奋力争先，场面十分壮观。

由于村干部高度重视，教师认真负责，家长们全力支持，安里学校的学习氛围很好，学生们学习也很上进，单元考试、期中考试、期末考试以及经常性的竞赛考试从不间断。学风之所以如此浓厚，现在回想起来，大概不外乎这样几个因素。一是村干部重视教育，每逢学校开学或放假时，村干部一般都要参加学校大会，父亲到会时，一般都要讲话，向全校师生讲讲形势，强调一下学习的重要性；二是家长重视，把学习作为孩子求上进的唯一出路；三是老师们重视教育，特别是那些才华横溢、成绩优秀却没机会参加高考的高中毕业生进入学校当民办教师，把自己的青春年华寄托在这里，重视学习、追求进步的思想一刻也没有中断。

俗话说，“三十年河东、三十年河西”，父亲重视教育的善举终于迎来了丰厚的回报。1977 年恢复高考制度，几位在“文化大革命”期间高中毕业的青年，毫不犹豫地参加了高考，并取得了不俗的成绩，成为安里村“文革”后走出去的第一批大学生。之后的每一年，村里都会有不少学生考入大中专院校接受新的教育，成为社会的有用人才。从一面看，个人的天赋和家庭环境是决定一个人命运的主要因素，从另一面看，个人的成长也离不开幼时的社会环境。多少年来，安里村之所以能够不间断地出人才，与整个村重视教育、重视学习的风气也有直接的关系。直到今天，这种风气在村里还在延续。而追根究底，这种风气的养成与父亲当年的努力是密不可分的。

安贫守道，无愧人生

上世纪 80 年代，国家推行改革开放的国策，特别是从 90 年代邓小平发表南巡系列讲话开始，全球市场经济的大浪潮冲击着中华大地的每一个角落，已担任乡镇企业负责人 10 多年的父亲也到了退休年龄，两袖清风地回到了家里。由于乡村干部不占国家编制，父亲最初退休后无分文收入，只能以老年之躯继续耕种一点口粮地，并依靠子女赡养维持生活。后来，国家着手建立国民生活基本保障体系，各级政府将老复员转业人员、农村干部纳入其中，由各级民政部门按季度拨付一定的抚恤金，父亲的生活才有了基本保障。

晚年的父亲宽厚仁慈。民政部门发给的生活费，有几年被村里截留了，几名依靠抚恤金维持生活的老人希望父亲凭借过去的威望出面力争，把钱要回来。父亲对此表现得十分大度，一方面劝大家耐心等待，合理诉求，一方面充分体谅村里缺资金的难处，一直不肯出面，宁可自己受委屈，也不想让村里难堪。

晚年的父亲保持善念，牵挂村里的经济发展，除了按上级要求认真参加党组织生活，履行党员义务外，对前来拜访的村干部总是热情接待，帮助他们出谋划策，认真负责的态度丝毫不减于当年。

晚年的父亲以德睦邻。每当有邻居来家时，父亲总是要询问对方老人的状况，充分体谅对方的困难，不失时机地劝人行孝，然后再询问对方孩子的学习情况，不厌其烦地劝人不能放松孩子的学习。对于一些生活困难，让孩子休学务农做工的家长，则耐心讲明利害，要求他们宁可大人多吃苦，也要供孩子上学等等。对于上门求助的相邻，父亲总是会冷静地帮他们出主意，同时尽可能拿出自己辛苦攒下的生活费，借给他们使用。

现实人生的底线，大致有三条：行孝不能等，行善不能等，学习不能等。对照总结父亲的所作所为，全心全意服务乡民，是其大孝，在农村基层岗位无私奉献，是其大善，千方百计兴办乡村教育，是其至孝至善。父亲的坚守，虽极普通，而启迪深远。

前人栽树后人乘凉，前人坚守后人必昌。谨以此文弘扬先辈遗风，并贡献安里列位学子。

久远的往事

文 / 盖　梁

我是1951年入学的，记得大门口上方是个半圆拱形的，两边各塑有一个狮子踩绣球，中间的浮雕是翠绿的松树，紫色的梅花鹿，非常逼真。据我父亲盖功寿（已去世）说：大门口上方的杰作是当年有名的匠工上夼村刘克宽等人所做，两扇厚重的兰色大木门，下边配有厚厚的木头高门槛，大门外两侧，成扇面各筑有一米高的石墩连接门墙，北高南低成一个滑坡。

教室有三排，前排是倒房，教室门朝北，中间是石拱门洞通道，直通中间大礼堂（老师的办公室），大礼堂两边各有甬路通后排的教室；大礼堂两边各有一栋教室，最后一排共有4个教室是连在一起的；学生厕所在学校的西南角，教师的厕所在东南角；操场是大礼堂后面的院子，中间竖有一根高高的旗杆，每天都升国旗。各班级教室前是一个小院，四周都种向日葵，中间做课外活动。

那时候，一、二年级以认字为主，课文比较简单，三、四年级才有数学，语文，大仿，美术，音乐。我们是全日制上课，早自习朗读背课文，上午四节课，每节45分钟，下午两节课后是课外活动。记得那时上数学，学珠算，就是打算盘。老师在黑板上挂一个柱子上带毛的大算盘，教我们加减法，用操作算盘珠教学生领会；三、四年级学乘除法便背“小九九”口诀等。音乐课学唱歌曲，讲一点简单的乐理知识；美术课只是模仿一些实物，例如梨、苹果、桃子、皮球等做画。

我记得当时的校长是位仁寿老师，各班级没有固定的班主任，正式老师只有两个，其余的是代课的，我记得有张晓云、盖洪所、盖功寿、江作世等。上面派来的老师有于吉欣、盖立德、刘宗太老师，还有董老师、位老师、石老师等。于吉欣老师也做过校长。我四年级毕业时刘宗太老师当校长，由于那时生活比较困难，念不起书，全校只有4个班120多个学生。

当时我们学生只有两个节日，一个是4月4日儿童节（后改为六一儿童节），一个是国庆节，这两个节姜疃学区的师生都到姜疃完小参加庆祝活动，开运动会，文艺会演。运动会以赛跑为主，也比赛打棍、腰鼓、踩高翘和演节目等。比赛的奖品有石笔、作业本或奖状。那时我们的文体活动很简单，一、二年级的同学手拉手围成一个圈做统一动作或坐下来玩藏手帕；三、四年级的同学练习打花棍、踩高翘。学校的文体器材只有一架破旧的风琴，没有篮球，更没有排球，学生只能跳跳儿、踢毽子等活动。

那时候没有自来水，更没有电灯，连油灯也没有。我们上早自习天不亮，没有灯不能写字，只能朗读背课文。我们有时也上山打点松甲，点着照明。那时吃水都是到学校西面的井里打来的，民办老师的工资由村里发的粮食代替，公办老师都由学生各家排号送饭吃，有时学生家里来了客人，老师也会被邀请到家里吃饭，本村老师都回自己家里吃。

50年代，新中国刚刚成立，各种活动比较多，抗美援朝、三反五反、农业互助组合作社、初级社高级社人民公社等，为了配合社会要求，学校师生们都积极参与了各项活动，贴标语，游行示威喊口号等，学生政治热情很高。

那时我们没有晚自习，课外活动只是打扫卫生，到校外拔青草沤绿肥，一年中只有麦假、秋假和寒假，三、四年级的同学还要轮换看校值勤。

我在小学时最难忘的一件事，是我们班不知谁破坏了一件公物，大家都不承认，把老师气坏了，全班不管男生女生，每人都在屁股上挨一板子，至今记忆犹新。

这是我对安里小学的美好回忆，在已经步入人生的老年，还能有幸回忆起那些久远的往事，我感觉很幸福，很有意义。

在安里小学建立起的农业大学

文 / 张正齐

公元 1958 年是建国后极不平凡的一年。举国上下，精神亢奋，各行各业，标新立异。计划指标，争相拔高。随着工农业生活大跃进不断掀起高潮，教育战线也风起浪涌，汇入大跃进的潮流。姜疃公社决定把石水头、西宅、姜格庄、濯村、安里五所农业中学合并，在安里小学建立“农业大学”，安里小学师生全部迁到村中民房。

用现在的眼光看，显然感觉不可思议：一个公社，也就是现在镇一级的力量，也敢说办大学？一个小学的校址就能成立一所大学？是的，那时的事实就是如此，“解放思想，敢字当头，什么人间奇迹都能创造出来。”公社一声令下，安里小学东邻、东南邻几十栋民房被征用，拆除院墙，屋内推倒锅炕，砸掉壁子，铺上麦秸，变成学生宿舍。

安里农业大学的学生来自全社近 30 多个村。年龄从十四五岁到二十五六岁，文化程度从小学四年级到六年级不等，共 400 多名。全校分 9 个连，下设排班。集体行动，以军号为令，实行全面军事化管理。数学教科书借用初中课本，语文、农技用省编临时教材。军事课主要是步枪构造、性能、分解组装。靶场训练，百米胸环靶、实弹射击。那年我刚刚15岁，姜疃完小毕业后，回村务农一年半，也有幸成为安里农业大学的一名学生。

记得较深刻的文化课是数学教师位作安的单项式乘法及乘方运算。外面大雨倾盆，雷劈电闪，教室内同学们仍全神贯注。后来我考入初中，数学成绩在全班领先，得感谢位老师为我打了个好底。

50多岁的周敬风老师是“中央下放干部”，据说下放前是大学讲师，同学们都很崇敬。他讲过赵树理“给女儿广建的一封信，愿你作一个有文化的新型农民”一文，慢条斯理，声情并茂，深深地打动了我们，大作家的女儿都在农村扎根，我们更应该以务农为荣。位滋泉老师曾在省机关学校任过教，以要求严格著称，他的课能讲深讲透，感染力十足，能把同学们带进文中的意境里。一篇“打渔张，水利枢纽工程”六页课文，他用两节课把黄泛区工程的艰辛，前后的变化讲述得十分到位。工程前“走的是光板道，听的是丫兰子（一种水鸟）叫”，给出了一片盐碱滩，无边光板不毛地，野鸟天地间为饥饿鸣叫的荒凉景象。工程后民谣变成“走的是棋盘道，听的是拖拉机叫”，呈现出农田成方、水渠成网、机械轰鸣，一派欣欣向荣景象！半个世纪后，我到胜利油田工作，原来“打渔张”就在油田基地15公里的黄河边。这套钢骨水泥的引黄自动灌溉的枢纽工程，至今仍固若金汤，成为黄河大堤上“打渔张”公园的重要组成部分，只见林木参天，花果连片，良田千顷，风光无限！站在高高的引水闸门上，位老师讲课的情景仿佛就在眼前！当时，上文化课时间只占小半，多用阴雨大风恶劣天气，很少有书面作业。劳动很多。每人必备铁锨、筐子。夏季挖坟土，沤绿肥，师生一起，时常挑灯夜战。每天统计劳动成果，全校评比。到了秋季开始帮助生产队秋收，投入最多的是秋翻小麦地。安里村西、村北、宋格庄、濯村等大片洼地，红旗招展，歌声嘹亮，劳动大军一字排开，大家汗水淋漓，赶进度比质量，热火朝天。位滋泉老师和三连一起劳动。战地宣传，临场发挥，顺口溜张口就来。他声音响亮，有板有眼地开说：“盖国梁，流大汗；某某某，直腰站。赞先进，批懒汉，先进落后榜上看。别说某某某站一站，他也流了不少汗，稍息片刻立再战”。大家笑声四起，干得更欢了。安里农业大学劳动的范围很广，遍及学校周围十几个村。秋收，翻地，割草积肥等都有农大学生参入，很受社员欢迎。

大跃进年代，最流行的是所谓”抛卫星”，当时有口号“人有多大胆，地有多大产”，“一亩小麦产一万，明年完全吃白面”等。安里农业大学当然不甘落后，在校西北选了一亩多地，决定搞“小麦卫星田”，目标亩产万斤。公社批评太保守，还应解放思想，学校把目标提高到亩产10万才勉强通过公社领导关。学生们挖战壕似的深翻地2米半，底层铺青草垫绿肥，上面施坟土①，人粪尿，最上面回填熟土农家肥。平整后比原来地面高出近1米。下麦种1000多斤。紧跟种后管理也很到位，这颗卫星最终并未抛出。

办校开始并未分系，晚秋学校决定分农学、工业、园艺3个系。农学系主要学农作物栽培、种植、施肥、病虫害防治及田间管理；工业系讲煤气机、柴油机构造功能。上实践课，摇大轮弹棉花（学校有一台弹花机）。园艺系学员主要是原来学校宣传队的，所以果树栽培技术很少讲，时间多用在节目排练上。由逄洪昌老师担任系主任，他会拉京胡，能拿起多样乐器，排练节目也很在行。学生张春先是他的得力助手，张春先入学前在姜疃村俱乐部里就是教师。京剧、舞台指挥很有名气。迟瑞清、刘兰花、张桂英、宫兆宏、倪国庆、迟学君等20多位演员都有较好的表演功底。组织排练了话剧《姑嫂和》、吕剧《牧羊圈》，还有民间广为流传的花鼓戏《刘海砍樵》等剧目。到各村演出，得到很高的评价。

1959年3月学校停办。公社觉得宣传队解散太可惜，决定保留作为公社宣传队，仍由逄洪昌老师带队，迁到濯村继续排练演出，坚持了近两个月。轰轰烈烈一年多的安里农业大学随着大跃进的平息，划上了句号。小学又迁了回来。不可否认，相对于当时各行各业建设人才的匮乏，这种农村教育快速发展的尝试，使得入学青少年从文化知识、军事常识、农业技术方面得到很大提高。

安里农业大学，仅存世一年多，在历史岁月中不过一瞬。但是在这里学习过的学生都没有停止前进的脚步。有的考上了初中，有的应征入伍，还有的成为国家工人，不少人成为农村基层干部。有的响应祖国号召，支边到黑龙江、新疆等地，屯垦戍边，成为优秀的农场职工或出色的领导干部。

---

① **施坟土**
1958年大兴挖坟积肥。有时先在坟上挖十字沟，用火烧，再挖出来堆积作肥料。

我爱安里学校

文 / 盖振芳

1960 年，我从上夼小学升到了安里带帽高小。第一次走进校门，只见大门洞上方的墙面，欧式风格的浮雕、鲜艳的牡丹、翠绿的青松、逼真的彩凤，亭亭玉立的白鹤，还有飘逸的彩带、威武的雄狮……无不栩栩如生，十分震撼。

1958 年，农业大学的师生在田间地头上课。

进入校门，方正宽阔的大院里，两排齐整而高大的教室，还有一幢比教室更加高大的办公大厅。院落里分布着十几个花坛，花木葱茏，万紫千红，香气沁人，好美啊！

开学典礼上，我清楚地记得，当时的校长宋建国讲："从今天起，你们就是一名高小生了，要学到更多更新的知识，为将来升中学、考大学打好基础。所以对你们要有更高的要求、更严的管理，要把你们培养成大学苗子。"从此，"大学的苗子"这个念头，在我心里留下了深深的记号。

宋校长对学校管理真的很严格，从班级的课堂纪律到学生们放学站队，几乎日常行为都有具体要求，从不松懈。同时，他又对学生很关心。记得那是一年的冬天，有特大风雪，放学后，宋校长护送我们几个上夼学生回家。学校到上夼村里有四、五里的路，宋校长一路陪着我们，看着我们走到家门口，他才放心离开。校长带头，教师们的教学管理更是十分到位。

那时我的班主任是孟庆梓老师，他家里很多事情都得靠他操心，但孟老师从不误课时。迎考复习很能抓住重点，记得有一次考试，他曾再三强调，全班同学都要能够背过并会默写解释唐诗《望庐山瀑布》。为便于我们复习领会，他用毛笔将这首唐诗工工整整地抄在一整张白纸上，中午挂在黑板上。我在前排正中，近水楼台，全班第一个完成任务。后来语文中考卷上，果然有这道题。

孟庆梓老师还悉心指导我们学习方法，鼓励我们多提问题，在墙报上建立了学习、纪律、劳动、体育等科目的光荣榜和比武台。在学习栏里，我经常榜上有名，那时候我劲头十足，就怕落在别人后面，老师经常在课堂上表扬我。老师的教诲加自己的努力，我大小考试几乎全优，暗下决心要做一颗强壮的“大学苗子”。

安里学校培养了我良好的学习习惯和刻苦向上的精神，1962 年，我以优异成绩考上了莱阳二中——有名的灵湖中学。升入初中后，安里学校的宋校长和班主任孟老师，仍然关心我这棵成长中的小苗。1965 年中考，由于之前感冒，我以微小差距落榜。就在我心情低落的时候，又是安里学校的校长和老师给了我信心和勇气，鼓励我胜不骄败不馁。于是我边劳动边复习功课，发奋要考上好的大学，不辜负老师对我的培养。可是就在我信心百倍、坚持不懈认为自己必胜的时刻，“文化大革命”开始了，升学梦又一次被粉碎。回到村里，尽管我后来又上了县办的卫校班，毕业后当了一名乡村医生。但是由于多种原因这个大学梦一直没有实现。

1977 年国家恢复高考制度，我听说安里民办教师和中学生有 6 人考上了大中专，打心眼里高兴，我为我的母校自豪。1989 年我调到上海外轮修理厂工作，我常用当年安里学校老师教导我的话，教育我的儿孙们。现在儿子替我圆了大学梦，孙子孙女在小学也很优秀。去年，我听安里老校友说，安里学校走出了中科院院士、部队将军、博士生导师、清华大学研究生等一大批人才，更是欣喜无比——因为，我曾经是他们的校友。

橙黄色光亮的煤油灯

文 / 盖艾玲

古人说到寒窗苦读，常爱用“一灯如豆”来形容。我不是古人，但我知道“寒窗苦读，一灯如豆”的滋味。因为，我经历过在如豆的油灯下，寒窗苦读的时光。

1964年，我在安里学校读书，这一年上四年级，老师要求班里学生开始上早自习和晚自习。那个时候，学校和村里都没有电灯，于是同学们便自备一盏小煤油灯。煤油灯新旧不同，质地不一：有的从自家拿个旧的，有的从供销社买个新的。一个煤油灯大约是一毛钱左右，材质有玻璃小瓶做的，有铁皮焊的，里面有一根用棉线捻成的灯芯。倒进煤油，灯芯就会燃起橙黄色的火焰。早、晚自习期间，每个同学的课桌上，都有一盏闪烁出微弱灯光的小煤油灯，一闪一闪，像一只只萤火虫发出的光，照着一张张求知若渴而大多营养不良的脸。煤油灯用的时间长一些，还会结成灯花，发出“扑啦扑啦”的声响，这时候就需要用剪刀轻轻地剪一剪，煤油灯就会重新变得明亮起来。

煤油灯陪伴我走过求学路——

我的煤油灯，是父亲从姜疃联社给我买的，银灰色的铁皮制成。我很珍惜它，每天都擦拭得干干净净。这盏煤油灯，陪伴着我走过少年时期的求学路。冬天的早自习，大都5点半开始，6点半结束，自习一般不讲新课，主要是复习课文，或者做作业。黎明前的天色黑漆漆的，孩子们没有睡醒就听见父母催促“起床、起床，赶快上学”的叫声。于是惺忪着眼，穿好衣服，不吃饭先上学。有时候到了学校，教室还没有开门，只得立在教室外，在清晨寒风中等待。十几岁的少年，那里经得起晚睡早起，有的同学刚点上煤油灯，翻开书本，竟然趴在桌子睡过去。有位男同学经常嗜睡，老师连声呼唤都不能醒，只好揪着耳朵连扯带叫，他嘴里还迷迷瞪瞪地说着梦话：“啊咦妈，天亮了？”

“豆”光亮心海

有一次，我不知怎么睡懵懂了，家里没有时钟，朦胧中惊醒，一看外面很亮，以为起床晚了，从自己住的东间爬起来，一溜烟就往学校跑。待跑到外面才知道，那明亮的天色，本是明月撒下的一地清辉。那时学校操场后面有一个池塘，一口枯井，还有几座荒坟，操场东面有几棵老杏树。自认为反正天快亮了，不想再跑回家去，怕惊动日日为我劳累的父母，便暂时在老杏树下面溜达着熬时间。谁知不久就感觉全身冷透，为了取暖不断地跺脚，惊动了杏树旁边的人家。一位邻居听见外面动静，便起来查看。走近前认出是我，问明缘由惊诧地说：“这才后夜里3点半啊。”寒风凛冽，满地清霜，西天月明如昼，我冻得瑟瑟发抖，打着齿颤往家跑。40年后，仍然刻骨铭心地记着那个求学路上的黎明。

煤油灯伴着我读课外书——

读书是有代价的，因为煤油灯需要燃油，而燃油必费钱。村子中间我们称为“东庙”的地方，有个小小的联社，售卖一种燃油，乡亲们叫“洋油”，其实就是现在的柴油，8分钱一斤，那时候，父亲一天挣10个工分，一个工分年底价值6分钱，一天的收入是6毛6，这8分钱是一个精壮劳力一天收入的1/8还多。看着每天东房间后半夜还亮着的灯光，父亲向母亲抱怨，嫌我睡得太晚，心疼灯油。

为了不让父母发现我夜里读课外书，我想办法找来几张旧报纸，先将旧报纸裁成条条，把门缝、墙壁上的灯窝小窗口等地方，密封得严严实实，不漏一丝丝光，每天晚上做完了作业，便开始秉灯夜读。墙壁中间的灯窝窝太高，我躺在被窝里，将灯放在枕头旁边的小木箱里，再做个简易灯罩，每每读到深夜十一、二点。有时候好不容易借来一本书，人家三天两头讨还，于是只能读到拂晓甚至通宵。第二天吃了饭照样上学，也没有感觉到困乏劳累，早晨起来后鼻孔都是黑黑的。父亲看不见灯亮，以为我早早睡了。整个冬天，在煤油灯的陪伴下，我如饥似渴地读着那些优秀作品，真的好像饥饿的人扑在面包上。但是点灯熬油，的确给家里增添负担，不几天便需要再买。母亲为了给我买灯油，细心地喂养那几只母鸡，我更是指望从鸡窝里掏出几个鸡蛋，到东庙小联社卖了鸡蛋换成灯油。可是过不了几天，一斤灯油就见底了，再买一斤，过不了几天，又见底了。父亲开始怀疑，对母亲说：“您闺女卖了鸡蛋换灯油，怎么点灯油比喝灯油还快？”

我的课外书大多是从在生产队当会计的本家三哥盖洪棣那里借的。三哥酷爱读闲书，南朝北国无事不晓，人送外号“三国通”。我最先读的第一本书是《林海雪原》，接着读的有《铁道游击队》《敌后武工队》《苦菜花》《迎春花》……每当有自己特别喜欢的词句段落，就赶忙记下来，记了一本又一本。这些写得密密麻麻的小本子，我只能使用一面，另一面记的旧账目，那是会计用完后作废的旧账本。后来看到一本苏联的书《钢铁是怎样炼成的》。三哥向我推荐，我看了看书名说：我不喜欢什么炼钢炼铁的事，他说你小丫头可不要自作聪明，先看再说。当我读到书里这一段："人的一生应该这样度过：当他回首往事的时候，不因虚度年华而悔恨，也不因碌碌无为而难过……"。便急忙工工整整抄写在了本子上。

最喜欢的是一本泛黄的古籍："天对地，雨对风，大陆对长空；山花对海树，赤日对苍穹"……。三哥说那是旧私塾里训练孩子们对对联的，可以提高才思。我一遍一遍地诵读，想象着私塾老先生戴个小眼镜，摇头晃脑，眼镜的一条腿断了，用根线绳拴在耳朵上的滑稽样子，忍不住笑出来。我自己也那样地学着私塾老先生摇头晃脑地读：

"雷隐隐，雾蒙蒙。日下对天中。风高秋月白，雨霁晚霞红。

春对夏，乐对哀。精英对雄才。风清对月朗，地阔对天开……"

忍不住读得如痴如醉，只感觉字字珠玑，句句玛瑙；甘之若饴。冬日长夜，哪管它窗外北风呼号，哪管它十冬腊月大雪纷飞，土炕还好，比较温暖。一灯如豆，寒窗苦读，心里有一种小小的幸福感、满足感。但这幸福感很微薄，微薄得微不足道，像一层薄薄的纸。读到后半夜，什么"山花海树"，什么"赤日苍穹"，美丽如珠玑、灿然似玛瑙的诗句都不垫饥，饥饿感如同洪水一般袭来，那微薄的幸福感次次被打得落花流水，顷刻挫败。便悄悄像猫一样毫无声息地摸到灶间，土陶制成的黑饭罩里，经常有一个半个玉米饼子，不能动，那是给上山干活的父亲吃的，一般是地瓜或者地瓜干比较多；再摸索一番，如果能在石磨的磨台后面找到半截青头大萝卜，真是开心极了。不过，能摸到青头大萝卜的机会也不多，萝卜也不是可以随便吃的，肚子经常在唱"空城计"。

有一天夜里，万籁寂静无声，我读到疲乏至极，偶然抬头瞅瞅房梁上，竟然悬挂着一个面布袋，里面装着满满鼓鼓的花生，立刻起身，想把面布袋取下来。可是站直身子也够不到拴面布袋的绳子，而且这绳子系得太结实。无可奈何看半天，没法下手。再看看，又发现面布袋底部有一个小洞，用铅笔使劲捅几下，勉强露出一个胖胖白白的大花生。但那个小破洞实在太小了，用铅笔捅不下来，我试着用两个手指一揪，花生被揪出来；再揪，又一个，不禁喜出望外，连续揪出10多个。才要掰开填进嘴里，猛然醒悟：这是父亲留的花生种啊。想到这是来年春天的种子，此后我不敢再揪。无奈每到深夜，饥饿感实在太不留情了，思想几经搏斗总是大败。煤油灯又结了几颗灯花，灯焰闪烁了几下，我瞅着房梁上的布袋，规定自己，一晚上只准揪两个花生果。我把这两颗花生果捧在手里，仔细掰开，将四颗大花生仁再分成八瓣。读几个时辰的书，放半瓣花生仁到嘴里慢慢咀嚼。一天晚上揪两颗，两、三个月过去了，我自以为捆得结结实实、有二、三十斤重的那么一大面布袋花生，虽被我偷偷揪出一些，大不了顶多有几捧，不会少太多。哪知道到开春扒花生种了，父亲取下面布袋往地上一放，本来撑得鼓鼓结实的面布袋立刻瘪下去有半捺多，至少损失两三斤。他左看看、右看看，感到纳闷："这布袋口好好的，还是我自己扎的绳，布袋上下哪儿也没漏，怎么就会瘪下去一大截？吊在房梁上头，老鼠也进不去啊！"他把面布袋提溜到母亲跟前，一提，又一放，母亲只拿眼睛瞄了一眼，说："两只脚的大老鼠。"说完还忍不住地笑。

几场春雨过后，绿野冒出新芽，土壤暄腾起来，父亲将掰出的花生种播进地里，长出一株株小苗。秋天刨花生的时候，父亲在前面刨，我跟在后面拾掇花生，扑打着一墩墩花生蔓，眼看着白花花成熟饱满的花生果，心想：如果不吃掉那两、三斤花生种，都种到地里，不就可以长出更多的果实吗？想到此，看看前面弯腰刨地的父亲背影，内心升起满满的愧疚。

那些被我吃掉的种子，永远没有机会长出新苗了。然而，在如豆油灯的陪伴下，那些书籍——优秀的精神食粮，却将种子深深播在我心灵的土壤，浸润在我的血液中。那是知识、信仰、力量、希望，它们生根长叶、开花结果，为我打下深厚的文化基底，使我得以一辈子泛染在自己喜爱的文学之中，一辈子得以与文字为生。以至于今天，当我有幸为安里学校执笔立传、秉书成史的时候，我真的十分感激我的父母，感谢我的老师，还感谢那些被我吃掉的花生果实——后来我无论怎么吃，却再也寻找不到当年那种沁人心脾、唇齿留香的花生米味。

当然，我更感谢那难忘的、闪烁着橙黄色、如萤火虫般弱弱光焰的煤油灯，是它，陪伴我走过了物质瘠薄、但精神营养丰富的求学年代。

记忆中的安里学校

文 / 盖国祥

我大约是1962至1968年在安里学校上学的，江桂芳、盖国成、江吉民、盖良先、盖常云、盖忠学、盖天德等都是同年级的同学。

当年的安里学校坐落在三面环山一面环水的安里村的西北角。座北向南，校门前是一条通向姜疃村的大道，道南边一墙之隔是一片菜园，校西边也是一片菜园，菜园的中央有一口很深很深的水井。井水又清、又凉、又甜，口感非常好。打开学校最后一排教室的后窗，放眼望去是一片开阔肥沃的洼地，一直延伸到姜疃玉岱河的南岸。学校的东边与村的后街相连。在我的印象中，安里学校好像是一座旧时的庙宇，两扇木质的大门结实厚重，门前有几级台阶，大门的两边是八子型的斜台．就像现在小孩玩的滑梯。走进校门，第一排是低年级的教室，教室的前边是小院，小院是课间活动的地方。走过第一排，第二排中间是一座高高的大殿，是当年老师的办公室，办公室门前有两根高杆，上面吊着一口黑乎乎的大钟，每当敲响的时候钟声清脆悦耳，学生会根据钟声的节奏判断是预备铃、上课铃或放学铃。大殿两边的平房是中年级的教室。大殿东西各有一个过道，通向后排高年级的教室。

小学时学校的校长也许叫宋建国，三年级前的班主任是张素美，四年级是盖存吉，五年级是盖福祥，七年级是盖光云。

上小学时学校是一至六年级，每个年级两个班，“文革”前五、六年级搬到姜疃完小，1967年下半年左右又搬回来了，学生增加到7个年级，每个年级2个班，大约14个班共四、五百名学生。

学校始终重视教学质量，方法也很多：一是政治教育，教育学生好好学习天天向上，争做又红又专德智体全面发展的革命事业的接班人；二是严格纪律，不准迟到旷课，上课不准说话交头接耳吃东西等；三是奖励，如评少先队员、三好学生、五好学生等；四是惩罚，如罚站、增加作业，年终考试成绩在大街上张榜，不及格的名字最后5名用红笔打上对号，名曰坐红椅子。

上课的方法一般是老师根据教纲及课本备课，再按教育系统要求施教。小学时有语文、算术、图画。后来增加自然、地理、历史、物理等。一年级主要学习生字，后来才有课文，比如：《房前屋后种瓜种豆》《乌鸦喝水》《一个豆瓣的旅行》《农妇和蛇》《狗、公鸡、狐狸》，后来《雷锋》《老三篇》[①]也都在课文中。

图为80年代盖国祥身穿飞行服照片

思想教育一般都是进行正面教育，引导教育学生争当少先队员、三好学生、五好学生，革命事业的接班人。教育学生一是向英雄模范人物学习，如雷锋、王杰、焦裕禄、蔡永祥等。二是忆苦思甜，用新旧社会对比提高思想觉悟。三是宣讲为《人民服务》《纪念白求恩》《愚公移山》等毛主席著作。四是召开讲用会，让活学活用毛主席著作好的典型交流经验。五是大唱革命歌曲，如《学习雷锋好榜样》《东方红》《大海航行靠舵手》，还有一些毛主席语录歌，等等。

文体活动开展也很积极。文艺方面一是唱歌，记得二年级时唱的一首的歌词是：戴花要戴大红花，骑马要骑千里马，唱歌要唱跃进歌，听话要听党的话。“文革”时歌曲很多，如《东方红》《天大地大不如党的恩情大》《我爱北京天安门》《北京的金山上》《毛主席诗词》等。学校有宣传队，排练小节目，到生产队队部、田间地头进行宣传演出。文艺设施：锣鼓、二胡、笛子、腰鼓等。体育方面：篮球、铅球、手榴弹、跳高、跳远用具等。

运动会姜疃完小组织多，奖品以奖状为主。

---

① **《老三篇》**

延安时期，毛泽东发表过3篇著名的文章：《为人民服务》《愚公移山》《纪念白求恩》，后被人们习惯称为“老三篇”。上个世纪六、七十年代，曾被选进中小学生课本，“文革”期间，文中的一些经典语录被谱成歌曲广泛传唱。

我们入学时没有电灯也没有自来水。

学校有晚自习，也有早自习。课外活动：有时做游戏，如丢手绢、击鼓传球。有时搞体育活动，有时组织劳动等。

这是我对安里学校深深的记忆。

我的小学同桌

文／张玉巧

时间过得真快，转眼间离开安里学校、小学毕业已过去了40多个春秋，每当闭上眼睛，儿时同桌那带稚气的脸庞及我们的一些往事就会浮现在眼前。

同桌叫秋军，别人都叫他大秋，是我的邻居，也是我小时候最好的伙伴。那时我们无忧无虑，一起上学读书，一起玩耍，一起上山拾草挖野菜。他性格耿直，为人友善，调皮幽默，有时还经常出个馊主意。

记得那时，学校对学习抓得非常紧，不但有晚自习，而且还有早自习。那年冬天的一个早上，天下着雪，很冷，我们和往常一样，早早地去了学校。教室空荡荡黑乎乎的，同学们都还没有来。我们点亮了油灯，照了照炉子，灭了，烟筒冰凉冰凉。冻手，哈口热气，冻脚，跺几下，不顶用。这时他的馊主意来了——咱们生火烤烤手吧。我说，在哪生。他说，你不是有个文具盒吗，那是铁的。是的，那个文具盒很大，也很漂亮，是爸爸从北京给我带的，我很喜欢，因为是铁的，我也没多想，说：那就生吧。他找来了废纸和小树枝，我把文具盒的东西也倒出来了，放上纸和小树棍，用油灯点着了，烤烤手暖和多了。这时，我忽然看到我的文具盒变颜色了，赶紧把火倒出来，但为时已晚，我锃光瓦亮的文具盒已面目全非，变成黑乎乎的破铁皮了。事后，我还被母亲狠狠教训一顿，说我们一天到晚好事不做就知道穷作。这就是同桌的馊主意给我带来的结果。废了文具盒但也使我们得到了教训：无论做什么事情，都要先想想后果，想清楚了再决定做还是不做。

我同桌的学习成绩还是很不错的，如果按照优、甲、乙、丙、丁排名，他应

当年那简陋的教室中，集满了许多的回忆

该是甲等生。但他上课时却不那么守规矩，总喜欢搞点小动作。那时学校条件很差，没有桌凳，都是学生自己从家带。他拿了张老式桌子，我拿了条双人凳子，这样一搭档便成了同桌。一天老师正在上课，同学们都在静静地听讲，这时同桌将两手放在桌子下面，一会便发出花刺花刺的声响，周边的同学都在向这边看，老师耳朵有点背，但同学们的表情告诉他这边有异常，他也向这边看过来，但这时教室里已是鸦雀无声，一切恢复了平静，好像什么事都没有发生过。老师继续上课。又过了一会，那倒霉的声音又响了，这次老师可能明白发生了什么事，只见老师三步两步已到了同桌跟前，右手一挥，那根结实的教鞭便砸在同桌那只穿汗衫的背上，顿时他的脸通红通红，呲牙咧嘴的。看到他那个样子，我差点笑出声来。就在这时，那该死的教鞭竟毫不留情的光顾到我的背上。不用看，我当时的表情也好不到那里去。之后我们又享受到了在门口罚站的待遇。反思之后，我们明白是我们错了，我们真的错了。

我的同桌初中毕业后便参加了工作，后来我也离开了生我养我的地方，到千里之外的中原地区工作。虽然我们相隔千山万水，但却未能阻挡我们之间的思念之情，也未能阻挡我们对往事的美好回忆。每当工作闲暇、每当夜深人静，回想起我们儿时那一桩桩一件件有趣的往事，心情就会年轻、就会高兴、就会激动，就会觉得又回到了40多年前。

回忆我的爸爸盖光云

文 / 盖松先

我的爸爸盖光云，出生于 1941 年农历腊月十九日，一生命运多舛，不到 4 岁母亲（我的奶奶）去世，幼年时体弱多病，幸亏有我两位爷爷及我大妈的关爱呵护而顺利长大。爸爸是爷爷最小的孩子，1948 年我大爹盖山云在淮海战役中牺牲，爸爸成为家庭中唯一的男孩，更受长辈的疼爱。爸爸性情温良，与人无争，从小到大，无论在村里，还是在单位，都有着良好的人缘和口碑。

爸爸天资聪颖，接受能力很强。尽管我家世代务农，爷爷辈都是文盲，但爸爸念书升学很顺当，从小学到高中，成绩一直很不错。当时初中毕业生都很少，高中毕业生更是凤毛麟角。后来爸爸在烟台师范学院（今鲁东大学）读完了化学专业专科，毕业后正式走上了教育工作岗位，成为一名高中教师，直到退休。

爸爸是一个纯粹而实诚的人，是一个对教育工作存有虔诚之心、把教育和教学看得非常神圣的人。他淡泊名利，从不计较个人得失，总是尽心尽力、竭尽所能地做好自己的工作，因此从教 30 多年受到师生的一致好评，先后获得过莱阳市优秀教师、莱阳市优秀教育工作者、烟台市优秀教师等荣誉称号，是中学高级教师。

1963 年爸爸莱阳一中毕业后，即在咱安里学校当民办教师，所以，爸爸的教育生涯是从安里学校开始的。当我开始记事的时候，每天看到爸爸越过门前的小河，消逝在“西杨行”的林子尽头。再大点，有时爸爸领着我和柏先到学校去，一般是去理发，因为那时只有学校才有理发的“推子”。时间长了，我俩就不愿意去了。小时候，对理发有一种天然的恐惧，爸爸妈妈经常得软硬兼施才能把我俩哄去。

爸爸在安里学校教学具体教到什么时间我也不记得，应该是 60 年代末，1972 年我开始上学的时候爸爸已经不在咱村教学了。爸爸从烟台师范学院毕业后分配到中荆高中教学，正式走上了教育工作岗位。中荆离咱村有 20 多里路，爸爸每周回来一次，周六傍晚回来，周日下午回去，雷打不动，风雨不误，因为每周日晚上学校还要开会或学习。当时家里还没有自行车，全靠步行，其艰苦程度可想而知。在家期间还要干农活，但爸爸从不喊苦叫累，总是乐观以待。

1975年前后，爸爸调到泉水高中（现在的莱阳九中）教学，并担任教导主任，主管全校的学生工作和团委工作。爸爸离家更远了，也更忙了。尽管当时已经有了自行车，但每周也只能回家一趟。80年代初，我和柏先先后考入莱阳九中，亲眼目睹了爸爸的工作状况。爸爸除了主持教务处的日常工作外，还主持学校的每次师生大会，教一个班的化学课，每天下晚自习后还要检查督导学生的晚休情况。爸爸的工作状态用“以校为家、爱生如子”来形容，一点也不为过。

我和柏先在九中读书那几年，是爸爸最辛苦的时期。上有两位老人（我爷爷、姥爷）需要赡养，下有4个子女都在读书，爸爸一个人的工资常常捉襟见肘，入不敷出。为了节省费用，减轻家庭负担，爸爸每个周末回家都用自行车载一麻袋地瓜到学校，让食堂给煮煮吃。有时候天气不好，爸爸得顶风冒雪，曲曲折折60里地的路程，常常到了学校已经是大汗淋漓，湿透衣衫。苍天不负苦心人。这期间，我和柏先顺利考上了大学，也算是对爸爸的安慰，更是对爸爸辛勤付出的回报。每每想到爸爸一生的辛劳，我总是禁不住泪流满面。

1985年初，爸爸调到莱阳五中工作。莱阳五中规模比莱阳九中要小得多，爸爸仍担任教导主任，工作压力相对轻松了一些。尽管这样，爸爸仍一心一意扑在工作上。莱阳五中在团旺镇，离家只有不到20里地，但爸爸仍是每周只回家一次。我想爸爸这一代人的思想、信念和责任感决定了他们的行为方式，那就是工作永远是第一位的。这一点恐怕是当今许多年轻人所不具备，甚至也是许多人所不能理解的。

爸爸一生从事教育工作，教书育人，为人师表，兢兢业业，无怨无悔，模范地践行了一个老共产党员的誓言，体现了一个老教育工作者无私奉献、不求回报的高尚品德和职业操守，爸爸的一生无愧于“人民教师”这个光荣称号。

2000年暑假后，爸爸内退，不再上班。当时我的孩子盖圣还不满一周岁，爸爸和妈妈住在我家里，帮助照看孩子。都说“隔代亲”，爸爸对孙女呵护备至，疼爱有加，每天抱着到楼下、街上玩。孩子会走了以后，领着到公园、东大河玩，孩子也特别亲爷爷。每个周末，仲先、丽萍两家也到我家来聚会，一家三代人其乐融融，爸爸度过了几年难得的快乐时光。

2002年初，爸爸正式退休，我们一家人都为他高兴。爸爸终于可以好好休息了，可以含饴弄孙，颐养天年，享受天伦之乐了。谁知天不遂人愿，2005年下半年，爸爸感觉身体不适。经过检查，发现爸爸患上了冠心病，虽经治疗，但始终不见好转。年底，准备转到北京阜外医院做进一步的检查治疗。

这期间，爸爸的学生、咱村的张维湘听说爸爸要到北京治病，主动要求去陪护。维湘抛家舍业在北京前后一个多月，起早贪黑照顾我爸爸，真让人感动啊！

在北京检查又发现爸爸患了肺癌，真是晴天霹雳！我们兄弟3人在病房外抱头痛哭。爸爸劳累一生，在子女都已成家立业、结婚生子，本可以安度晚年却得了这样的病，上天真是太不公平了！

尽管医生告诉我们，此时爸爸做心脏搭桥手术已无必要，但是，为了减轻爸爸的痛苦，在我们兄弟的坚决要求下，医院给爸爸做了心脏搭桥手术。手术非常成功，一周多，爸爸就出院了。回家静养了一段时间后，次年春天，我们又到北京肿瘤医院给爸爸治疗肺癌。虽经精心治疗，无奈癌细胞已转移扩散，医生也回天乏术。这个过程真是让人度日如年啊！眼看着爸爸日渐消瘦而自己无能为力，内心的痛苦难以言表！

2007年3月8日，这是一个我永远无法忘却的日子，爸爸在与癌魔抗争了一年多后不幸离开了我们。他在65岁这并不算高寿的年龄离去，给我们子女们留下了永远无法抚平的痛楚。7年多来，我们作为子女从来没有停止过对爸爸的思念，从来未曾忘记爸爸的谆谆教诲。爸爸的高风亮节永远是我们做儿女的精神财富，爸爸的嘉言懿行永远是我们学习的楷模和榜样。我们永远以做爸爸的儿女而感到骄傲和自豪，我们也绝不辜负爸爸的期望和教导，堂堂正正做人，认认真真做事，以告慰他老人家的在天之灵。

斯人已逝，精神永存！爸爸！您安息吧！我们永远怀念您！

一个农村干部的办学情怀

——记尊师重教的大队党支部书记盖奎同志

文 / 张正齐

编者按：20 世纪 70 年代末，一个普通的农民干部对农村教育的认知和重视，对教育改革的理解和行动，以及对教改创新的胆略和实践是极其罕见的！比如种瓜得瓜、种豆得豆，在这所地处穷乡僻壤的农村学校里，孩子们打下了坚实的中小学基础，数十年后涌现出了中科院院士、国防大学毕业的将军、清华生、军研博导等一大批人才，这其中的道理很值得思索！

盖奎同志生于 1933 年，“文革”前他一直担任安里大队民兵连长，1969 年被选进姜疃公社革委，担任副主任兼贫协主席。他善于接受新事物，对改变农村的现状有着强烈的责任感，也深知改变旧农村命运、发展新型农村的唯一出路在于教育。他常说“咱农民穷就穷在文化知识落后上，世上强国富国没有不重视教育的！”那时候，贫协有一项重要使命——“管理农村学校”。作为分管贫协工作的主任，他深知肩上担子的份量。在他眼里，办好学校教育是头等大事，甚至比发展生产还要重要。他深入学习党的政策文件，潜心领会毛主席有关教育工作指示的实质，经常带着问题向公社教育助理和老校长、老教师们学习请教，开展工作的能力和水平不断提升。他主持会议，讲话通俗易懂，布置任务简洁明了，让与会者目标明确，行动迅速，方法准确，这一素质对于一个农民干部而言是难能可贵的。在全公社管理学校的贫代会上他讲：“毛主席为啥让咱管理学校，就是因为咱人数多，文化知识又少，最知道没有文化的苦头，最希望改变命运。让咱们管理学校，目的就是让咱明白，改变命运要靠自己，靠自己才能真正打个彻底翻身仗。教学咱不会，要靠老师，咱就要给老师撑腰，让老师没思想负担，一心一意教好咱的孩子。咱是学校的当家人，有一个孩子上不了学，咱就有责任！”他这样布置，并自己首先带头行动。

安里小学建立单办中学后，适龄儿童入学，高小升初中基本达到了100%，甚至连两名智障的孩子也都入了学。在村民大会上他讲“社会发展了，做什么都要讲科学，没文化寸步难行”。还强调说“今后，当兵、招工、上边要人，没初中文化，大队一律不放，这是个硬条件！”他还利用各种场合，传递有文化的农民靠科学致富的事实。经过细致的宣传号召，提高了群众认识，所有辍学的孩子纷纷返回了学校。

村里有一位回乡的老教师，1957年“反右”时被整，“文革”初期又被当作“牛鬼蛇神”揪斗，一直被管制在家。但这位老教师教学经验丰富，尤其初中数学水平很高。盖奎同志认真学习党对知识分子的政策，反复比较对照，统一支部认识，恢复了他的教师职务，令这位老教师十分感动，不仅满负荷担负数学课的教学，还主动要求为两个年级兼上音乐课，学校闲置多年的手风琴等乐器被他利用了起来，很受学生欢迎。

1970年，盖奎同志由村革委核心小组长，选为党支部书记，成为村里的“最高领导”。他仍把管理好学校作为最为重要的头等大事。当初成立单办中学，方方面面有许多困难，他依靠群众、依靠集体的智慧和力量，一个一个地解决实际问题。当时学校课桌不足，低年级的孩子需从自家带桌凳，那时不少家庭有两三个孩子同时上学，课桌很难解决，他就组织村里的林业队、木工组收集各种木头材料，很快赶制了一批课桌，但仍缺很多。在这种情况下，为了不误教学，他毅然捐出了公社特批给他自家建房的两方平价木材。在那个生活困难的年代，盖房子是农民家庭的头等大事，其中木料是最大一笔开销。他家6口人，仅住3间间角很小的房子，低于全村平均水平。妻子和亲朋好友都劝他不要头脑发热，一时冲动，“不盖新房，凭你3间小屋，当门（将来）两个儿子上哪儿娶媳妇？”

面对压力，他态度坚决地表示，“只要办好学校念好书，不愁说不到媳妇！”群众深受感动。在他的带领下，只要学校的事，大家都积极配合。有一次，县教育局办自制教具展览，时间很紧，大队的木业、烘炉等“副业组”放下别的活，加班赶点，全力配合，使安里学校的展品数量和质量都优于当时的姜疃联中。

为了便于抓好学校工作，他吸收学校主要领导担任大队党支部成员，还争取了公社教育助理来村蹲点，使学校各项工作的开展都主动领先。一位老师对此评论说“三个诸葛亮，议事巧商量，曲高合不寡，人人都能唱。”他始终把学校装在心里，每次去公社开会（那时公社会议很多，间隔不过三五天）回来总要到学校看一看，找老师们拉谈拉谈。老师们对他有啥说啥，没有一点隔阂。他很讲究领导方法，对学校领导班子和老师都是以表扬鼓励为主，工作中存在的不足让大家自己找，从不在会上点哪个老师的名，注重用谈心的方式去解决思想和工作中的问题。对老师们的家庭问题，他也很上心，让大家有什么困难尽管说，别因为家事影响教学。“咱八百多户的大村，有家底，有力量，一个小家的问题，没有解决不了的！”他不仅掌握老师们的情况，各年级尖子生和后进生的基本情况也了解的很清楚，常把需要做的工作，抢在老师的前面予以解决。

盖奎同志虽然自己没上过几年学，却也能悟出一些教育的“道”。他十分重视文化课的教学，常说：“教学，教学，教好学好，才算真把学校办好了！”他和老师们约好，会不打招呼进门听课。别看他只读过高小，多年的学习积累，对文科几门并不外行，评讲评课头头是道，老师们十分佩服。一学期下来，他还常常召开各科部分师生教学座谈会，沟通信息，寻求最好的教学互动方式，以求得最佳教学效果，并组织老教师传授教学经验，让新教师说一说专题教案的设计和教学体会。因为有这样一位热心懂行的当家人，从根本上调动起了校领导和教师们的积极性，为了教学，没有谁会计较工作量，算计待遇的，而是劲往一处使，心往一处想，每天披星戴月无怨言，那种忘我的工作热情真是难以形容！有位教师，把军体拉练和文化教学结合起来，带领七年级学生，步行50里，到莱阳一中，请当年他的实验室老师补做了农村中学无法完成的理化实验，还参观了几家工厂，这给大多数还没见过火车的孩子们开了眼界，虽然不少同学脚上起了泡，但大家情绪十分高涨。

盖奎同志对党的教育方针理解得比较透彻，他认为“党的教育方针就是咱办学的宪法，要全面执行，不能偏颇。”他要求学校开展勤工俭学，既要让学生增强劳动观念，得到实践锻炼，还要讲究一些经济效益。那时学校经过周密的社会调查分析，办起了长毛兔养殖场，规模大，效益高，像模像样，曾引来三省一市的有关专家前来参观，受到了专家肯定和赞扬。大队专门为学校提供了两亩实验田作“小农场”，农作物长势良好，也得到广大社员的称道。到夏季时学校一般每周安排半天割青草，撸槐叶打粉出口，到秋季时则组织搞复收，老师领头，学生卖力，抢季节赶时令，获得了可观收入。不但解决了书本费学杂费，还为每名学生制作了一身“校服”，减轻了家长的负担，大家十分满意。

盖奎同志对学校的体育教学也很重视，一方面舍得出资购置体育器械，一方面下大气力培养各类运动队。安里学校的篮、排球在全公社小有名气，师生组成的篮球队和莱阳市第十高级中学比也不逊色。安里学校还有一项最为突出的特点是配合宣传党的中心工作，行动迅速。比如“学大寨”“计划生育”“封山育林”等，用活报剧表演唱、快板书等群众喜闻乐见的形式，生动易懂，活泼有趣。集市上的群众常说“看人家安里学校，不服不行！”

1972 年，复出工作的邓小平同志大抓教学质量（后来被批“回潮”），那年底初中升高中考试，全县统一试题，公社统一批卷，安里学校不足 50 名毕业生，考取高中 18 人，升学率大大高出全社的平均数。平时期中期末考试，盖奎同志也进行细致的调查统计和换算比较，使教学工作能够不断总结提高，因此，安里学校的文化课教学在全公社中始终处在领先的位置。1977 年，国家恢复“高考”制度的第一年，安里学校 1 名民办教师、5 名学生参加高考，其中 2 名考上大学，4 名考上中专，在全公社引起一片热议！

1976 年底，因社办企业发展的需要，公社调他去专职领导一个新建工厂，虽然忙得不可开交，但安里学校在他的心目中仍占有无可替代的位置，他常常抽空和大队新任书记（安里学校一位民办教师，是他一手培养起来的）研究讨论学校的建设、教学等事宜。

1977 年前，中、高招生考试停止了 10 年。中、小学社会政治活动过多，严重淡化了文化课教学。安里学校，坚持“以学为主”，始终不放松文化课教学。教务主任把关，经常开展听课评课活动。少有的几次公社统考，安里学校各年级成绩名列前茅。平时也常到兄弟学校求来试题，严格考场纪律和阅卷标准。

盖奎同志作为一个不拿国家工资的农民干部，他的领导方法和艺术，工作的热情和能力，实不多见。他尊师重教，一心为公，在那个年代里大抓教育，积极办学，确实取得了不菲的成绩。在他任大队书记的 7 年中，安里学校从小学到单办初中高中，全面落实了党的教育方针，村里的孩子们，在德智体诸方面得到极大提升。一方面，村里的所有适龄孩子全部免费进入学校接受正规教育，彻底改变了许多村民家庭因条件差上不起学的命运，同时也解决了高考“大门”关闭时期部分优秀高中毕业生的就业问题，尽管这部分人才只能以民办教师的身份在村里教书育人，但他们的家庭命运和人生轨迹却从此融入了时代进步的大潮中，在改革开放以后，只要坚持教学到底的，基本上都与正规院校毕业的公办教师“殊途同归”，一家老少全部转为非农户口。

个人的天赋和家庭环境是决定一个人命运的主要因素，但个人的成长也决离不开幼时的社会环境。多少年来，安里村之所以能够不间断地出人才，与村里重视教育、重视学习的风气也有直接的关系。直到今天，这种尊师重教、教育兴业的风气在安里村还在延续。而追根究底，这种风气的养成与盖奎同志当年的唯教为重思想是密不可分的。

在安里学校读过书的学生中，后来有一位成长为中科院院士，有一位成长为共和国将军，有一位成长为海军大校，其他若干考入北大、清华、国防科大等名校的学子，也都成为各条战线的重要人才。

2008 年 1 月 12 日，盖奎同志因病离世，但他坚持教育为本、倾心兴教、廉明治村的许多善行，至今仍常在安里村群众中流传。

铭刻在心的记忆

——悼念我的优秀学生江吉荣、盖兴群

文 / 张正齐

（一）

我是江吉荣初中的班主任、数学老师，他 1957 年出生，1975 年离世，从小患有严重的哮喘病，发作起来几天不能上学，但他意志坚强，热爱学校生活。病情稍稍缓解就坚持到校学习。300 多米的上学路，时常要歇上三四回儿。他听课全神贯注，能够步步紧跟老师讲解，甚至能准确推测出老师尚未讲到的知识。他说：“上课听讲就把病忘了”。江吉荣勤于思考，善于钻研，巧于总结。学习经验交流会上他讲：“只要肯动脑筋，啥都可以琢磨透！”多么精辟的体会啊！一些同

学对数理化中较抽象的知识理解接受不了，他却能以通俗的比喻，讲得明白易懂。聪明在于勤奋，天才在于积累。无论他因病缺多少课，大小测考，几乎都是名列榜首。

我送过多届毕业班，能达到他这样水平的学生并不多见。然而，1974年，病魔无情地夺去了他年轻的生命。入殓时，我在旁边看着他安详如睡的表情，心如刀绞，泪如雨下。多好的一颗苗子啊！

江吉荣葬在村后观山西坡的公墓里，从坟头向西南望去，正好看见安里学校一角。吉荣啊，寂静冥冥的世界里，你在想什么呢？我知道，你一定想跟上学的孩子们说，好好学习知识，努力锻炼身体，将来成为对国家有贡献的人！

（二）

1969年下学期，我担任安里学校初中一年级一班班主任兼数学老师，盖兴群（1955-2005）被选为班长。两年的相处，感觉他真是一个全面发展近乎完美的好学生。他学习刻苦用功，效率很高，尤其数学十分突出，常和我商讨一题多解的方法。一些尚未讲到的知识，也能提前预习到，理解得很深刻，运用灵活巧妙，对我的教学帮助很大。他的字迹隽秀，作业工整，很少错误，成为各科老师很好的助教。在他的带动下，班里学习氛围浓厚，成绩不断提高，数理化在全社也是上游。他有很强的组织发动能力。那时劳动时节较多，撸槐叶、割青草、摘松果、搞复收等用于勤工俭学。他动脑筋，想巧法，收获的数量和质量总是令人满意。他还是班里体育运动的领军人，乒乓球技艺很高，是班里唯一熟识简谱的，竹笛很专业，经常为校宣传队伴奏，曾为学校自编节目谱过曲。

这是一堂室外数学课，人人参与测量计算，动手动脑，理论实践相结合。

1972 年他以优异成绩考入高中，更加施展了他的才华。毕业回乡，首选为民办中学教师。他任教师时，我已离开学校在村里任书记，经常听学生们讲，盖兴群是他们最为敬佩、最受欢迎的老师之一。

后来，他考入栖霞师范，毕业分在莱阳教师进修学校，时逢我师专的同学当校长，他告诉我说，盖兴群讲课深受培训老师们的赞扬，说他的脑瓜简直就是一台计算机，知识太熟练了。

2005 年农历 11 月 3 日，车祸不幸夺取了他的年轻生命。我写下这些文字自觉十分乏力，不能准确地描述出他优秀的一生。他像一颗明亮的星星，永远闪耀在安里学校师生的心中，他的积极向上，奋斗不止，谦虚谨慎，追求完美的精神永存！

两个好学生

文 / 盖作云

我在安里学校初中部任教时，有两名学生给我留下难以磨灭的好印象，他们就是盖岳文和江桂斌。

1970 年到 1972 年，我担任盖岳文的班主任，我教初中语文，盖岳文任班长，他学业优秀，语文和数学成绩尤其突出。文思敏捷，写作文不用打草稿，提笔直书，一气呵成。姜疃镇每年组织不分年级的作文比赛，他都是得头奖。他博览群书，知识面广，视野和思路开阔。学习数学，习惯于提前预习，课堂凝神听讲，课后做大量的习题巩固。遇到疑难问题从不放过，不吃不睡也要把问题解决。同学们有不懂的问题，也愿意请他辅导。他是个品学兼优、有组织能力的学生，学校和班级的各科活动，不管多么繁杂，多么劳累，他都身先士卒，尽职尽责去完成。文体活动、勤工俭学，他都表现了过人的组织能力和指挥能力，带领班级同学做好每一件事情，所在班级年年评为优秀班级。

1972 年，我又担任了江桂斌的班主任，他给我的印象是聪明谦虚、勤奋好学。

江桂斌父亲早年去世，母亲体弱多病，他在初中时，姐弟 3 个在校读书，家中经济情况可想而知，但是贫困并没磨灭他的高远志向。那时候的他就有远大理想，记得有一次我曾经问他：你长大干什么？他毫不犹豫地回答：当一名科学家。

为了实现自己的诺言，他刻苦学习，发奋上进。当时受“文革”零分考卷影响，读书无用，农村孩子往往是劳动占有时间多于学习时间，江桂斌边干活，边想着学习上的事。他经常把笔记本带在身边，得空就把随身带的笔记本拿出来看一看。无论白天晚上，不管我什么时候去他家，总会看到他在房间里学习。他的刻苦精神，给我印象很深。

江桂斌虽天赋聪明，但是勤奋努力，不仅理科好，数学成绩优异，文科成绩也十分超群。我记得他对文史、政治都有浓厚兴趣，课堂笔记记得非常仔细，经常在每个历史事件人物后面加自己的评论。他博闻强记，读书过目不忘，留心听广播，读报纸，因此他的知识是“活知识”，时事考试每次都满分。他不仅有才华，各门功课都优秀，还写得一手漂亮字，出口成章，下笔成文。写出的文章短小精悍，他的作文集，一度成为那时候姜疃镇全镇中学生作文范文。

1977年高考时，江桂斌正担任安里村的现金保管员，白天他没有耽误村里的工作，只能利用晚上时间挑灯复习。我给他辅导功课，一点就通。他善于钻研，不管什么难题不弄明白不罢休。他的努力终于得到回报，当年考上了山东大学分析化学系本科，开始了他的更长更艰难的求学之路，也为以后他成为今天的科学家奠定基础。

看到盖岳文现在是青岛海军潜艇学院副政委，是师级干部，江桂斌是中科院院士，科学家，是国家的栋梁之才，打心眼里高兴。他们是安里学校走出去的人才，是父母的骄傲，是安里村的骄傲，也是我作老师的骄傲。

难忘的琴声

文 / 盖文周

圆圆的月亮挂在东方的树梢上，庙台下，广场上的舞台高架着的汽油灯照得通明，一群孩子正在欢舞“大红枣甜又香，送给亲人尝一尝”，空中飘荡着优美的歌声和悦耳的琴声，一场乡间广场上的文艺晚会正在进行中……这是我记忆里40多年前的一副场景。

1970年11月，高中毕业的我，被大队选聘为安里学校的民办教师，担任学校的音乐和美术教学。

为了配合当时的宣传教育，学校组织了毛泽东思想宣传队并指定我具体负责。

在学校领导和全体教师的大力支持和帮助下，宣传队很快成立起来了，队员们是从各班选拔出来的优秀学生，他们虽没有太高的音乐基础和表演技能，却是一群精神饱满、热诚高涨、生动活泼的男女孩子，是当时学生中的佼佼者，能被选为校宣传队员是他们的自豪，也是他们家人的骄傲，说明他们都是德才兼备的好学生。

学校宣传队成立时，只有两只破胡琴和不定调的笛子，一套破锣鼓，但很快老师们从自己家中拿来各种乐器，用破铁罐头瓶做低胡，用掏空的木头做木鱼，由盖竹云、兰维平、盖龙云、盖兴群等老师组成的小乐队也开始工作了。张正齐老师文笔好，他主动把大队和学校中的好人好事为我们编写小节目，张玉林等其他几个老师，是我们的后勤部长，帮我们制做道具和借服装。只要我们需要，他们便全力以赴。

宣传队员们的排练全靠课余和晚上时间，为尽快提高他们的表演技能，我便从基础抓起，一个一个动作地教他们，让他们反复的练，队员们很卖力，很刻苦，一个动作有时反复练习很多遍，直至达到全部动作的统一，晚上很晚才回家。为了提高他们的综合表演能力，

表演唱，三句半，快板书送到田间地头场院集市上

那一年的冬天，我们还聘请了当时在姜疃高中宣传队的盖艾玲同学，晚上到学校为我们做节目辅导；同时我们还让悟性好、学得快的队员，采取“一帮一”的方法，让他们发挥自己的主观能动性和创造性，使全体队员尽量达到表演技能的平衡。由于队员们的排练热情高，不怕吃苦流汗，团结协作好，所以他们进步得很快，涌现出了一批像张维涛、盖天学、盖元翠、周翠英、盖翠美、张玉巧等文艺骨干。

在全校老师的支持和帮助下，在我们的努力下，第一批节目很快排练好了：表演唱《大红枣儿甜又香》《四个老汉学毛选》，三句半《我们的好队长》，还有天津快板和女声独唱等十几个节目。

我们利用组织晚会和节假日的时间，将生动活泼、富有生活气息、老百姓喜闻乐见的文艺节目，如表演唱、三句半、快板书等，送到田间地头、场院、集市上，为群众演出。特别是在三夏三秋季节，我们在积极参加生产劳动的同时，利用工间休息的时间为群众表演节目，给他们送来了田间地头的笑声与欢乐。

那时，学校还举办了由张正齐老师负责的村史、阶级教育史、民兵建设史的图板展览，讲解员全部由我们宣传队的队员担任，曾参加公社的多次展览。在展览空间，我们还进行文艺演出，取得了良好的效果，得到了各级领导的高度评价。安里学校宣传队是当时活跃在乡间地头的一支受群众欢迎的宣传队，在那个年代里，在群众文娱生活如此贫乏的农村，更是人们精神文化生活的一大亮点，带给大家说不尽的快乐。至今谈起来，许多乡亲们还是念念不忘。

1972 年底，我应征入伍，穿上绿军装，从此离开了安里学校，离开了故乡，离开了与我并肩工作的可敬的老师们和比我小四、五岁的那些可爱的宣传队员们。但是，那难忘的琴声，仍然经常萦绕我的脑海。

校兴我荣　校衰我耻

文 / 江吉高

时至今日，还有不少安里群众、以前学校的老师和学生对我说：你和盖奎对我们安里村是有功的。我知道他们这样讲是感念我曾对安里学校做的一点应尽的贡献，但在我看来，那几年学校办的轰轰烈烈，有声有色，党满意，群众满意，其主要原因是村党支部的领导好。特别是盖奎书记，以及全体师生共同努力的结果，要不，怎么能被评为烟台地区教育战线的先进集体单位呢？

事实证明，党是领导一切事业的核心力量，没有党的正确领导，将会一事无成。安里学校发展的事实证明正是这样，这是我的一点认识，现就那个时期的办学情况略回顾如下：

一、关于领导问题

安里学校以前是一处小学，“文革”后期由于国家实行“就近入学，方便群众”的政策，上世纪70年代，安里学校由小学办成一处幼儿班、小学、初中、高中为一体的学校。

70年代初，安里村开始建立新的党支部，盖奎同志任支部书记。他将当时是安里学校校长的我，吸收进村党支部里来，兼任支部的宣传委员，负责主持学校的具体工作。他非常重视教育工作，常说“想要村里好起来，就得办好教育，培养人才，有了人才，村里就会兴旺起来”。所以在他的教育实践思想指导下，党支部选拔了有教学经验、有事业心的教师，组成学校领导班子和教师队伍。

领导班子为3人，我负责学校的全面工作；具有丰富教学经验的盖竹云老师负责教学业务；为人忠诚老实、工作认真的张玉林老师，在完成教学任务的同时负责全校的财务工作。

教师队伍是由回村的公办老师、学校与村党支部选拔村里优秀青年为民办教师而组成的。

我本人虽身为学校领导，但我从不脱离群众，选为领导我认为那只是分工不同，没有高低之分，我和老师们一起并肩工作，遇到问题，相互协调，积极沟通，取得老师们的信任和爱戴，所以形成了一个团结努力积极向上的集体。

因为取得了村党支部的信任，学校工作在村里是很有分量的。一般来说，学校有什么需要村里出面解决的事情，党支部总是有求必应。如：为了使教师们安心工作，认真教学，在党支部会上我提出两个问题，一是教师的生活待遇，即所有民办老师不分男女都是工分加补贴，全部按正劳力记分，每天10分，全年3600分（当时女的在生产队干活报酬只是半劳力）。那时候，民办老师的补贴是由国家发给，小学教师每月5元，中学教师每月7元，幼儿教师没有。经我努力争取，党支部同意按小学教师标准发给。那期间，全公社的学校，民办老师在节假日都得回生产队劳动。而我们学校的民办老师，在节假日都不用回生产队劳动，只需到学校做好备课、研究教学方案等，大队照常记工分。由于党支部的大力支持，所以老师们个个干劲十足，教学积极性都很高涨。

学校的公办老师，家里有困难的，每年年终，我都到公社去反映情况，争取国家补助。例如张环老师，妻子有残孩子多，生活很困难，上级每年都发给一定的生活补助。他很知足，平时对教学工作都能积极努力。

二、关心教师的政治生活

为了在学校教师中树立骨干模范带头作用，村党支部决定在学校教师中发展党员，张玉林、张正齐二位老师都是在学校发展的党员，他们也确实在学校的各项工作中起到模范带头作用。我们培养的党员发展对象，他们后来虽然都离开了学校，有的参军，有的高考入学，但他们以后的发展都很好，如盖龙云、江守涛、盖文周、江桂芳、盖一军等，都成为国家社会的栋梁之才，在军队或地方做出了很大的成绩。

老教师指导新教师备课，新老结合，取长补短，在备课上下足功夫，保证堂堂都是优质课。

三、为了加强教学工作，在学校教师中做的几项工作

一是在教师中开展以老带新、以新促老、新老结合活动，提高全体老师的管理和教学水平。例如让张晓云、盖玉泉等有经验的老教师，把工作中教学和管理学生的经验传授给年轻刚进学校的新教师，再以新教师的工作积极性促进老教师努力工作。

二是积极帮助老师解决一些日常生活问题。有的老师因为家庭矛盾影响工作，学校积极主动去帮助调解，从而解决他们的矛盾，稳定了思想。有的老师要盖房子，我就主动帮他们到党支部说明情况，希望给予批房场；有的女教师婆媳关系紧张，我也去家中做工作，使婆媳和睦相处。

教师的事情，就是学校领导的事情，由于以上各方面的工作，大大增强了领导与教师之间的思想感情，使学校成为一个大家团结向上、人人积极努力的战斗集体。

三是由于学校工作出色，公社领导让我在公社的广播里，向全公社推广安里学校的办学经验。当时由教育助理纪文成主持，主要讲安里学校在党支部的领导下如何调动教师积极性，把教学工作搞的有声有色，使党、家长、群众都满意。通过推

广经验，大大提高了学校在公社的知名度，受到全公社的赞扬。

四、全面贯彻党的教育方针

让学生德智体全面发展，这是党的教育方针，也是我们的办学总方针。为了认真贯彻这一方针，全体老师团结一致，努力钻研业务，提高教学质量，他们夜以继日、不怕劳累，一心扑在工作上，因而教学质量大为提高。在未办高中班之前，初中班升入莱阳十中考试时取得了全公社总分第一名，得到了莱阳十中领导和教师的一致好评，同时受到了上级领导的注目和群众的赞扬。

在勤工俭学方面，我们在莱阳外贸部门及姜疃供销社的帮助下，组织全校师生利用课余和节假日时间，喂养长毛兔，到山上挖药材。特别在长毛兔喂养上，经济收入很可观。学生通过劳动，既学会了养兔技术，又有了经济收入，还支援了国家的外贸出口，换回外汇。我们的长毛兔喂养成功，得到了中国畜产进出口总公司的重视，组织了“三省一市”（江苏省、山东省、安徽省、上海市）到我们安里学校参观学习。此事当时在全县影响很大，各个学校都向我们学习，全公社各校都开展了大规模的养长毛兔活动，特别是丰台农中搞得十分出色。

由于勤工俭学方面的收入，减轻了学生家长的负担，学生的学费、书钱全免，这对普及农村教育起到了决定性作用，全村没有一个儿童失学。

有了钱，我们准备给学生做校服。为了省钱，经大队党支部同意，成立了学校缝纫组，由大队为学校购买了两架缝纫机和一部锁边机，选配了 3 名有经验和技术好的妇女，利用学生勤工俭学的收入为学生做校服。此事还得到了当时县教育局局长张巨川和县委秘书江守民的支持。在教育局副局长盖洪所的关照帮助下，教育局给我们学校拨了一部分教学器材和一副铁制篮球架子。由于学校规模扩大，学生人数不断增加，大队便将学校周边的一片菜地和场园，划拨给了学校，并出资为我们建起了教室和操场，县教育局也给我们很大的帮助。

我们还把学校办成了一个培养人才的场所，学校“进人”和“放人”两扇大门始终敞开着，我们从不因本单位主义，对人才只进不出、光下不上。党支部和学校从不违背老师们的意愿，只要上级调人或本人愿意外走，我们决不拦挡。学校和村党支部把学校当作人才培养的摇篮、人才交流的部门。当时农村的工作是抓生产要紧，各大队、各生产小队，为了农业生产需要，一般是不放人的。只有学校教师一批又一批走出去，如提干，当兵，进高一级学校任教，进国营工厂等等。像盖龙云、江守涛、盖一军、盖向东、盖永才、盖文周等，都是从学校教师中走出去的。一批批走出去，又一批批从村里优秀青年中选进学校，补充教师队伍。几年来，没有一个教师掉队，所以当时的学校，成为村里青年都向往的单位。

为了配合党的中心工作，学校在搞好教学的同时，积极组织各种形式的宣传教育工作。我们除了组织大型的宣传外，还挑选了部分优秀学生，在老师的带领下成立了小而精干的毛泽东思想宣传队，他们利用课余和节假日的时间，根据当时党的中心工作，利用小演唱、快板、舞蹈、戏剧小品等形式，自编自演文艺节目，到村庄街头、姜疃集上进行宣传，大大活跃了农村的文娱生活，受到了群众的欢迎好评。

为了教育师生们不忘过去的苦，体现社会主义制度的优越性，我们和村党支部还组织了多次忆苦思甜大会，聘请本村贫下中农管理学校的负责人讲家史，利用这种形式教育师生，珍惜今天的好日子，好好学习，将来报效国家和人民。我们还以漫画的形式建立了"两室一堂"展览室，组织师生和村民参观学习。通过宣传教育，大大激发了学生的学习积极性和村民的生产热情。

五、由我代表学校参加的几次会议

1. 在公社的广播会议上，向全公社介绍安里学校的办学经验。

2. 参加了烟台地区外贸局在莱阳工人俱乐部召开的有全地区各县外贸、供销等系统和部分学校代表参加的会议。在会上姜疃公社党委书记刘永海作了报告，由我代表安里学校介绍了勤工俭学（发展长毛兔）情况。

3. 参加了莱阳县中学校长会议，有教育局张巨川局长主持，让我在会议上介绍我们学校的办学心得体会。

4.1974 年，安里学校被评为烟台地区教育战线先进集体单位，并由我代表学校参加了烟台地区召开的教育战线先进单位及先进个人表彰大会，会上安里学校受到了表彰，得到了上级部门颁发的"教育战线先进集体"奖状和纪念册。

5.1976 年春，由我代表安里学校参加了烟台地区召开的教育改革座谈会。

以上足以说明，安里学校在各级党组织的领导下，经过全体老师的积极努力，取得了一定的成绩，从而得到了各级党委及政府的认可和好评。同时，我们不能忘记为我们学校发展给予极大支持的老书记盖奎、姜疃公社教育助理纪文成等的大力支持和帮助，他们对我们学校是有贡献的。

如今我已是 80 多岁的人了，自己一生在外工作 40 多年，小学、中学、乡政府、市教育局，工作过十几个单位，经历过很多事情，人事关系方面、工作等方面，总觉得在安里学校那个时候最开心，从领导班子到所有的老师，都能团结一心积极工作，任何单位都是无法比的。所以，我很愿意多多回忆那时候的事情。

南海购鱼记（上）

文 / 张正齐

上个世纪60年代末，我自莱阳一中毕业后，先是在村务农，后到学校担任民办教师。

那时候，生产队吃大锅饭，家家户户都过着艰难日子，一年到头难得见到一点荤腥。晚春，村里人除了“瓜积”（咸萝卜，芥菜根）锅里碗里鲜见其他蔬菜。每到此季节，村里各个生产队都会派出几个整壮劳力，到即墨、海阳一带的港口，去购买一些小虾蠓子，回来用小石磨磨成虾酱，加上咸盐，成为“虾酱”，用来下饭。那时候，能吃上虾酱大饼子，简直就是好日子。

老师们也不富裕，每人每月几元钱的津贴，油盐酱醋都不够，更不要说能改善改善生活了，个个都觉得实在“靠”得慌。于是学校领导决定，派几个人去南海买些鱼虾、蠓子之类，给老师们的碗里添点咸滋味。

南海，实际是黄海，村里习惯称南海。离村里来回有五、六十公里的路。校领导选定我和盖作云、张玉京老师3人去完成这项任务。我们几个简单准备一番，星期日一大早，5点就开始骑车出发。那时还没有公路，我们沿着崎岖的山路，一路猛蹬，朝海阳丁字嘴（渔港）方向奔去。

过了南大山，朝阳初升，春风扑面，田野间麦浪起伏，清香阵阵。路旁村庄炊烟袅袅，雄鸡高啼，广播里听不清生产队的干部在下什么通知，声调激昂，底气十足！我们心情哪叫一个好啊，车子骑得飞快，8点多钟就赶到了海阳丁字嘴码头。

此刻，港里买货人很多，小推车、自行车摆了一片。9点多，五、六条渔船先后靠港，然而失望的是，卸下的鱼虾不过十几筐，等候的人群一哄而上，拥进销售门市。许多人手里拿着一张小纸条，递给管事的人。原来，有门路的人、有条子的客户才能上到货，我们赶紧跑进办公室交钱打单，可人家不给开。说："昨天的条子，货还不够呢！"我们又说了些好话，单子还是不能开，但告诉我们说："昨天水库送来一批淡水鲶鱼，二角三一斤，你们看看能不能装点。"

我们一听，赶紧跟人上库房一看，都很鲜活，一斤多一条，3 人商议一下，觉得贵，且不是海鱼。但考虑比市价便宜，再说空手回去太可惜，于是就装了两个半桶，让作云老师先带回去，留下我和玉京，再去找水产负责人。水产领导经不住我们软磨硬泡，答应下午 3 点半，有条大船上来，尽量给解决点。这下，高兴劲来了，我俩甩开大步，一溜烟跑到海边，望着无边无际的大海，眼巴巴盼着大船早点上岸。一只只大船靠岸来，但千帆过尽总不是，希望复失望，失望再希望。

不意间，感觉脚下软绵绵的，低头一看，拾到一个半死不活的大墨斗鱼，前后左右看一看，浅浅的海水边上，墨斗鱼三、五米一个，四、五步一个，星星点点还不少，赶紧捡啊，捡了足足有三、四斤多。

此时，对面走过一个人来，是个当地人。他告诉我们，墨斗鱼在小麦扬花时节开始产卵，随后就慢慢死去，常常被海水潮上岸来，是很好吃的海味。我们听罢，不禁心中暗喜，发点小财啊。但该人随即又说，上面有规定，凡海里潮上的东西，

云雀鸣碧空，六轮驾春风；购得南海鲜，添加餐桌中。

都是渔业社的，是集体财物，不准随便捡，得缴回来。心里不禁一惊，赶紧将捡来的墨斗鱼藏到布袋里，一溜烟跑离海岸。

刚好，大船靠港了。哪里有什么小虾蠓子？全捕的小鱼。怎么办？买吧！人家卖给我们3桶小扒皮狼鱼，一角三1斤，总算没空手！我和玉京老师骑上自行车，流星火线往家赶，期间连小上坡都不下，更顾不上歇息片刻。

回到学校，天已黑定，不少老师在等我们，卸车分货，不用我们动手，一番忙活不表。

却说第二天上班时，我问大伙味道如何，老师们咂吧咂吧嘴，都说这鱼还行，挺新鲜的，价不算高！听到此言，也算对我们南海一趟辛苦的安慰了。谁知这时有位老师接上话："往后再便宜也别买了！这家伙，昨晚害得俺家多吃了半蜂罩[①]（盛干粮用的多眼黑陶盘）瓜干饼子"。

哈哈。这家伙。

南海购鱼记（下）

文 / 盖作云

南海购鱼对我来说刻骨铭心，终生难忘。

前面说到，我们一行3人，为了给教师们改善生活，受学校领导委托，到南海购鱼。天不亮出发，到了中午才买到了六、七十斤鲇鱼和黄鳝。经商量张正齐、张玉京老师两人留下，等晚潮再买点鱼虾，先由我带着买到的鱼赶回学校。

那时候将进入6月，虽非酷暑，但是太阳的热度仍然热辣，我赶回程时正值中午，村庄静谧安逸，劳累的人们都进入了午休梦乡，大白狗躺在树下，热得吐着舌头急促地喘气。我骑着自行车，后面的车货架两边，分别带着两个装满冰块

① **蜂罩**

"蜂罩"是用土陶制作的一种生活器皿，圆形，一般是黑色，上面布满像蜂窝一样的小孔可以透气，几十年前农村多用来盛放干粮，现早已淘汰不用。东宅村有陶器厂生产陶盆、陶罐、蜂罩等，是那个年代主要的生活用品。

和鱼的水桶，顶着焰焰的烈日，我开始往回赶路。

乡间村路，弯弯曲曲，坎坷不平，刚上路就遇上了顶头大风，平路还可骑会车，但稍有点坡就不能骑了，只能下来推着走。因为没有吃早饭，午饭也没吃，这时候肚子咕咕地叫起来了，脸上的汗水也滴滴答答淌下来。为了使鱼不变质，我顾不了这些，急急忙忙赶路，好不容易赶到了邢村，在路边饭店买了一碗面条，狼吞虎咽地吃了下去，便又急急地赶路、赶路……

又走了不知道多少里，起码有十几里的山路吧，我感觉自己嗓子渴得冒烟了，头发似着了火一般，嘴上开始起大泡，喉咙火烧火燎。这时我想起了桶里有冰块，很想吃个冰块来降温解渴，但一看，冰块已融化了，桶里的水又热又腥，只得骑上车子继续赶路。

真是天无绝人之路，走到一个地方，我在路边寻找到一条小河沟，只见清清的泉水从石缝里流出来。我赶紧扑过去，双手捧着清凉的泉水，敞开喉咙，“咕咚、咕咚”喝了个饱，那解渴滋味，痛快极了。我怕鱼臭了，便把原来桶里的水倒掉，换上清清的泉水，用衣服把水桶口封住，又开始赶路。

山路漫漫，没有尽头，我拖着像灌了铅一样的双腿，拿出全身力气蹬着自行车，

坡陡路不平，又遇顶头风；为保鱼儿鲜，拼命赶归程！

蹬啊，蹬啊，好不容易到了羊郡，可是我的肚子这时候咕嘟咕嘟痛了起来，开始没有当回事，继续蹬车赶路，可是肚子越疼越厉害，肠子像绞在一起。我疼得眼前直冒金星，想一想，估计是热身子灌进了凉水的缘故。终于坚持不住了，我看到路边有块平地，一咕噜躺下去，用双手按摩着肚子，吐出了刚才灌进去的凉水，觉得稍稍舒服了点，忍着疼痛，我又继续蹬起车子赶路。

终于到了高格庄，我已精疲力尽了，双腿像注了铅似地，重若千斤，走路变得踉踉跄跄，几次差点从车子上一头栽下来。我鼓足了勇气，心中默念着“下定决心，不怕牺牲，排除万难，去争取胜利”“红军不怕远征难，万水千山只等闲”来激励自己。从高格庄到分水岭村一路全是上坡，我脱掉上衣、长裤，只穿着裤头，光着背，汗水顺着脊梁向下流。我的双脚已经磨起了血泡，疼得钻心，但已经顾不了这些，车子是不能骑上了，只好推着。我躬着腰、咬着牙，拼命地向前挪。70年代的乡间路很窄，全是土路，高低不平，十分难走，我推着自行车如蜗牛般越走越慢，好不容易爬上了分水岭。看看西天，落日西沉，倦鸟归林，暮色弥漫起来，风也已经停了，我骑上车，一路下坡，终于把鱼带回了学校。

南海买鱼赶路，离现在已40多年了，想想是这一辈子我出力最多的一天，也是我终生难忘的一天。

难以忘怀的“两届”事

文/张正齐

教了30多年书，算来送了10多届毕业班，将数以千计的学生送进了高一级学校。但有两届，在我的记忆中铭印深刻，自以为是人生长卷中最得意的两笔。一是安里学校七二届初中毕业班，另一届是胜利油田机关高中八八届毕业班，同是各建校以来升学率最高，拔尖人才最多的。倒不是我有多大能耐，根本在于各科教师齐心协力，在班里培养出一个高质量的班委及优秀生组成的骨干中坚。

安里学校七二届学生，初一是盖永才老师打的基础，他栽培了盖天学、盖冠福、盖龙云、张玉秋、盖一军、盖元义等同学组成的班委和学科代表，形成了班级的核心，工作学习只要班主任点到，这些人的方法措施都出来了，落实到位，分工行动，心齐劲足。我延续了永才老师的工作方法，很多事情让学生自行组织完成，我只是给予指导和总结。很多主题班会，也让学生成立临时中心组，让他们筹划安排实施，有时总结也让他们完成。

印象最深刻的是一次批判“读书做官论”主题班会。班长把同学们的情绪调动起来了，争相阐述自己的观点。我在门外听得清清楚楚。“我看读书做官不能一概而论为封资修”，一个平常寡言但思维敏捷、学习成绩拔尖的盖龙云发言了：“周恩来，从年少就为中华之崛起而读书，官至共和国总理，他为民富国强，鞠躬尽瘁操劳一生，把一切都献给了人民，可算功垂千秋，读书做这样的官是伟大的理想、高尚的情操”。其他同学也纷纷发言：“读书做这样的官，乃民之幸事，国之幸事！”“读书要做官不是错，关键在于要做什么样的官。想做搜刮民脂民膏，祸国殃民的贪官，就该万夫所指，彻底批臭！”“这可得早批，读书可以，官让他做不成。批晚了，当了官，得逞了，祸害国家，祸害百姓，损失就大了！”大家论点清晰，论据充分，真是一场成功的班会。最后收了几份总结报告，篇篇都是不差的论文。那年正遇所谓教育“回潮”初升高统一考试，这个班的升学率高出全公社平均水平一倍还多！

15年后，我在胜利油田机关高中送的八八届高中毕业班十分类似，是从1982年建立高中班以来升学率最高的一届，不同之处是前者是农民子弟的初中班，后者是国营大企和地级干部的子弟组成的高中毕业班。这个班从高一入学，我就和各任课老师逐渐培养起由齐庆杰、聂雪梅等20多名同学组成的班委、团委和各科代表的骨干队伍，他们团结起全班同学，自觉组合，“一帮一，一对红”比纪律，比学习，比思想赶先进，正气蓬勃，热情高涨，老师们想到的，他们都能做到，想不到的地方，他们也能自行发挥出来，在诸多平行班中样样领先。有人说我这是“交学运”，遇到了好学生，不无道理。但关键是“好学生”要如何去发现去培养。当老师首先知识面要广，肚子里要有货，并且学术有专攻，同时鼓励学生提问题，认真予以解答，这样才有号召力和吸引力。其二是爱学生，事事替学生着想，学生中发生的问题要先从自己身上找原因，敢于承担责任，最忌一味训斥，更不能挖苦讽刺伤学生自尊心。班里一位男同学一次在家属区踢球，一失足球破门而入击碎住户玻璃，吓倒了住户老太太，人家告到学校，我主动承担责任，买了礼物上门看望老人，向其家人道歉，检讨自己对学生管理不严教育不够，并坚持送老人到医院检查，取得了谅解。我没有批评这位同学，只是让他以后锻炼要注意场合。我从实践中体会到"好学生是夸出来的，好班风是鼓励出来的。

多少年过去了，这两届学生行行业业出了不少拔尖人才，我为曾作过他们的老师而自豪！

山·水·桥

——安里学校的回忆

文 / 盖志云

作者感言：以时间的变迁、空间的变化为表象，万事万物总处于不间断的生生灭灭之中，蓦然回首，常令人感叹千年一瞬间、沧海变桑田，放眼望去，亦令人尤觉世界之狭窄、不过地球村。粗略言之，历史就在这千变万化间，比如空中鸟迹，了不可得，亦如空谷传音，声随影绝。微细而言，历史唯在于人心向善，不断追求人生真谛，比如大雁归春，搏击长空，亦如百川入海，奔流不息。因此，世界上凡是值得品味的事情，往往与时间的长短和距离的远近无关，只要属于真善美的东西，大多历久弥新、愈老恒贵，今天，当我们面对和消受现代物质文明的时候，过去的一切依然无法忘怀，常常回放出超越时空的画面，焕发出荡气回肠的音符。

我的家乡——山东省莱阳市安里村，坐落在胶东丘陵的腹地，村子三面环山，只有西北方向地势平坦，发源于村南的一条小河穿过村中，向西蜿蜒汇入五龙河的支流——玉岱河。村西坐落着一所不知年头的学校（据说肇始于上世纪二三十年代的全国乡村办学运动），我的小学和两年初中生活都在这里度过。

我是 1973 年进入小学一年级，算是"文化大革命"的后期了。当时的学习条件还是很差，有些家境困难的同学带着从旧房屋上揭下的一块黑瓦，擦洗干净后，用河边或山上捡来的风化石在上面练习写拼音字母，条件好一点的则用石板和石笔。等稍大一点才能发一个本子，用铅笔在上面写字，直到三年级以后才能开始用钢笔。那时极少见到白纸，大多用质地很粗的黄褐纸，也就是食品店里包食品的那种，裁成32K大小，用线装订得整整齐齐，当作业本或练习本使用。第一遍都是用铅笔，写满了并不扔掉，再用钢笔写。有些心细的女同学却能够利用五颜六色的墨水，反复利用三、五遍，直到再也无法重复使用了才放弃。

在我的印象中，小学时期实行的是免费义务教育，学费由学校承担，个人只需要交点书本费，带上凳子，就可以进学校接受教育了。为了解决办学经费，学校采取了各种办法搞创收，至今让我感叹不已的是上山劳动。

学校后面的小山包上的地块，承包给每个班级做自留地，学生们带着铁锨、镢头等农具，利用课余时间，在各自的地里种植各种经济作物，秋天收获后卖出所得收益，作为班级的经费。我所在的班级在分管的地里种了出油率较高的小花生，当年收获不错，除了留足经费外，还为班里的每位同学做了一件藏蓝色上衣（家里负责出布票）。放学时，大家穿着一样的衣服，排着整齐的队伍，在村民的目光注视下从村大街穿过，心里美滋滋的。每年夏天，在槐树长势最旺的时候，班里还要组织采摘槐叶，统一晒干粉碎后，将这种树叶末子卖给公社的收购站。据说这种细槐叶粉最终出口到日本，但至今我也没搞明白日本人拿去做什么用。采摘槐树叶的劳动非常辛苦，没有吃苦耐劳的精神很难坚持，我最怕干这个，但有的同学体力好，一上午就能跑遍几乎所有的山头，一天采的量能超过我好几倍。每年秋收后，班里还要组织大家下地搞复收，就是将收过的花生、地瓜地再刨一遍，做到颗粒归仓。有的同学一天能刨收花生、地瓜几十斤，每次都受到老师的表扬。除此之外，班里还经常组织到山上打石子，就是将石头加工成一定粒度的碎石子，提供给一些工程项目做基础材料。有一年班里还养了长毛兔，大家一起到山里拔草喂养，等兔毛长到一定长度时，再剪下来卖给公社的收购站。

村南的小河蜿蜒向西，大约五、六百米的光景，汇入玉岱河后，再往西沿着山间谷地汇入五龙河。当时的玉岱河河面宽阔，河水澄清，没有工业和生活污水的污染，各种鱼虾在里面快活自在，河边挺拔着数不清的钻天柳树。每逢夏天，从河边走过的时候，蛙声、蝉声、鸟鸣声交织入耳，柳树的倒影与鱼儿的身影在水中映出精彩画面，让人留连往返。

自从我学会游泳后，每年夏天结伴到玉岱河游泳是最畅快的事了，但风险很大，因为学校严格禁止学生下河玩水，若被老师抓住，少不了一顿责罚。有

山·水·桥

一年，班主任在同学们的强烈要求下，偷偷将全班带进了玉岱河，大家在河里尽情地玩耍，有的学习游泳，有的摸鱼逮虾，老实一点的在柳树下享受凉风。有一位同学不会游泳，不小心一脚踏入深水区，呛得连喝了好几口水，老师神色大变，赶紧游过去拉了上来，上岸后匆匆带队返回，并叮嘱大家不要说出集体下河的事，以免学校领导追究。从此以后，老师再也不敢组织类似活动了，但这种“不守规矩”的现场教学方法，使班级经常保持生动活泼的学习气氛，确实有益于学生的身心健康。后来在我高三临近高考的前一个月时，班主任老师为了缓解大家的学习压力，也来了这一招，带着全班同学步行 5 公里，到县城东北方向的蚬河边观赏槐花，大家兴高采烈地呼吸着漫天花香，互相打闹说笑着度过了一下午，心头的学习压力消散殆尽。由于老师施行开明开放式教学，那一年我们班的高考成绩非常好。

有海必有岛，有河必有桥。在我的记忆里，小学生活与村南的桥也是相连的。记不清是哪一年了，有一篇语文课文，介绍了河北赵州桥的来龙去脉。由于我们村的西南也有一桥，语文老师便把大家带到了村南的石桥上进行现场教学，详细讲解了桥的构造原理，同学们在自由自在的氛围中，学到了课堂上难以理解的知识。从那以后，我只要经过一座桥，就会自然而然想到当年老师的现场课堂，自然而然地仔细观察研究一番。细细想想，当年老师灵活的教学方法还是种下了很深的因缘。当时大家觉得好玩，觉得再平常不过，其实这种潜移默化的力量可能永久沉淀在每个人的内心深处，机缘到了，就会迸发出无尽的力量。从这个角度看，同样是老师，不管是大学教授，还是中学、小学的各种级别的老师，乃至幼儿园的启蒙老师，其水平的甄别究竟有没有量化标准？一个人将来的成果需要各种因素、各种机缘的结合，而乡村教师的实用教学方法究竟能够产生多大的力量，这恐怕也很难界定，但是无可置疑的是最初的学习生涯才是最关键的。因此说，肇始于上世纪二三十年代的中国乡村改造运动，从大办乡村教育着手，确有其长远根本的考虑，安里学校作为其中的一分子，能够在不间断的经风沐雨中，坚持不懈教书育人，也是无愧于世的。当今社会已进入飞速发展时代，仅仅过了30多年的时光，当年的单孔石桥早就被一座大跨度的混凝土桥所替代，但那座老桥的身影，在我的内心却依然如旧。

今天，在全国性的基础教育资源整合浪潮中，安里学校已退出历史舞台，而她的灵魂却与世长存，因为她的灵魂一直与安里的山山水水密不可分。山的无限生机、水的川流不息，构成了安里学校的特有灵气，而老师们正如一座座通向远方的桥，引导山里的孩子们迈向了山外的世界。

（本文作者感叹的那座桥，正是当年他父亲任村支部书记时，立项修建的。在开工建桥的动员会上，书记讲“这是咱疃今年最大的工程，修桥修路，不愁富！”若干年后一条县级公路从这通过。——编者）

二百里路为增收

文 / 张正齐

复收，是当时安里学校学生勤工俭学重要收入来源。复收花生效益最好，而打成花生油，又比卖花生米更划算。

1975年晚秋，记得那一年，当时我正担任初中班的班主任，学生们复收的第一批花生，打出油卖给了粮所，第二批也是最后一批，榨了40多斤油，心想如果拿到自由市场，就能多卖点钱。但是当时政策不允许，那叫“黑市交易”，被抓到是要受罚的。经过一番思想斗争，我还是决定拿到青岛去卖，一是听说青岛的花生油价高好卖；二是隔学校远不易被有关部门发现。决心下了，说干就干，但考虑如果我一个人去，不太方便。必须得寻求个帮手，盘算了一阵，决定找新任不久的民办教师江守涛。他做事认真，又肯热心助人，刚到校任教不久，便广受师生们赞许。我把自己的想法对他一讲，江老师果然一口不二："行啊！咱吃点累，给学生多弄点收入，庄户人家供孩子上学，靠卖粮挣钱不容易！"真是说到我的心坎上了。于是，星期六晚上，我们各自备好自行车，打足了气，装了点儿玉米饼子当干粮，灌了一行军壶凉白开水，上教室封牢了油桶。

次日凌晨，大约3点半我们就上路了，天还黑糊糊一片，可不早点又不行，星期一我俩还要给学生上课呢！

几天前刚下过雨，乡路被马车轧成了几道"地瓜垅"。晒干后，泥土路竟如石头一般坚硬，磕磕碰碰，相当难走。我们无奈只好推着自行车，沿马车道（那是还没公路）南行。天蒙蒙亮才到穴坊，真累坏了，在草地一躺，消消汗又启程了。

一上公路，轻松多了，双腿快蹬，四轮生风，上崖下坡，起伏跌宕，十分爽快。天晌，赶到一个市镇，感觉人流如梭，下车一问，这才赶到流亭北，离青岛还远呢！那时，自行车是皮座，生硬生硬，屁股磨的生疼，实在有点儿草鸡（熊）了。两人路边一坐，疲劳饥渴一并袭来，啃了啃凉饼子，喝足了行军壶的水，再启程，又赶了20多里，浑身仿佛散架，实在不行了。

这是青岛郊区，二人商定就近销货，于是下了公路，东行三、四里路，进了一个村，由于不明底细，我们也不敢开口张罗。这时，一位着装体面有点像干部模样的人走过来，问道：

"桶里带的啥呀？"

"蜂蜜。"江守涛机灵，接言答道，"不是卖的，送药材公司的。"

这里没敢开张，又到另一个村口，让江老师在村外看着，我先空手进村打探消息，和一位50多岁拄拐的大叔拉了起来，看他挺朴实，索性就来个"竹筒倒豆子"——实话实说。同时再三表白，我们不是投机倒把，当老师只想为学生多增点收入。这人很好，听罢后说："俺这全是菜农，上级配给一人一月2两食用油，根本不够。你们的油不假，好卖。"不仅喜出望外，急忙回头喊上江老师，把货推进村。

我们跟这位好心大叔进了屋，一看屋内摆设，老门旧窗的，典型劳苦大众家。

不一会，他叫来八、九个中年妇女、老太太，让我们当场舀了点油，倒在锅里。烧了几口火，顿时满屋溢出花生油特有的清香。这些大妈们一哄而上，少的斤半，多者三斤两斤，我们两个带来的两桶花生油，其中一桶不一会见了桶底。

我怕场面大了犯事，就让他们带着油，迅速出门，不要声张。我俩也赶快离开村子，像搞地下工作。一鼓作气赶到了临近一个村庄，如法炮制，不一会，货已全部售罄。带着胜利果实，匆匆忙忙窜到一个清静无人之处，心里扑通扑通地兴奋，两个人开始点钱。点完一算账，天哪，整整比送粮所多卖了20多元！

高兴之余，浑身疲劳酸痛又上来了，剩了点饼子，三口两口吞下了，水壶也见底了。又累又乏，饥饿难捱。考虑到江守涛老师是帮我的忙，我提议找饭店吃碗面，可江老师不同意："花那钱呢，我这有战备粮。"说着，从兜里掏出了几块阴干地瓜，递给我一把。

我俩大嚼了一通，那滋味，甜丝丝哦，可比饼干、点心好吃多了！行军壶早已干了。见路边沟里水澄清澄清，哪管三七二十一，便撅起屁股灌了一顿，这时已经是下午3点多钟。返程路，没负荷，心情又好，上了车，啥疼也不觉了，一溜烟北行。到天黑时，才下了公路，还剩30多里的马车道。从自行车下了车，脚一着地，浑身疼痛难忍，骨头缝都钻出疼来。往道边草地一躺，胳膊腿一伸展，还真挺舒服。仰望天上星星，快活地眯着眼睛，心中那创收的喜悦，真是别有一番滋味！我们约定：此行绝不对外泄露半个字！深夜11点，终于到家了。

第二天到校，腿有点儿瘸，我俩硬是挺直腰板，装出一副轻松的表情，方步迈进教室，亮开嗓子讲课。下午，我花了八角钱买了个硬皮日记本，扉页上写上"尊敬的江老师，感谢您对我们的关心和帮助！"落款是：** 年级一班全体同学敬送。去青岛卖油这件事，当时全班同学无一人知道。

到现在近40年了，欠江守涛老师的这一大块人情，至今也没还呢！

浓绿的槐叶

文 / 张正齐

1973 年初秋，又到了学生勤工俭学采槐叶打粉出口创收时节。

上一年，仅这一项，学校解决了书本费还有剩余。所以今年各班都憋足了劲，仅开工的第一天，槐叶就晒满了操场和 3 个生产队的场院，原来学生们用手摘，小手被枝条叶子捋得通红，现改为带皮手套捋。一把下去，就是半斤多，承装也由蛇皮袋换成了网包，效率提高了一倍多。我们班更是劲头百倍，有几个小组半夜就上山了！我呢，人逢喜事精神爽，比学生劲头不差，一天下来，我捋了两网包，200 多斤。空里还给学生推小车运了几趟。由于在槐树丛中作业，腿上胳膊上被槐刺扎破多处，汗水一浸，又疼又痒，但一点也不在乎！喜从何来？我多年的升学梦就要实现了！暑假前我经讲评推荐，被公社选为师范报送对象，全社各类学校初选 19 个人，最后从中会录取 13 人，我的名次很靠前，真是梦里都能笑醒，时刻盼望录取通知书早日到来，脑中经常浮现出上学后的风光。消息很快传遍村里，老少爷们见面都表示祝贺，那阵子干啥都有用不完的劲，心想：入学前一定给大家留下好印象！

爬陡坡窜山沟，满目槐荫绿油油，
汗水化作槐叶粉，出口创汇大丰收。

槐叶下树，两天好太阳便可打粉装袋，然而老天不给方便，第二天中午，空气闷得透不过气，一阵热风，黑云堆积，天像个水盆似的。师生奔过来，大家叉耙齐上，刚把槐叶赶成长堆，雨就哗啦下起来，可闷热一直不减，这可是大麻烦，一旦上了热，叶子捂黄了，就成了废品，班里 4000 多斤槐叶是一笔不小的收入，可不能瞎在手里，大家心急火燎，不时用杈挑起透风。整个一下午，用老百姓的话说，天就像漏了似的，下个不停。

放学后，我们几位班主任守着各班的叶堆，过一会就要从头到尾挑一遍，一遍下来，不敢停太长时间；稍过片刻，下一遍又要开始。忙乎了一夜没合眼，直到天亮，累得腰酸背疼。但这时我接到领导通知，上午 10 点前我要赶到穴坊，做升学体检。

穴坊镇离安里二、三十里，我心急如焚。我安排好了学生，饭也没顾上吃，骑上自行车一路猛蹬，上午 8 点多赶到了体检站，10 点半测量血压，100/180，医生很惊讶，连测三次，越测越高。我又急又怕，担心过不了关，哭着和体检站主任说了昨夜没休息的情况。体检站主任是一位和蔼的老大夫，安慰我道："别怕，往下测其它项目，今晚好好休息，明早 8 点再给你测一次血压，不会有问题。"下午 3 点多，我检查完了其它项目，比较顺利，都合格，可我总是放不下心，担心过不了血压这一关。焦急中猛然想起，喝醋能达到迅速降压，急忙去买了 3 斤醋，当时就喝下一小半，晚上，心里久久无法平静，一夜没睡踏实。第二天临检测前，把剩下的醋全喝了。一测，95/150。连测两遍，都不见下降，体检主任安慰我："回去等消息吧，问题不是太大。"我心想，命里注定，学是上不了啦。难过归难过，还是要好好工作。到了学校，又忙起晒槐树叶子。终于没白费力气，班里的槐叶粉，翡翠般浓绿，全部是合格品。这一项，我班在全校算是收入最多的！

1977 年恢复高考，我榜上有名，各项体检合格，接到了入学通知书，终于圆了我的升学梦！

槐树叶啊槐树叶，难忘的槐树叶，难忘的岁月。

清清北河湾（外一篇）

文 / 盖松先

清清北河湾

离开安里学校 20 多年，有一件至今最难忘的事情——

那是一次全校师生大会：气氛森严的会场上，几个男学生一个一个被点名，他们站成一排，面向全体师生，有的低下头来。

这几个男生是张玉林老师班级的学生，他们偷偷到河里去洗澡，被学校巡查的老师抓着了，学校为了此事，专门开大会。

记得会议是由盖竹云老师主持，他严厉地批评了这些男生目无纪律，私自到河里洗澡的错误行为。竹云老师声音宏亮，态度相当严厉，会场上安静极了，那气氛，我感觉呼吸都紧张了。张玉林老师坐在一边，气得脸色铁青。当时的情景至今历历在目。那时候，有一些男学生经常偷着去北河的湾里洗澡，校方和班主任老师为此事伤透了脑筋。学校制定了严格的纪律，任何人不得私自下河洗澡游泳。但是仍然有个别男生不遵守校规。前几天，村里有一个孩子，因为自己偷偷到河里洗澡而丧命。人命关天，此事非同小可。要是学校里出了这样的事情，那可真是塌下天来，如何向家长交代？所以这次大会很重要，还请了偷着洗澡的男学生的家长参加。

难道就永远不能到河里洗澡了吗？不，那必须在老师的带领下才可以去。所以感觉最有趣的事情是——在班主任老师带领下，我们去姜疃河（玉岱河，我们也叫北河湾）洗澡了。

夏日的中午，午休起来后，全班学生拉着队，顺着学校西边的田间小路，向北走去。

一路上，微风吹过，玉米的叶子被风吹得哗哗作响，绿浪起伏，使劲嗅一下，连空气都那么好闻，我们忍不住连跑带跳的，一路小跑就到了河边，男、女生分

浓浓夏日情，清清北河湾

开一段距离后，分别下水。一般是女生在上游，我们男生在下游。

在水中玩耍嬉闹，那感觉好极了。那时的玉岱河，河水清澈见底，几乎用眼睛可以看到河底的细沙，河水荡漾着碧波，映着天上的白云。河里还有河蚌，我们洗澡时，扎一个猛子下去，用手在干净的河底泥沙里摸几下，经常会摸到几个河蚌。河蚌的外壳是黑褐色的，里面有肥厚的蚌肉，回家让妈妈放在锅里煮一下，就可以有美味吃。

河两岸的大柳树，垂下长长的树枝，青翠欲滴，低垂的柳树枝随风摇摆，遮住了强烈的阳光，能把大半的河面遮盖起来。被绿荫遮掩下的河水，温而不凉，连空气都是那样的甜。我们洗啊洗啊，洗去一身的泥土灰尘，洗去学习的疲劳，感觉浑身轻松。每次老师喊着“上岸了，回校了”，我们都是恋恋不舍，一步三回头的离去。当然，也不是每天都去。但炎热的夏季里，几乎每个星期里都能去，那是我们这代人，在少年时代里不需花费一分一文，就可以得到的享受啊。每去一次，都能兴奋好几天，就像过节那样欢呼雀跃。夏季的那些日子里，天天盼着能去洗澡。那样的时光，永远也不会再有了。

我的班主任兰保平老师，还有张玉翠老师，都曾带领我们去过。感谢各位老师啊！

我那夏日里的清清北河湾，我至今不能忘怀的地方。

使劲也喊不出一句话

我是 1972 年至 1980 年在安里学校读书，那个阶段，应该是安里学校发展的鼎盛期。还有一件我印象最深、最难忘的事情，是兰保平老师任我的班主任，当时不知什么原因，他让我当班长。并且让我在上课前喊一句话。

那时候少年的我，是那样的腼腆胆小、甚或是害羞。他要求我每一节上课前，都要对着全班同学喊一句“把书拿出来”。就是这么一句话，我竟然无论如何做不到。

每到上课铃一响，老师走上讲堂，我的心都吓得砰砰乱跳。我低着头，张不开嘴，怎么也没有勇气喊出来。老师站在讲台上，每每用鼓励和期待的眼神盯着我，我看他一眼，赶紧低下来，恨不得地下有个缝隙，我能钻进去似的。其实我在心里也希望自己能大胆些，在心里使劲地喊过，可就是嘴里喊不出来，只好把头埋得更低、更低。几次以后，他也不再强求。其实我在家里私下练习了好多遍，可是为什么到了课堂上就卡了壳？

现在想想，真为那时的胆怯感到脸红。也许老师发现了我的弱点，特地安排我当班长，特地这样来历练我的。可惜啊，少年的我，却辜负了老师的殷切期望，惭愧！

我觉得最难忘的老师还有盖竹云老师。当时他应该是学校的教导主任，每次开大会都是他主持。好像学校大大小小的事情都他负责，非常忙碌。他对学校工作非常尽心，管理特别严格，教学也很严厉。我们弟兄的成长也凝聚着他的心血，非常感激他当年对我们的培养、教育和引导。

现在，盖竹云老师已经仙逝，我常常想起他，永远铭记他的恩德。

我在学校缝纫组

口述 / 盖淑贵；采访 / 张正齐、盖艾玲、盖文周；文 / 盖艾玲

我叫盖淑贵，安里村人，今年 77 岁。

1972 年学校成立了缝纫组，江吉高校长就叫我去学校给学生做衣服。开始是两个人，我和于冬玉，后来又增加了兰淑德。

我们 3 个人的分工是：我负责剪裁，于冬玉和兰淑德负责跑机器。学校没有机器，缝纫机都是我们自个从家里带的。虽然那时缝纫机在农村很金贵，并不是每家每户都能拥有，算是家里的重要财产吧。不过那时谁也不计较吃亏得益，自己的机器拿到学校白用，也不感到心疼。一天的待遇是村里给记 10 个工分，挣 10 个工分那可是男正壮劳力的报酬。那时候咱村的工分，年底兑现时不一样，有的生产队是 6 分钱，一个男劳力一天挣 6 毛钱；还有的生产队才兑现 3 分、5 分钱。我们和老师的工分，在年底兑现是一个工分价值 1 毛钱。也就是说，我们一天能挣一块钱。想想，一块钱啊，那是多么高的收入，感觉哪个满足，天天有使不完的劲。

1972 年，正是安里学校开始进入兴旺发达的时期，学校学生多，七、八百人，学生们搞勤工俭学，养兔子、捋绵槐叶、小秋收揽花生打油，还有割青草、卖青储饲料什么的，收入不少。几乎每个班级差不多都要做衣服。衣服是统一颜色的，不是蓝色的，就是深蓝的，或者蓝绿、蓝灰等，还有夏装白色的，哪有现在那么

漂亮的布料啊。各班老师把布买来，量好每个人的尺寸，不分男女学生，通通一个颜色。一般是涤卡布一类的，很结实。能做几套衣服看班级收入的多少定。收入多的班级，每个人能做好几套新衣服，我记得张正齐老师的班级，春秋季的、夏季短袖的，共做了两三套不止。

在缝纫组干活期间，天天有活，几乎一年到头不得闲，上班和学生一样，星期天不去。不过有时候假期，我们要提前回学校加班做，学生们开学好回来穿。

缝纫组一共存在了4年，从1972年开始，到1975年结束，75年以后，缝纫组解散，后来我离开安里到莱阳了。

可爱的长毛兔

文/盖巧玲

红玛瑙一样的眼睛，一鼓一动的三瓣嘴，如雪花般洁白的长毛，短短的尾巴藏在后面，两只长长的耳朵竖起来，一有动静，急忙躲进暗影里……这便是长毛兔，也是我记忆中不能忘记的景象。

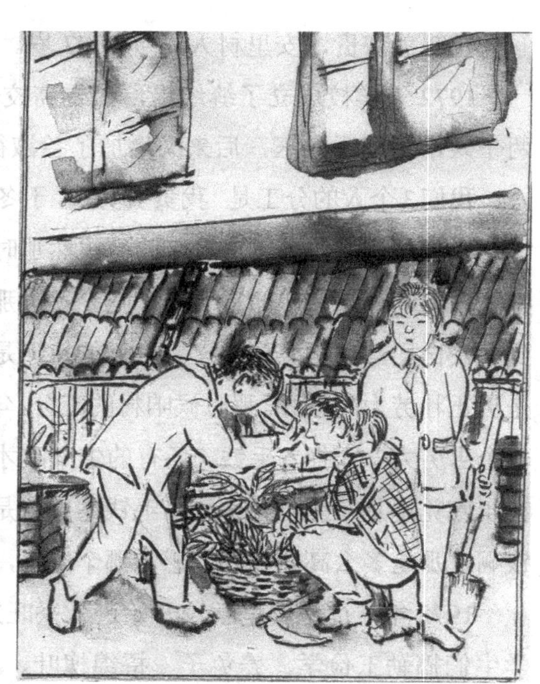

喂食梳毛清圈栏，我是小小饲养员。
勤工俭学一双手，我为父母减负担！

1973年，我在安里学校读书，那时候，勤工俭学活动搞得热火朝天。上级号召发展长毛兔，学校每个班级都建起了兔舍，一排一排在教室的外面。班里成立了饲养小组，我被选为长毛兔养殖小组的一员。

那时候我们的班主任是盖良群老师，他要求我们认真负责，仔细养护，一定把长毛兔养好。每到下午的课外活动时间，就不再上课，同学们开始做勤工俭学，男同学们到生产队里帮忙拔草，拔回来的草给兔子吃。有时候也要到山里地里沟边去割草。女同学一部分出去拔草，一部分在留在学校管理、喂养兔子。我和张玉娥、盖永玲、盖玉凤等女同学，每天先是打扫兔舍，这活脏累不说，夏天光是那个难闻的气味，就能把人顶出老远；冬天兔粪冻在窝里边，铲也铲不起来。但是我们脏累不怕，因为我们知道，养殖长毛兔绝不是扔几把草了事，那需要爱心、耐心与负责的精神。

最难忘的事情是给兔妈妈伺候月子。买来的小兔子一天天长大，有的开始要做兔妈妈了，对于已经受孕的母兔，要单独喂养。每一只怀孕母兔都有自己的兔舍。母兔的肚子鼓鼓起来，不断撕扯自己身体的兔毛，那就是快要下崽了。要赶紧给它在窝里铺一些干净柔软的茅草，给未出世的兔宝宝准备一个温暖的“婴儿室”。这是我们最期待、最不用的时刻：放学回家，也记挂着母兔怕出意外；晚上睡觉，也经常做梦小兔子出生了。妈妈说我为了小兔子都痴迷了。第二天急急忙忙往学校跑。嗨，你别说，真是有一窝一窝的小兔出生了。刚刚生下来的兔宝宝不过是一个个红肉蛋，身上无毛，不睁眼睛，太难看了。可是别焦急，用不了几天，它们就开始变成一个个雪球般洁白的小兔子，那才叫可爱呢。

管理这些可爱的兔宝宝，要小心谨慎，一不留神就可能出差错。比如说母兔喂奶时也可能压着兔宝宝，需要给它们挪动一下位置；过几天还要给小兔兔们分窝。母兔开始刚刚生小兔子时，有一天，我们发现兔宝宝少了一只，怎么找也找不到，感到很纳闷，还没睁眼的红肉蛋兔宝宝能跑到哪里去呢？后来兰老师说，母兔生了小兔后，体力虚弱，要及时补足水。如有营养的花生饼泡水给它喝，否则母兔口渴就会将自己的兔宝宝吃掉；生了小兔后还要给母兔吃一些野菜，如：苦苦菜、曲曲芽等给它去火。这只找不到的小兔子有可能被兔妈妈吃了，我们心疼得几乎掉眼泪。还有，不能直接用手去抓小兔子，若是这样就会把人体气味留在小兔身上，母兔闻到小兔身体的异味，就不再认自己的孩子。我们掌握了这些养殖知识，边干边学，不懂就问，学校里负责养殖工作的兰淑娥老师，经常给我们讲养殖的知识。良群老师担任班主任，班级事情那么多，但他每天都要过问兔子的事情，嘱咐我们应该注意的问题。以后兔宝宝们从来没有出过大问题，一个个健康成长。

最需要耐心的是给兔子剪毛。好不容易将兔子养大了，它们身体上长长的白毛，就是我们的劳动成果，我们班级的财富，我们的汗水结晶。老师让我负责这项工作。

这个事情需要两人配合，一个帮忙按住兔子，一个拿剪刀剪兔毛。如果手一哆嗦，不是把兔毛剪坏了，就是把兔子的皮肉剪出个口子。剪兔毛的事情以我为主，另一位女同学给我当助手，她先将兔子按好，不停地抚摸它的身体，取得兔子的信任，兔子一动不动，我手握剪刀，眼睛也不敢多眨几下，屏住呼吸，轻轻地、慢慢地，先从兔子的后背部开始，沿着脊椎中间向下，分成两部分来剪。剪刀"咔嚓"地剪过去，雪白的兔毛就一把把地掉下来。但是有时候兔子并不配合，正在剪毛的时候它想挣扎起来。不过还好，每次剪毛兔子都没有太调皮捣蛋，还算比较顺利。我们班的兔毛质量最好，又白又长，在采购站打等级都是特等、一等，自然卖的价钱就高。养兔的疾病防疫也很重要，兔子很娇贵，喂养的不合要求就得病。比如吃了腐烂变质的蔬菜、不新鲜的青草等，还有带露水的青草，都不可以给兔子吃。

我们的心血没有白费，雪白的兔毛给班级换来经济收入，我们的学习用品、学费等都有着落，不再需要家里负担了。更为难忘的是，老师还给我们全班同学每人做了新衣服，有秋装、有夏装。我们穿着新衣服，一个个高兴得忘乎所以；我还记得我们班级发过两次馒头，每人两个。那大大的、白白的大馒头，只有过年才能见到。新衣服、大馒头、笔记本……这一切，都是那可爱的长毛兔带给我们的啊。

师恩如海

文 / 张桂香

我读书期间，正赶上安里学校最为兴盛的时期，九年一贯制，因此我从小学到高中，都在安里学校上的。

我启蒙学段的班主任，是张洪云老师。他60年代中师毕业，受过正宗的师范教育，教书育人，科班出身，又有多年的实践经验。教一二年级得心应手。教我们好听的歌，跳优美的舞，讲动听的故事。他态度和蔼、亲切、知识丰富情趣，教学声情并茂，生动熟练，引人入胜。课堂上总引导我们争相发言，无论对与错，都能得到他的表扬和鼓励，从不训斥。班里有位同学，总爱吵架，有理无理压人三分，同学们难和他相处，张老师从没在班上点名批评他，都是背后找他促膝谈心，还在班会上表扬他值日负责，黑板擦得干净，张老师的一番心血终于改变了这位同学，开始变得积极为班里做好事，学习的潜能也被调动起来，成绩提高得很快，还能主动帮助学习吃力的同学，成了班上的标兵。

常言道：严师出高徒，洪云老师的严是建立在对学生至真至诚关爱的基础上，从思想根源上调动起我们的求知欲。这种严是高层次的严，科学的严。洪云老师的思想工作方法，深深打动了我，我接受老师的方法，用到工作中，使我从学校到社会上工作后，受益匪浅，赢得了一些小小的成功。作为小学老师，知识丰富，才艺全面，对培养学生个性的发展至关重要，多少成功成器的专业人才，就是从小受老师的启蒙影响和培养成长起来的。洪云老师才艺多样：风琴、二胡、坠琴在他手里，旋律是那样优美动听。班里 30 人的腰鼓队，花样多，鼓点齐，是搞各种宣传活动最受欢迎的节目之一，这些都是洪云老师组织和手把手教会的。小学的各项体育项目，洪云老师训练也很专业，学校配备了不少自己做的器械，比较齐全，城里学校能开展的，我们都能开展，这在农村学校是不多见的。

在高中，我又遇到了相似的班主任盖兴群老师，他在高中读书时就是品学兼优的好学生班干部，一毕业就被选进学校。他有非凡的工作热情，班级的方方面面总是要求我们做得最好，而他首先垂范，备课教案每篇都像书画艺术品，字迹隽秀，内容周全，图文并茂。高中数学系统熟练，尤其平面三角和代数的指对函数，能由浅入深，由因推果，环环相扣，系列公式串联成组，讲得清楚透彻，明白易记。至今，30 多年了，那 50 多个三角公式我还能准确的写出来。他上课，从不满堂灌，总要留出 15 分钟左右，让同学们讨论发表自己的理解和观点。

兴群老师最喜欢大家能提出问题，总是给予肯定和赞扬，不当的地方予以指导和纠正。他说“只要动脑筋琢磨，就没有理解不了的难题”。这种启发鼓励的教学方法，有效调动我们学习的主动性，原本单调枯燥抽象的数学，我们觉得趣味十足。安里村办高中，各科成绩不低于正规高中，尤其数学更为突出。兴群老师多才多艺。他识简谱，写歌词，谱曲子，编节目，样样精通，竹笛吹得很上水平，每次表演都赢得经久的掌声。勤工俭学，无论什么项目他都冲在前面，劳动成果比班里体力最棒的学生还多。

后来他从民办教师考上了栖霞师范，是三好学生、班干部。毕业后分配到了莱阳教师进修学校，由于培训教学工作出色，被提为校总务主任。他的孩子很有出息，以优异成绩考取国外留学硕博连读。多年后我从大连回家专程去拜访兴群老师，他家里没有一件像样的家具摆设，甚至房间也没装修，只是简单地粉刷了一下。师母告诉我，兴群老师很知足，常说“比在农村强多了”。为供孩子上学，他能省就省，舍不得花钱，学校后勤仓库很大，物品齐全，可他连一个钉子也不私拿。

洪云、兴群两位老师去世多年，我以悲痛崇敬的心情写下了这份粗浅的文章，谨表示对老师的敬仰和怀念。其实，安里学校这方苗圃之所以能育出那么多栋梁之才，离不开全体教师这一辛勤的园丁群体，他们根植于家乡的沃土中，一心扑在教书育人的岗位上，倾心血，洒热汗，每一位都是一首感人至深的“红烛颂”的赞歌。

一个值得看齐的人

——记我们初中班长盖天学

文 / 张玉秋、张正玉

盖天学是俺俩初中的班长。他学习刻苦，成绩优秀，有很强的组织能力。他以身作则，把全班凝聚成合力，因而俺班在文化学习及各项活动中成绩突出，在全公社 20 多个平行班中，遥遥领先。班主任说他是最得力的助手，科任老师称赞他是全面发展的好学生，同学们则把他作为学习的标兵。公社专职分管教育的领导，当时在俺村驻点，每到一所学校都会提到我们班，赞扬我们的班长盖天学。1972 年所谓“教育回潮”，重视文化课学习，改变了多年升级不考的惯例，初升高成绩名列前茅。高中二年半，他仍然是班干部，虽说我们不是一个班，但他仍常和我们讨论学习，开展文体活动。

40 年过去了，中学时代那火热的学校生活历历在目。今天，听说要写安里学校校志，非常高兴。俺俩要写写当年的班长。多少年来，我们所了解的天学同学，值得在校史上留下一笔。

1975 年我们高中毕业，那时没有高考。回乡后天学在猪场学劳作，天学的父亲是我们镇上供销合作社最早发起人之一，在供销战线几十年如一日，享有很高的声誉。县社据天学的表现，决定选他为供销社“亦工亦农”的合同工。他先后在大夼、姜疃、团旺供销社的生资、五金等部门工作。他认真学习，刻苦钻研业务，技术水平不断提高，在市社组织的3次业务技术比武中，均获得第一名，受到了市社的嘉奖。他从最基层做起，动脑筋，想点子，跑村，下队，入户为发展农村经济、服务农业生产，提高经济效益做出了显著的成绩，因此，他光荣地加入了中国共产党，后被提拔为姜疃供销社副主任。不久，上级决定让他挑更重的担子，调他到柏林庄供销社担任第一把手。柏林庄在县城城郊，许多人把柏林庄作为进城的跳板。供销社职工，有背景的不少，本职工作不努力，不把供销社作为长期岗位，精力用在托关系、找门子进城，单位人心涣散，经营困难，亏损严重，是一个出名的烂摊子，群众意见很大。天学上任后，深入职工群众，作认真细致的调查研究，掌握了第一手资料，制定各项规章制度及经济指标，并大胆创试“兵选将、将点兵”的自由劳动组合，实行了经营目标责任制（抵押承包）。他以身作则，埋头苦干，秉公办事，为职工解决家庭困难，把老职工子女未就业的及部分骨干的家属都招到供销社工作，解决他们的后顾之忧。一系列的举措，充分调动了广大干部职工的积极性，面貌焕然一新，连续多年各项经济指标在全系统名列前茅，得到了职工的好评、社会的认可及上级部门表扬（1984年、1992年分别获得山东省“供销系统文明标兵”和“先进工作者”称号）。

在天学“亦工亦农”后第二年，停止了10年的高考恢复，天学早就盼着这一天。正当他信心十足准备迎考时，领导谈话让他安心供销工作，并承诺以后会送他外出培训。天学心里虽然难受，还是服从了组织的安排。随职务的变动，他的责任也越来越大，自觉知识不足，先后3次参加供销职工大学（经济管理）、莱阳农学院（工民建）、省农干院（企业管理）学习，不仅弥补了没参加高考的遗憾，并在2001年以优异成绩通过了职称资格考评（高级经济师）。

1989年，天学得知初中班主任现在市招办工作的盖永才老师身患重病，他经常抽时间看望，在生活和精神上给老师很大地安慰和帮助。

盖兴群比我们高一级，也是班长，学习成绩、工作能力和天学有很多共同点。盖兴群师范毕业后，分到市教师进修学校工作，妻子无工作，两个孩子上大学，经济拮据。2005年11月3日，车祸不幸夺去了盖兴群的生命，家庭擎天柱倒了，妻子儿女陷入无边悲痛。面对残酷的现实，天学和自己爱人全身心地投入到兴群后事的处理中。当时车祸肇事者胡搅蛮缠，推脱责任，即使是法院判决了还是不服，以没偿还能力为由一再推托，天学出面全权代表兴群一家交涉，据理力争，通过各种渠道，跑法院、劳动部门几十次，最终在盖东彦等法官的支持帮助下，于 2014 年春结束了八年的马拉松官司，为兴群一家讨回了公道。

天学从岗位内退后，他仍以积极的态度对待生活，看孩子，练身体，开荒种菜，并主动争取为单位和他人做力所能及的工作，平凡而充实。这就是当年我们的班长，一个值得我们学习看齐的人。

母校啊　母校

——安里学校留给我的回忆

文 / 江翠洁

安里学校在 1977-1979 年，办过 3 届高中班。我就是这 3 届高中班毕业生的一员。

我从一年级进入校门开始，由小到大，一连 9 年。这 9 年，是我最难忘的 9 年，也是我最快乐、最幸福的 9 年。有许多许多美好的记忆，经常会呈现在眼前。从小学到高中，我一直没有离开过安里学校。同学之间都是一个村子两少无猜的少年，相互都很熟悉，直到现在我们已年过半百，同学见面还是很亲切。

记得我们是 69 年上的小学一年级，因为是“文化大革命”期间，我们的年龄大约都是 10 岁左右，那时候听说要上学是很高兴的事，学校就我们村的西边，一进学校是 3 个拱形大门洞。我当时被分到了一年级二班，教室是在第一排房右侧的第一个教室里，当时的课桌是用泥巴和碎砖垒起来的，凳子是用一块长条板两头用砖支起的。我们的第一个班主任是盖洪涛老师，二年级先是张洪云老师，后来是张正齐老师，再后来是张玉京老师。记得有一次考试，摸写“彻底”两字，全班只有我一个人写对了，盖洪涛老师表扬了我，当时我特高兴。

冬天，只有天很冷了教室里才能生炉子。那时候同学们家里都很穷，穿的都很单薄，在安排座位的时候，大部分同学都想靠在炉子旁，我主动向老师提出，让我在靠门的地方，盖洪涛老师在全班表扬了我。等到了三年级、四年级时候，我们又到了学校第一排西边的教室。有一天，盖中贤没来上课，老师问他的同桌兰维洪，兰维洪马上站起来说："老师，盖中贤说他今天肚子疼，让我代他请假。"老师说："难道昨天就能知道今天会肚子疼吗？"全班同学笑成一团。

我记得，张玉京老师从二年级开始到五年级就一直是我们的班主任，盖向东老师给我们教音乐。我们在二年级学会了打腰鼓，每当上体育课或放学后，我们便在学校排练，学校或村里有重大活动，我们都会上台表演。有时候我们沿着村里的大街去宣传，有时候我们还到姜疃集上去宣传。那时，没有统一的演出服装，更没有校服，为了能保证演出效果，老师要求统一服装。我们便到邻居家里去借衣服。谁家里有新媳妇，必定有大红袄，有时为了借到一件满意合格的演出服，我们常常跑遍全村才能借齐。

我们上学的年代，是"文化大革命"中后期，学校和村里经常召开忆苦思甜大会，请村里的贫下中农代表盖洪双作报告，中午不准回家吃饭，全村统一在东庙台下吃"忆苦思甜饭"。所谓忆苦思甜饭，是用晒干了的地瓜叶做的，加上一点点玉米面，蒸成饭团。小时候，我们只是感觉很难吃，无法下咽。可是，我们不知道这种黢黑黢黑的菜团子，过去人们用来糊口、赖以生存。现在人们外出的时候，特意花钱买菜叶团子吃，真是今非昔比啊。

到了初中，我们又搬到了学校第三排最东边的教室里，当时是张正齐老师任我们的班主任，那时候，学校搞勤工俭学创收活动，如麦收后到麦地里拣麦穗；秋天到地里搞小复收，揽地瓜、揽花生。为了能揽的多一些，我们自带午饭在山上吃，一天连口水都喝不上，但是大家没有一个叫苦的。盖仁兰同学是我们班最能干的，她高高的个子，每次复收回来她的收获最多，是全班的第一名。我们还割青草、捋槐树叶等，只要能卖的东西我们都要。为此我们班的收

一年一度"小秋收"，翻山越岭汗水流。
不怕苦来不怕累，七天夺个大丰收。

入是全校最多的，张正齐老师还让我担任班里的会计。我们用复收的收入，到供销社买来了新布，再由学校的缝纫组统一做成校服，黑色的、蓝色的、白色的，每人好几件，我们可高兴了，有的同学还是第一次穿新衣服呢。每次发校服，同学们就如过年一样高兴，我们的父母更不用说了。

初中毕业时，由于受当时“学习无用论”的影响，很多家长都不让孩子上高中了，所以我们原来的两个班就合并为一个班。我们的教室在学校第五排房子最西边的那间教室，盖兴群老师是我们的班主任。那时我是班里个子比较高的，坐在教室的后边，有一天上课前，突然下雨了，同学们急忙到院子里抢收晾晒的槐树叶。而我当时在教室最后面的凳子上睡着了，还打起了呼噜。上课时大家回来了，我还在睡，盖兴群老师见状便特意提问我，同座的盖中梁同学赶忙把我叫醒，全班同学都哈哈大笑。我知道了事情经过，羞得恨不能立马找个地缝钻进去。

70年代末，中国女排精神风靡全国，也影响了我们这个乡村中学，学校成立了女子排球队，盖仁兰、盖美丽、盖美卿、张玉珍、张磊琴和我，被挑选为女子排球队队员，是我们校队的主力，我们那个自豪、那个骄傲啊。课余时间经过刻苦的训练，我们参加了公社组织的各学校之间排球比赛，并获得了全公社排球比赛第一名的好成绩。那时候，真的梦想过自己有一天，也能像女排那样，站在高高的领奖台上，为国争光呢。

那时候，同学们之间很团结，都能无私帮助。记得有一天午睡，我对她们说我家的菜地干了没人浇水，她们听了后立刻说“我们帮你浇”，于是盖美卿、兰蕾花、盖美丽和我一起，回家拿了扁担水桶，跑到我们家的菜地里，把菜一口气浇完了。当我们回到学校，已经迟到了，结果被老师罚了站。学校的第四排教室前的院子里，建了一排猪圈养了猪，我们班里几个个子高的同学负责喂猪；到了冬天我们还要生火温猪食，打扫猪圈，我们的手都冻得红红的，但我们没有一个叫苦。每天，我们都到大队豆腐坊去挑豆渣喂猪，每当把一头猪喂肥了，就要卖给供销社。猪卖了，给学校增加了收入，老师都会表扬我们这几个同学。

1977年恢复高考后，我们七八级学生，是安里学校第二届参加高考的高中毕业生，当时盖兴群老师刚结婚，为了让我们复习好功课，他把新房腾出来，利用晚上和假日时间给我们辅导功课，不收任何报酬。直到现在我们都很感激他，也很惦记他。

在安里学校的9年学生生活，是我童年少年的美好回忆，我的恩师们把我从一个不懂事的孩子培养为一个有理想、有文化、有责任的青年，我们受到良好的思想道德教育，使我们在日后的社会生活中，能正确把握人生方向，努力积极工作，成为一个社会有用之人。

那个年代@山楂树

文/张鲁燕

1988年的秋季开学，6岁的我直接读了学前大班，由此拉开我在新安小学的6年时光。

学前班，过年发奖状，没我的份，只好回家扯谎说“老师讲今年的奖状不够发，明年再发给我”。这个一直被他们笑话我至今。不过好在以后每年都能拿奖状，以此证明了几乎整个小学时代我都是个“好学生”。

拾干柴，摘松果，教室寒冬生炉火，“抗大精神”①大发扬，条件改善靠自我。

小学时候学写毛笔字，手总是抖啊抖的，负责教毛笔字的老师就用细细的木鞭敲一下手背，于是手抖得更厉害，写得更歪歪扭扭。但是现在想起来一点都不记恨他。我还记得他是一个黑瘦的小老头，喜欢穿中山装，一到天冷就戴一顶半沿的老头帽，微驼着背，到了上下课的点就急急匆匆去敲响挂在院子里那口铁钟。

---

① **“抗大精神”**
是指延安时期的抗日军政大学，发扬我党我军的优良传统，在条件十分艰苦的情况下坚持办学，简称“抗大精神”。

操场上的柳树，我们常用来荡秋千。有一次我从上面仰面摔下来，爬起来半天才喘过气，摸了摸背上就吓坏了，对同学说，完了完了，我背上的骨头摔成一截一截的了。

操场南面的滑梯、转盘、跷跷板，油漆总是掩盖不住铁锈。欧米伽形状的水泥院门旁，那个胖胖的我们都叫她姥姥的老太太经常会在，提着捡的垃圾，坐在石台上等着我们下课，分我们糖果吃。

那时候，学校后面还有一片果园，记得是种的山楂树。

终于盼到了收获的季节，红艳艳的山楂果挂满枝头，随风摇曳着，仿佛一嘟噜、一串串的红玛瑙。其实自打山楂开始泛红，我的小心脏就不断激动了，多么希望山楂快点熟了。我倒不是非想着要吃山楂，只是希望能享受一下收获的喜悦，放松放松学习压力和劳累的身心。采摘山楂的那一天，老师让男同学负责踩着梯子爬到树上摘，女生就在下面提着篮子捡树上扔下来的山楂。男同学在树上连摇带摘，大把大把的山楂果就落到了女生们手中的篮子里。一不留神，就会有山楂果从树上掉下来，“吧嗒、吧嗒”打在女生的头上，引起我们一阵阵此起彼伏的大呼小叫。那个开心啊，那个快乐啊。到了收工的时候，我们每个人的牙都酸得不行。晚上回家吃饭，竟然不敢嚼东西了。

冬天的时候，教室里生起炉子，暖烘烘的，有时候上课就会偷偷打盹。下课以后，女生就喜欢聚在教室后门，在阳光下，给某一个捉头上的虱子。

毕业的时候，我们买了一堆西瓜，一群人就聚在教室里面吃西瓜，然后捧着鼓鼓的肚子，挥别了我们的小学时代。

安里学校带给我的回忆

文 / 辛凤云

1999年8月1日，我怀着忐忑而又高兴的心情，打点行装来到姜疃安里学校，让我有机会接触这里的一草一木，我觉得自己能在这么好的学校任教，从心里感到高兴；同时也感觉自己的肩上责任重大，能否把学校交给自己的任务圆满完成，

初中教师，辅导晚自习，备课。小学老师晚上家访，给后进生补课。村民说："安里疃，老师起最早，睡得最晚。"

心里常常自问，夜不能眠。另外，我的心里还有一个好奇：自1979年恢复高考以来，这个学校每年在全镇的高考成绩，为什么总是名列前茅？我想知道这个奥秘。

开始接触学生，走访家长，倾听村委会领导的嘱托，和家长期盼的心声，心中的奥秘渐渐有了清晰的脉络，我将安里学校之所以如此耀目突出的成绩，总结出了四个闪光点：

一、村"两委"对学习重视，舍得投入

走进安里学校，你可以看到全镇第一家建成的教学楼，那在莱阳的农村是独一无二的。校园的绿化、美化、硬化都是一流的：诺大的校园、美丽的花草树木、宽阔的操场、齐备的体育器材、齐全的教学仪器；实验室、阅览室、大礼堂、光照明亮的教室……无不渗透着安里村"两委"领导和全体村民的大力支持和倾注的心血。

二、家长的支持

我在担任教学之外，还负责学校后勤等。工作的需要，所以有机会亲眼目睹安里家长对老师工作的支持，举几例小事为例：

每学期收取学费、学杂费，家长们没有一个不交或迟交的。收取学费的那几天，每天早晨8点前，家长们早早就将钱准备好了，等待姜疃农行的孙行长来到学校，帮助老师们收取学费。每次收完学费，看着一大堆一张一张的纸币，有的甚至是一毛一毛的毛票，我心里十分感动，这都是孩子的父母用汗水和辛勤劳动换来的啊。孙行长多次对我和校长说："全镇的学校，你们学校都是交得最早、最齐的，这里的家长确实太支持教育了。"

无偿义务为邻村学生做饭。当时安里属于联办小学，除了本村学生外，邻村上夼的学生也在这个学校读书。本村的孩子中午回家吃饭，而离家四五里地上夼的孩子们，他们自带午餐，中午在学校吃饭。冬季天冷，决不能让孩子们吃凉饭。安里村委领导为学校找了村里干净利索的妇女，担任学校炊事员，为学生们蒸饭、烧水。不要上夼村的学生家长出一分钱。无论冬夏，学生们冬有热饭夏有凉开。更可贵的是，做饭需要的柴草，安里村没用上夼的学生家长送一点点，都是安里村家长们，按时往学校伙房运柴送草，屋子里做饭用的柴火什么时候都是满满的。这件事让学校老师和上夼村的学生家长非常感动。

烈属老奶奶的心意。村里有一位烈属老奶奶，当时也快 70 岁了。她每天到学校义务打扫卫生，把孩子们丢在地上的废纸捡起来卖废品，卖了钱再给孩子们买水果，送给孩子们和老师吃。有一天她病了，我班的班长盖帅同学，在小黑板上写上"老奶奶病了，大家捐钱去看望她吧"，挂在教室里。结果还没等老师和校长知道这件事，大家已经把自己舍不得的零花钱捐了 83 元，送给了老奶奶。老奶奶感动得流泪了，等她病好了之后，找到村领导说什么也不要孩子们的钱。村领导代表老奶奶把钱送到学校，表扬孩子们懂得孝敬老人，让老师们把钱退还给孩子们。教师节到了，学校请老奶奶坐在主席台前排，老师和学生都称呼她为"编外老师"。

三、教师团结、敬业、工作认真

记得当时我们的校长叫盖志魁，他得了甲肝，需要在家里休息 3 个月，可他在病中还惦记着学校的工作。为了让他安心养病，副校长盖玉伦与其他的老师们，就分担了他的工作和教学任务，让他安心养病休息。位淑杰老师胳膊摔断了，为了不耽误学生们上课，还没有痊愈，她就吊着一只胳膊，天天到校上课；江树正老师身患重病，经检查医生说是癌症，手术后他不在家里休息，仍然坚持在课堂，直到生命最后时刻，才 47 岁的年华就永远离开了他眷恋的孩子们和讲台；女教师盖松林的丈夫是个军人，在外地当兵，她每年只有一次探亲假。可是松林老师为了不耽误教学，从来没有请过一次假去外地探亲。她还要自己带孩子，照顾父母。有一年学校放假，教师们都要轮流护校。我对松林老师说“不安排你的护校任务，你赶快走吧”。可她说“老师们都很忙，我护完校再走”。老教师于言美利用课间修剪校园的花草，收拾房子，打扫厕所，从不讲报酬……这样的例子不胜枚举。

我作为后勤主任，老师们的事迹让我感动，所以每年的正月十五、中秋节、春节五天夜晚的护校我都自己干，为的是让老师们在家里过个团圆节。如今15年过去了，老师们这些感人的事迹，仍然历历在目，恍如昨天。每年全镇、全市的统考成绩，难怪安里联小每个班级、每次都是名列前茅。在这些成绩的背后，老师们付出了怎样的心血汗水、留下了多少个感人的故事啊。

四、学生们辛勤好学、求知上进

每天早上当你走进安里校园，首先看到的是在院子里打扫卫生的值日学生，听到的是各个教室传来的朗朗书声——这是同学们在上早自习，院子里没有学生在玩耍的。记得我教的第一个毕业班，学习委员叫盖晓同得了甲肝，无奈在家休息，每次我去她家补课，都看见她趴在桌子前认真读书做题。家长说，让她多躺一会孩子都不肯。前年，这个学生考上了大学。有一个叫张军芝的同学担任班长，学习成绩优秀，不幸的是母亲得了重病，当年才39岁。弥留之际我去家里看望，他母亲紧紧拉着我的手，眼含热泪拜托我说：“老师啊，我死了以后，可千万别叫我的孩子不念书，只有好好念书将来才有出息。”母亲去世后，他父亲外出打工挣钱，偿还母亲治病留下的债务，张军芝同学自己做饭、做家务，克服各种困难坚持上学读书，后来，他终于考上自己理想的大学，告慰了母亲的在天之灵。我教的另一个班级，有个叫盖格格的同学，父母经商没有时间照管孩子，放学后她自己在家玩电脑游戏入了迷，学习成绩班级最差。家长找到我说实在没法教育了。我对她经过半个学期的教育帮助和认真补课，一年后她成为班级学习成绩第一名，到初中时，仍一直是全镇级部第一。五年级第二学期时，全镇举办写作比赛，我班选了5名学生代表安里联小参加，盖格格同学是其中之一。到丰台中学先参观、考察，后自己命题即兴写作，结果我校得了第一。还有一位叫江文俊的学生，因胃病做了手术后，医生告诉要休学，可他坚持不肯，每天要母亲送到学校。那时班里学生的微机课、英语课，都要到姜疃中心小学去上，每星期要分别上一个上午、一个下午，每次都是我用自行车推着他去上课，从没间断。结果一个学期下来他的成绩十分优秀，去年他考上了大学，特意到我家里报喜，告诉我他考上大学的喜讯。

同学们的勤奋来之于严格的家教，优秀的成绩得益于老师们的辛勤教诲。村委会领导的大力支持、村里纯朴的民风，形成了安里村良好的求学风气，这样的风气世世相传，人才代代辈出，终于使我找到了答案，也明白了安里学校为什么年年高考在全镇、全市名列前茅的秘密。

虽然安里学校已经撤并，但是那些闪光的岁月、那些感人的往事，不应随着世事的变迁而湮没。对这次撰写安里校志一事，我做为一名曾经在那里工作过的教师，十分支持；作为当事人，能留下我这些琐碎的文字，十分欣慰、感谢。

朗朗读书声　何时再响起

文/盖艾玲

记得那是10年前，春节后的某天，老家来的亲戚告诉我：“你们安里村那座小学，撤了。”

闻听这个消息，我半天无语，说不出来的惆怅、无以言表的遗憾，心中泛起无边涟漪，我甚至清楚地感觉到，我的心脏骤然跳得不那么规律。我想：从此莱阳大地的版图上，在姜疃镇安里村，在我的老家，我出生成长的地方，再也找不到一个叫“安里学校”的名字；“安里村西学堂”这个古老的校园，再也没有了朗朗的读书声。

从悠远的上个世纪30年代诞生，抗日战争的炮火，解放战争的硝烟，她曾经目睹过、经历过；她像母亲一样，带着安里村一辈辈的莘莘学子，一路走来；有谁，能像她一样，哺育培养了一大批天之骄子、国之栋梁。和我一样从这个学校走出去的读书人，谁的记忆深处，能不记得——那春风里奔跑的身影、那校园中如花的笑脸、那教室里如饥似渴地求知……那些承载着我们童年、少年求学时一切的美好时光，几十年留存在我们脑海里无可替代、不能磨灭的记忆密码，都将随着这座学校的消失，落英飘零，散落一地，无可收拾。

我们都乃一介草民，没有权利对国家政策说是道非，在安里学校已经消失10年后的今天，重新回顾这件事。在新的国家领导人给予老百姓的“话语权”“知情权”，在言论环境相对宽松的情况下，我们还有权表达自己的看法，叙说自己的深思。

计划生育政策实施30年来，人口出生比率逐渐减低，学龄儿童逐年下降，进入21世纪，城镇化的兴起，农民务工进城，都导致了乡村的衰落，这是历史前进脚步的副产品。实际上，自打上个世纪90年代中后期，在中国的农村，陆续就有一些中小学在不断消失，但那大部分是自然规律的选择，如果一个村庄、一个学校，每年招生只有几个人、十几个人，学校工作难以为继的情况下，自然淘汰那是必然的。地方政府为了规范整合教育资源，顺应教育形势发展的需要，开始将一些招生困难、师资不足、学生数量较少的农村中小学，向乡镇、中心地区集中。撤并中小学，整合教育资源，乃是大势所趋。

2003年，国务院颁发了《关于基础教育与发展改革的决定》，正是这个《决定》，使广大农村地区实行“撤点并校”的风潮达到顶峰。据网络、报纸披露有案可查的数据，从1997年到2010年的14年间，全国减少小学371470所，其中农村小学减少302099所，占全国小学总减少量的81.3%。自1997年以来，这14年间，平均每天有64所农村小学消失。

同时，随着这项政策的推行，也开始出现一些负面情况：由于生源往城镇学校集中，出现了“大班额”现象，一个班七、八十名学生，老师教学无暇一一顾及；校车超载、司机无证等屡屡引发问题，造成学生伤亡，导致社会和家长诟语；学生寄宿校内，校方疏于管理造成的后遗症等等……

在此，我首先为撤并后的安里学生感到庆幸，他们上学离家不算太远，不需要寄宿在学校，故家长不用更多的经济负担；来到姜疃的中心小学，教学设施、环境各方面的条件相对都好。然而，那些千千万万离开家门到更远地方读书的孩子们，恐怕就没有那么幸运吧。否则，为什么国家、政府等有关制定政策的部门，对于这项牵扯千家万户、涉及中华民族未来的事情，一个文件跟着一个文件下发，一项法规接着一项法规的颁布，对地方各级政府领导，似乎唯恐执行政策走偏，中央简直就像一个操心至极的家长，对下级政府千叮咛万嘱咐。缘何如此？

请仔细浏览一下这些年来媒体报道的小学校车问题，可谓步步惊心：只要在网上搜索一下“校车事故”，几十万条信息跃入眼帘，每一条都血泪交织，中小学学生、幼儿园儿童，校车发生事故的报道充斥媒体，成千上万的学生或亡或伤，每一条生命后面，都是一个个痛不欲生的父母；

农村中小学撤并的是与非，结论过早。近年来国务院、教育部等相关部门下发的文件，前前后后却发生了微妙的变化：

2012年1月20日，国家教育部发布了《教育部2012年工作要点》，关于中小学布局调整，用词变得谨慎起来，即“坚持办好必要的村小学和教学点，审慎推进义务教育学校布局调整”。这是新的一届领导上任后，对之前“撤点并校”出现偏差问题后的纠正。

也是2012年，国务院办公厅以国办发〔2012〕48号文件，《关于规范农村义务教育学校布局调整的意见》，从“农村义务教育学校布局的总体要求”“义务教育学校布局规划”“严格规范学校撤并程序和行为”“办好村小学和教学点”“解决学校撤并带来的突出问题”等五大方面做出详细规范。有意思的是，这份《意见》中明确要求：“严格规范学校撤并，已经撤并的学校或教学点，确有必要的应当恢复。在义务教育学校布局规划获得批准之前，暂停义务教育学校撤并。学校撤并要通过举行听证会等多种有效途径，县级政府必须严格履行撤并方案的制定、论证、公示、报批等程序。”并且明确提到“提高村小学和教学点的生均公用经费标准，对学生规模不足100人的村小学和教学点按100人核定公用经费，保证其正常运转。”这为农村保留小规模村小，提供了政策依据，对一阵风、一刀切式的“撤点并校”予以紧急叫停。

一项重大的国家决策，推行实施10年后，又被国家叫停、暂缓、打了折扣。读后令人五味杂陈，感慨万端。

在此，援引中国青年报2011年12月24日的文章内容：

北京大学教育学院教授康健，在接受《中国青年报》记者采访时认为，那些容易暴露的表面问题，“甚至称不上主要问题。”他认为，“撤并村校带来的亲情断裂和乡土认同的迷失，是更值得反省的问题。”而21世纪教育研究院副院长熊丙奇也认为，朗朗书声在很多农村消失，农村越发显得缺乏生气。因为读书声是乡村文化的重要元素，乡村也会因为有学校而变得完整。同时，乡村教师作为乡间的“知识分子”，也扮演着无可替代的推崇知识和传播文化的角色，但撤点并校却切割了文化与乡土之间的联系。康健说，撤点并校政策已经实施10年了，“现在需要做大量的实际效果评估，以评估这个政策是否真的有效。”

专家和学者们的评介、见解，应该比我们高明得多吧，期待着他们对这项政策进行大量调查的前提下，进行评估；期待着历史给与这项国策一个正确的评价，给我们这一代人一个满意的交代；期待若干年以后，人口增加，生源富足，安里村或许又会建立一座新的校园，又会重新响起朗朗的读书声。

看窗外，烟雨迷离，柳枝摇曳，又是一个春天来到了。

你说， 我这是不是一场春梦？

思念家乡

文 / 邢一夫

我的家乡安里，是一座秀丽的村庄——
村西是平坦肥沃的田野，
其余三面是连绵起伏的山岗。
一条清清小溪，围着村边蜿蜒流淌。
村庄不远处，是乡里颇有名气的景点胜场：
凤山宝塔高高矗立，瑶头水库碧波荡漾；
宋格庄草莓天下数一，姜疃校园非同凡响；
西门口山泉清澈甘甜，鲁花牌食油名扬四方；
民间流传着不少动人的故事，
那是人们对美好生活的向往。
春天来了，溪边垂柳吐出嫩绿的枝条，
随风摇曳飞荡；
学生们放学时，随手截下一段扭一扭，
抽出条心，做成柳哨，把儿歌吹唱。
田地里，麦苗节节拔高抽穗，
麦浪滚滚，飘出阵阵清香。
傍晚时分，家家户户烟囱里，

缕缕青烟扶摇直上，描绘出一幅典型的北方农村景象。
夏日里，男女老少晚饭后，齐聚街头乘凉。
月光下孩童们做着各种游戏，嬉闹无间；
大人们则谈天道地，拉拉家常，期盼着年年丰收满仓。
少年时代，我在这里生活学习成长，
长大后响应祖国号召，弃笔从戎，穿上军装。
离别家乡时，流下热泪两行。
如今在外已历经半个世纪的风雨，
家乡的山水田园依然令人心驰神往，
家乡的父老百姓勤劳节俭，温厚善良，
这朴实品格更令我敬佩赞赏。
五十多年来，每时每刻都在思念着家乡，即使是在梦里，亦不能相忘。
由此也从心底里默默为家乡祝福，
希望您明天更加宁静祥和，乡亲们更加富足安康。

七律·情忆母校

文/盖月文

回首当年求学童，山村茅舍始开蒙。
书声稚朗迷堂燕，脚步轻盈逐校钟。
几度园丁耕日月，数番桃李遍西东。
流光风景依稀在，多少情怀笔墨中。

七律·怀念安里学校

文/江守涛

风雨兼程七十年，忠肝义胆筑摇篮。
厚德忘私能容物，自立为公不惮难。
畅和春风育桃李，酣醉秋色染诗篇。
往昔璀璨可追忆，回首满目尽青山。

岁月如梭

文/张维荣

岁月如梭　光阴似箭
五十年岁月　弹指一挥间
回首往事　勾起故事一串串——
童趣　花絮一样轻灵　随风尽情地舒展
二十年稚气的我 轻舞着　洁白的花朵 憧憬着七彩梦幻
青春　是那样的美妙　像优美的旋律　在生活的空间荡漾
二十年固执的我　调不准　生活的琴弦
空留下　不尽的遗憾
壮年　人生的加油站
我似一架老车　需要修检
保证完好的发动机　调整好刹车　稳定住方向盘
不怕道路崎岖　不惧激流险滩　只争朝夕　向前　向前

匆匆的流年　雨　汇成脚下的海洋
风　聚成身边的沙山
拾起有趣的往事　抛却邪思杂念
迎风雨远望　顶霜雪前行
唱大风　时间　时间
校友们　你们是否也有同感

往事并不如烟

——致故乡　致母校　致老师

文/盖艾玲

那些久远而珍贵的回忆
一直在我心里积累沉淀；
那些凋零了的岁月花瓣
一直盛开在我的心间；
那一张张亲切的面容
时常在我脑海浮现；
那些如烟的往事
怎能让它随风飘散。
故乡的炊烟
妈妈的呼唤，
母校的书香
殷切的期盼。
曾记否？教室外
风仙花弹出的饱满籽粒
如同你播下的知识种子洒满校园；
曾记否？院子里

芍药枝头忙碌的蜜蜂身影
伴随着我们一张张笑脸。
三尺讲台上
留下多少循环往复的脚印
——你吐气如兰；
简陋的操场上
奔跑着多少求知若渴的农家儿女
——我宏愿齐天。
花生　鸡蛋　小米换来的学费
那一张纸币　不带着父亲的体温？
瓜干　饼子　咸菜
是母亲每日辛劳　操齐的一日三餐。
理想与希望并存
心向外面的大千世界
外面的辽阔天空；
如蜡烛般燃烧自己　您春风化雨
润物无声
似水流年。
故乡　村庄　母校，
浓缩成一组组历史的雕像
在岁月深处　默默守望；
奋进拼搏向上
乡下孩子涌入城里人海　茫茫不见；
老师　学友　亲人
幻化成一串串昂扬的生命音符　伴我同行；
回忆　感恩　力量
飘荡回响在我心中　并不遥远的地平线。
这里的一山一水　鸟语花香
都是我征途中跌倒又爬起来
前往疗伤的心理诊所；

这里的一草一木　绿荫遍地
都和我取得的所谓功名利禄
水乳交融
梦萦魂牵。
这里的农家饭菜哺育了我的血肉之躯
那是生我养我的故乡热土；
这里的每一捧泥土
都是收藏我祖辈父母尊尊遗骨的桑梓地
蕴藏了多少我心中不能触碰的痛啊
——我的泪泉
胼手胝足的亲人们
我终生割舍不下的亲情和乡恋
——我的爱源。
这里的木桌矮凳为我翻开人生启蒙第一页
万里航程　从此扬起高高风帆。
多少年奔波流连
我徜徉在城市的车水马龙
霓虹高闪；
多少次旅途中　从飞机上俯瞰苍茫大地
笑指人间；
我以为我的双脚永远不必再沾泥土
早远离了那茅屋瓦舍；
几回回　睡梦里　顿然悟醒
方知道你遗传的基因
可以陪伴我到海枯石烂。
而如今　母校身影
淹没进了历史脚步的昨日皱折；
地老天荒
也带走了我那村中求学的岁岁年年。
远离故乡　更知道想家的滋味，

失去之后　才明白你是那样的不凡。
麦田里的稻草人　可曾记得我？
村口的老槐树　烙出的槐花饼是不是还那样香甜？
故乡　意味着妈妈的微笑　房顶的炊烟
母校　印刻着我纯真的脸庞　难忘的昨天。
一别三十年
再回母校前。
桃李芳菲日
累累硕果天。
拿什么来见你啊
我的故乡
我的父老
我的亲友；
拿什么回报你啊
我的母校
我的老师
我的家园。
昔日里　孜孜求学的农家儿女
铭记着这块土地对自己的嘱托
他们像一颗颗优良的种子
开花结果　枝枝蔓蔓；
在不同的领域　卓有成就
他们已锤炼为云中之龙　国之栋梁
长成了参天大树　社会中坚。
纵然我是　飞翔在万米高空的风筝，
你的手里　永远为我系着那根悠悠长线。
无论是居庙堂之高
还是处江湖之远；
哪怕你已物是人非
哪怕你旧貌再难觅见。

母校啊——
那些流逝的岁月不会消失
早变成我生命里
一圈圈厚重的年轮；
那些如烟的往事并不飘渺
全放进了我心灵的
储存空间。
光阴了无痕
平沙落归雁；
白驹忽过隙
万里望家山。
你为我留下
终生不变如宝石般的珍贵记忆；
我为你保存
一代又一代人　久久传承的
永恒信念！

题记：是夜，自安里老家返城。当日下午，回安里村与老家学校老师们，共商安里学校校志的编写事宜，至深夜12点半才回。旧日往事，历历在目，辗转不能入寐。索性起身，写下那些飞翔的思绪、涌动的感情，待停笔已是次日凌晨2点。不知是否可代表所有在外的安里学校游子，发一心声。是为记之。

七律·贺盖龙云将军

文／雷承梧

天道酬勤盖右迁，摩星岭羡将军妍。
展笺笔步东坡韵，升帐剑擎南国天。

战友沙场全好汉，将军宦海一真贤。
古今读破书千卷，督粤当如烹小鲜。

（作者系盖龙云将军原警卫连战友，湘人，1957 年生，大校。）

作者注：1. 右为尊、为大。古时升迁曰右迁、右职，降职曰左迁。

2. 摩星岭为广州白云山主峰。

3. 盖龙云著《苏东坡政论文评赏》，待出版。

4. 老子有言：治大国若烹小鲜。

三、轶事旧闻

我爷爷与功德碑

口述／盖中玉、盖善云；采访／张正齐；文字／盖艾玲

我叫盖中玉，今年 84 岁，1929 年农历 9 月生人。我爷爷盖鸿钧建学校是 1929 年开始的，1930 年正式招生，他去世是 1931 年，我才两三岁。我知道我爷爷的一些事，都是我奶奶告诉我的。我读了 6 年书，多少认识几个字，在安里小学念 4 年，在姜疃完小念 2 年。后来一直在村里务农。

2013 年 4 月 18 日，编写组张正齐采访盖中玉（中）

俺的家庭很有意思，按“文革”之前的说法“出身成分不好”，是地主。家人里面有的是革命，有的是反革命。我父亲盖振群（盖治民）1947 年被镇压，全家扫地出门；我大哥盖中周后来去了台湾，一辈子没敢回来，在台湾终老；老四盖中原 1945 年 4 月参军当八路，在华野十三

纵，解放济南时牺牲，是革命烈士，才20岁。我就是爷爷盖鸿钧墓志里面写到的那个老三盖中正。上学后，发现我的名字与当时国民政府大总统“蒋中正”犯讳，父亲因此给我改名盖中玉。

2013年4月18日，编写组张正齐采访学校创建时的瓦工领班盖功凤孙子盖善云（左二）

因为俺的家庭成分不好，过去我们都不敢向别人提老辈的事。功也罢，过也罢，反正都是多少年以前的事了。俺这些儿孙后辈因为成分问题也受过磨难。这些年好了，不用讲出身成分了，说说也无妨。

我爷爷有两个儿子，次子盖振群（字治民）是我的父亲。我听我奶奶说，学校虽说是盖鸿钧创办，其实主要是我父亲盖振群操心。我父亲那时候已经自诸城做官告老返乡，又被当时国民党莱阳县政府聘为总教育长。我爷爷去世后，都是我父亲打理学校的事情。1940年十一联中在安里办公，在瑶头村设立乡师部。那时候我已经十二、三岁，看见他经常往返安里、瑶头之间，学校还有校董负责。

我爷爷建学校的第三年因病去世，葬在村西小山的下面，我们家的茔地里。距离学校不到三、五百米，我奶奶说，这样爷爷就可以天天看见他为之操尽心血的学校了。去世后两年，也就是1933年，我父亲给他树了一个不大的墓碑，墓碑很小很小，也就半米来高的样子，上面刻着他的生辰、身世等。他捐资创办安里学校，乡亲们感念其功德，于是在另外的地方，为他树了一幢功德碑。

这幢碑树在安里村东北方向、观山西面，当初那个我们叫“北观庙”的地方，庙宇虽然拆了建学堂，但是庙基还在。庙基的东面是一条南北大道。说是大道也不是多么宽，是安里村通向西宅、马家泊等地的必经之路。碑是汉白玉质地，有十七、八岁的小伙个头那么高。我十五、六岁的时候，有时候上山干活路过那里，就过去看看。我使劲抻着胳膊，手还摸不着碑顶。碑的正面刻着“高山仰止”4个大字，我奶奶告诉我，功德碑是找了莱阳最有名的名人题写的，名人姓王，但忘记了名字。碑的后面刻着密密麻麻的小字，什么内容我那时候看过，现在也忘了，就是宣扬建校人的功德吧。当我知道了这件事情的来龙去脉时，我已经10几岁，读了好几年书，“高山仰止”4个字我都认识。

这幢功德碑于1947年前后被毁，连同盖鸿钧埋葬在小后山西我家茔地里的那个墓碑，被人砸成两截。很多年后，我在山里干活路过时，看到断成两截的石碑一直还在。现在早就不知去向了。

（采访今年88岁、村里人称之为“老八路”的盖善云，据他说，自己还记得北观庙那幢石碑。石碑非常高大，他那时候年龄小，使劲跳一下钻钻高，才能拍着石碑的顶部。）

墓碑拓片、功德碑与王小司寇爵生

文/盖艾玲

据盖鸿钧墓碑拓片记载，因其“平生懿行业经乡人君子为建碑杏山东北大道之东而王小司寇爵生先生为之文”。另，据村民盖中玉（盖鸿钧之孙）回忆：“我奶奶告诉我说，功德碑和墓碑的题字，是我父亲找了莱阳最有名的名人题写，名人姓王，但我忘了他叫什么。”

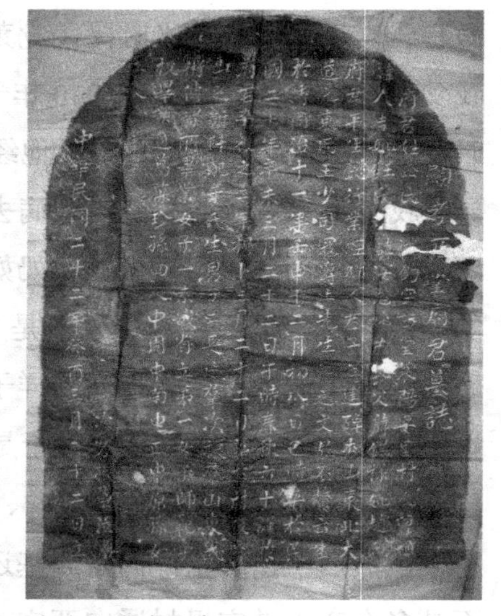
盖鸿钧墓碑拓片

那么，墓碑拓片里提到的“王小司寇爵生”到底是谁呢？

笔者查遍《莱阳市志》《莱阳古今历史文化名人》等有关史料，无不清楚的记载：“王垿（1857－1933），书法家。字爵生、觉生，号杏村、杏坊，晚号昌阳寄叟。山东莱阳人。”据此，可以肯定地说，这位“王小司寇爵生”，就是清末著名的大书法家、莱阳人王垿。

王垿，祖籍莱阳穴坊镇蚬子湾村，其十世祖迁居今姜疃镇辛庄村，十一世祖迁至莱阳城南门里杏坛坊。其曾祖、父、兄在清代无论为官、为文均名满天下。被乡人誉为“父子三翰林，一门九登科”之美称（父兰升同治十三年进士，弟塾光绪十六年进士）。

生在这样一个翰墨缵缨的官宦书香家庭，家学渊源，耳濡目染，王垿自幼聪慧而好学，5岁时生母贺氏去世，事继母于氏孝名闻于乡里。光绪十五年（1889年）中己丑科进士，钦点翰林院庶吉士，后授检讨，詹事府、右春坊右赞善，因在1894年大考翰詹时得第二名，一年后转左春坊左赞善，以后又升为右春坊中允、翰林院侍讲学士。1900年7月，八国联军进逼通州，王垿护驾西行。至西安，遂升国子监祭酒，1901年冬被慈禧赏戴花翎。1903年授河南学政，督学河南兼授翰林院学士，后升内阁学士兼礼部侍郎，1907年又署法部右侍郎兼实录馆副总裁，为光绪写《实录》。

法部右侍郎，是王垿所任的最高官职；清代设刑部，管理司法和执法；法部，为刑部里掌管司法的部门。刑部最高首脑称尚书，法部称为左、右侍郎。清代并无“司寇”的官名，那为什么墓碑拓文里称王垿为“小司寇”呢？先要从古代西周说起：

西周时期，周天子是最高裁判者。中央设大司寇，负责实践法律法令，辅佐周王行使司法权；大司寇下设小司寇，辅佐大司寇审理具体案件。大、小司寇下设专门的司法属吏。因王垿“法部右侍郎”的职责，就是负责审理具体案件，与西周时期的“小司寇”职责相同，称为“王小司寇”就有渊源可溯。

至于为什么不称“王右侍郎爵生”，而称为“王小司寇爵生”，可以说，如此称谓显得文雅、表示尊重。至于王垿为什么辞官，原因是1911年辛亥革命后，袁世凯窃取大权，王垿曾对同僚说：“吾受官于清朝，亦当退于清朝，吾不屑与袁氏共语也。”他看不起袁世凯。宣统三年（1911年）农历腊月初，王垿毅然辞官隐退。辞官后于壬子年（1912年），原本他欲携家人亲眷回祖籍莱阳，行之天津，恰遇兵变，归途受阻；焦急等待时，又闻莱阳也哗变，遂至青岛，初居宁阳路。次年2月，迁至陵县路25号建楼自居。因思念故里，遂将自己的居所称为“寄庐”。

王垿辞官后，其他尚书、侍郎等官员纷纷随其辞职。他定居青岛，一大批清朝官吏也纷沓而至，流寓岛城，这些官员中有：清朝遗老、恭亲王溥伟，军机大臣吴郁生、铁路大臣吕海环、学部侍郎刘廷琛等等，以至后来康有为也来到青岛。这些学府五车、宦海沉浮的清代大吏们，聚在一起，诗酒唱和。此期间王垿所题牌匾无数；对联条幅、中堂四屏，凡有乡人亲友索求书法，无不慨然题之。故王垿书法作品流传广泛，青岛、莱阳等胶东一带尤多。

据王垿后人回忆，王垿生活简朴，不事靡费，却乐善好施。寄居岛城期间，他还出资捐建“齐燕会馆”（即今日陵县路的海军招待所）；捐资成立“莱阳同乡会”（在无棣路）。举凡乡间水旱蝗灾，求职谋生者，皆尽积极帮助。

王埒书法工于正、隶，行、草、篆也独成自家。而其犹擅长行楷。据请行家考证，此份盖鸿钧墓志碑文，其原稿正是王埒亲笔。“高山仰止”功德碑实物早已不存，但这份墓志碑文，却让我们后人晚辈一睹神采。此墓志碑文系王埒晚年书法，较之早期他的作品，更具王埒风格。取颜体之刚道雄厚，参柳体之清劲挺拔，有苍劲飘逸之致，现神韵俱备芳华。浓墨饱笔，流水行云，真如凤凰展翅，秀木临风。为存世的王埒书法里不可多得之神品。

1934年春，王埒灵柩回归原籍莱阳，葬于莱阳城西北岔道口村王氏家族坟茔新阡。安丘赵录绩在《王侍郎序墓志铭》里，称其为“资秉绝伦，文辞壮丽”；乡人谥其父号为“文孝”，谥其兄号为“文勤”，谥王埒号为“文贞”，墓前树碑“一代完人”。

女承父志

——盖素娥创办“振坤女校”

文/盖艾玲

据盖鸿钧墓志中记载：“女子一素娥省立第一女子师范学校毕业适葛葆珍”。

盖素娥，1902年出生，1926年嫁莱西店埠乡葛家疃村人葛葆珍为妻。从其父盖鸿钧的墓志里可以知道，盖素娥毕业于山东省立女子师范。

1929年，乡绅盖鸿钧在安里村废庙兴学，创办了“安里私立旭光小学”；1930年，其女盖素娥，也在她的婆家——莱西店埠乡葛家疃，创建了一所女子学校，名为“振坤女校”。据《店埠乡志》记载：1930年（民国十九年），振坤女校建，女生17人，由盖淑娥女士任教，张秀芝捐银元20个，校址葛家疃”。此乡志里所提到的“盖淑娥”，即安里女子盖素娥。

中国女校的出现最早是20世纪初叶，1908年前后，由外国教会兴办。中国第一批女校的学生，走出过著名的宋庆龄、何香凝等革命先驱。那时候男女学生分开学校读书， 到 1920 年北大招收女生，中国首次实现男女同校。但那是在大都市。而封闭落后的乡间，女性出门抛头露脸，还是会遭到守旧派的非议。盖素娥创建女校，取名“振坤”，“坤”字在汉字里有代表女性的涵义，“振坤女校”的取名，明显是希望女子们能振奋、自强、自立。抛弃“女子无才便是德”等封建伦常，冲破封建牢笼，积极求学，争当巾帼英雄。

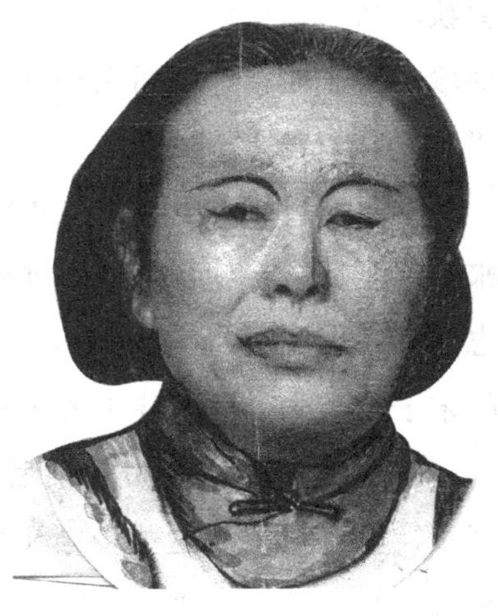

盖素娥肖像画，根据后人描述绘制，以示敬仰。

那个年代，能走出家门在外求学的女子，已经很是不凡。而做了媳妇再出外参加社会活动，更属不易。盖素娥嫁到葛家疃，1928 年女儿葛恒志出生。据现年 85 岁的葛恒志说，母亲盖素娥创办女校，得到姥爷盖鸿钧的大力支持，盖鸿钧积极支持女儿走出家门，创建“振坤女校”。学校招生范围全乡，第一批招收女生 17 人，盖素娥校长、教员一人担任。葛恒志回忆说：自己六、七岁时跟母亲上学读书，母亲给她起名“恒志”，一个女孩明显拥有男性化的名字，就是希望女儿能像男子一样，自立自强。女校实行“因性施教”的差异化教育，除了一般的常规课程外，如国文、算数、自然、地理等，还有针对性地教习女学生们礼仪、女红、剪纸等许多实用性的课程。女校的开办，使饱受封建压迫的妇女们开始挣脱枷锁，开阔了眼界，这些没有受过任何教育的乡村女子，在盖素娥所传授的新思想、新文化的教育下，她们之中有的继续到外面求学，有的后期积极投身到抗战前线，走上了新的人生道路。

随着社会的发展，后来学校开始招收男生，实现了男女同校。盖素娥在学校任教多年，据葛家疃村委主任张红新（盖素娥的外甥、葛恒志的次子）介绍说，至今村里 75 岁以上的老人，几乎都知道那段历史，他们大多师从盖素娥读过书。至今提起那段往事，老人们无不赞誉盖素娥创建女校、任师执教的历史；尤其夸盖素娥写一手漂亮的毛笔字。

1929 年父亲盖鸿钧在安里办学，1930 年盖素娥在葛家疃办学，从娘家到婆家，盖素娥秉承父志，创办女校，得到了婆家人和娘家人两方的支持。值得一提的是盖素娥的丈夫葛葆珍。张红新介绍说，他的姥爷葛葆珍也是乡绅门第，祖上多人曾获功名。葛葆珍少年英武，儒雅英俊。据葛家疃村民、85岁的葛尚军回忆，葛葆珍文韬武略，与哥哥葛葆光同系当地抗日农民武装的首领，也即人们所称呼的“民团”，曾在一次战役中被日寇子弹打伤。

感谢盖素娥女士，从安里带回了他父亲盖鸿钧的两张墓志拓片，精心保存下来，传至后人，使我们能够准确得知盖鸿钧的生辰卒年。1994年，她的女儿葛恒志将其中一张墓志拓片寄给了舅表哥——盖鸿钧的次孙盖中南，盖中南传给了他的末子盖金光，这份珍贵的历史史料得以问世。

盖素娥病逝于1960年前后，陨年不到60。遗憾的是，她没有留下个人照片，至今，我们只能从这些少之又少的珍贵史料中，追忆她遵循家训兴学重教的高风亮节；想象她站在讲台上执笔奋书那令人尊敬、令人动容的高贵身影。

尼姑庵的由来与安里村名

文/盖艾玲

安里学校，村人俗称“西学堂”，其旧址为一处尼姑庵。原名为“槐绿庵”。据莱阳市政府地名办1988年6月出版的《莱阳市地名志》记载：安里村“在镇政府驻地南一公里，玉带河南岸。明初张姓建村。以槐绿庵庙取村名‘庵里’，1928年改为‘安里’”。1982年地名普查，因县内重名，更名为“新安”。凡查1982年之后莱阳官方出版的地图，称为“新安”，但村人仍然喜欢原名“安里”。

“尼姑”，是俗世对女性僧侣的称呼，按理说不是那么恭敬。对于女姓出家人，称其为“尼姑”并不合乎佛制。里面讲究很多，根据修为不同，称呼也不同。有称为“比丘尼”，一般称师父、师太、主持。

据村里人老辈流传下来的说，这所庵宇原是本村张姓人为自己向佛出家的女儿专门修建的。

安里村是张姓人家建村无疑。明初，政府从内地村庄密集地外迁人口，莱阳的村庄大多是那个时候建立。按照当时的规矩，从别处迁户过来，谁先到一个地方，占下山岚荒地，开垦耕种，这样的人家就叫“占山户”；后来再有人家迁来，没有地、没有山，需要花钱买“占山户”人家已经开垦的熟地山岚，这样的人家就叫“买山户”。张姓人家就属于安里村的“占山户”，那为何要给女儿修一所尼姑庵？

原来，此张姓人家本乃村中巨族，家道丰饶，生有一女，其女婉静恬淑，聪慧过人，却看破红尘，年岁及笄仍不愿嫁人，而心向青灯古寺，情愿削发为尼，遁入空门。张家的父母劝说不下，又万般舍不得女儿走远，便出资在安里村西边张家的地里，给女儿建了一座庵院。村里老人们辈辈这样流传，但此庵建于何年何月无考。后来尼姑庵香火渐旺，房舍隆盛，便成规模。

笔者十几岁时，常听祖母说起西学堂及尼姑庵的轶事。祖母史氏（1890—1965）应该是1910年前后，17岁嫁到安里村，她说庵里村那时有3座庙宇：村子中间的东庙、村子北洼的北庙、西学堂的尼姑庵。旧时医药治疗条件很差，小孩子受到惊吓、得了这病那病，就请庵里的尼师来祛病消灾；还有红白喜事、生孩添丁等，还会请庙宇、尼庵的出家师父参入一些主持仪式等，由此祖母以及村人，都常与庵里的尼师有来往。

那时尼庵香火比较兴隆，有尼师多人，有一个年纪大点的，与祖母交好，祖母和村人经常去求她，她也乐于为村里人做事。到1929年拆村北庙宇初村院（又名“初春院”）建西学堂时，庙里已经没有尼师。据张宏孟老人回忆，1937年，姜疃完小送给安里小学一批更换下来的桌椅板凳，他和同学们去送，曾进到学校后院，最后面一排不是新盖的校舍，仍然是原来尼姑庵的房屋，作为教师的宿舍用。院子里还有六、七幢石碑，都是原来庵中旧物。

尼庵所建年代不详，但存世时间不短。安里村西有一个地方，村人称作“姑子茔”，顾名思义就是尼师死后埋葬的地方。位置处于村西平塘西北方向、河西岸大约300米处。据作者的祖母说，姑子茔哪个地方，当年一大片坟包。由此可见，尼庵建成年代久远。

按照先有“槐绿庵”，后有“庵里村”的说法，尼姑庵比村子建立早；如果按照张姓建村，后专门为女儿建一座庙庵的说法，先有村后有庵。究竟是先庵后村？还是先村后庵？现将这个悬案留待于后人考证吧。

1945年抗日战争期间，胶东军区野战医院三分所进驻安里学校，牺牲的伤病员，也埋在姑子茔里。这些烈士坟，埋葬时堆一简单的坟头，插个简易木牌，上写烈士名字。村中顽童放牧打柴时，常有淘气之举，将墓前的木牌移位、互换。

新中国成立后，莱阳政府部门于上个世纪50年代，在红土崖新建了烈士陵园，埋葬在安里村姑子茔的烈士遗骨，全部迁至红土崖，陵园共安葬烈士2526名，其中有名有姓的仅五、六百名，其余都是无名遗骨。自从知道了安里村姑子茔这段历史，当我清明节去红土崖烈士陵园时，目睹青松翠柏掩映下的一座座坟头，常忍不住想：这里的烈士，肯定也包括曾经掩埋在安里村姑子茔的烈士遗骨。

姑子茔原址早就不复存在，现只见良田阡陌、麦浪逶迤。

初村院溯探

文/盖艾玲

出安里村向北，只见良田沃野千倾，村舍袅袅炊烟。但是早年间，这里曾有一座香火缭绕、恢弘巍峨的庙宇——“初村院”，村人习惯将此庙宇称作“北观庙”，或叫“北庙”。

据《1960年姜疃公社社志》“文物古迹”篇里记载：

“初村院，是安里后面的古寺，原有殿宇住屋、客舍等40余间，现已拆除，基址尚在。”

“初村院”，是一座佛教寺庙，始建于何年、何人所建，现已无迹可寻。但是村里年长的村民告诉我们，安里老辈有一句流传已久的说法，叫“先有初村院，后有莱阳县”。此话传递给人们的信息，是初村院比莱阳建立还要早。

据《莱阳市志》1995年版本记载：莱阳原称“昌阳”，县城地址在今照旺庄镇昌山村前东南，唐贞观年间隶属于莱州，公元650年，昌阳城毁于水灾，遂迁县治于今莱阳城位置。923年，后唐庄宗皇帝登基伊始，嫌昌阳的“昌”字与其祖“国昌”讳，于唐庄宗同光元年改昌阳为莱阳，沿袭至今。

佛教自两汉之际传入我国，起初影响甚微，魏晋南北朝后，唐宋等朝代，佛教有了新的突破，逐步发展成为我国历史上的一种主要宗教。但道教似乎与莱阳渊源更深，到明清两代，莱阳寺庙院观遍布城乡，达50多座。据莱阳史志办赵松枝考证，其中半数为道观。这些莱阳著名的道观有：柏林庄的古柏院、红土崖的仙观寺、凤凰山的广福院、西门里的孙元君庵、西关的药王庙、马山的关帝庙、大明村的三教堂、磊山后的磊山庙等。

初村院住的是和尚，不是道士，七、八十岁以上的村民盖洪加、周明礼、盖善云等都证实，里面的僧人不留发，是和尚，安里村东庙里面住的才是道士。和尚与道士的区别在那里呢？

区别一：和尚是佛教的出家人，佛教源于印度，后来才传入我国，创始者是释迦牟尼佛。道士，是以老庄道德经为依，崇拜天人合一、顺其自然，是中国土生土长的宗教，创始人老子。

区别二：和尚要剃度，不留发。男称比丘，女称比丘尼“和尚”，只是俗世对佛教僧侣的泛称；道士不分男女，可结婚，可留发。因为道士与和尚所信仰的宗教不同，所以修为也就不同。

和尚住的地方称为“寺”或“庙”；尼姑住的地方称为“庵”；道士住的地方称为“观”。那么，初村院明明是和尚主持的佛教地方，不是道士主持的地方，为什么村人称其为“北观庙”呢？可以这么理解：一般来说，俗世人并不十分了解佛教、道教里和尚、道士的区别，他们按照自己的习惯，这所寺院在村子的北面，名字本叫初村院，便以方位为准，院观不分，后面加个庙字，久而久之，就叫成了“北观庙”。

那么，初村院究竟始于何年？村人流传“先有初村院，后有莱阳县”。莱阳设县治于唐朝，至今1000余年。说初村院比莱阳的历史还早，此说别无其它证据支持，不做肯定。至于何人所建，至少此次资料收集期间无果。但初村院与安里村渊源深厚，介入当地百姓生活已久，并留下许多有趣的话题。

一、押庙里和尚为干爹

据村人回忆说，庙里主持叫“三师父”，三师父为人善良，喜爱小孩。旧时习俗，让未成年儿童，由寺庙和尚认为义子，俗称“押干爹”。此习俗由来，皆因旧中国战乱频繁、灾病交叠，儿童夭折死亡率极高，人们相信将孩童押给和尚、道士为义子，这样便好养活。村民盖洪加（88岁），年幼时就曾被母亲带到庙里押干爹。押了干爹不仅是个形式，逢年过节还要带了礼物去拜望走动。盖洪加押庙里的干爹叫月胜，月胜师父比三师父年轻，是三师父的徒弟。记得在他大约六、七岁时，有一年春节，母亲带他到北观庙去拜干爹月胜。带的礼物，礼物一般是大饽饽、点心等。盖洪加记得庙里有大殿、东西廊厦等。

另：村民张玉田（63 岁）回忆，他的爷爷张海云，小时候也曾认了北庙的主持、和尚三师父为干爹。

二、关于庙宇拆除的不同回忆：

1. 全部拆除，一间不留：据村民盖洪加回忆，当时北观庙的房子全部拆除、拉平，将砖瓦木料搬到村西建西学堂。拆庙的季节是春天，豸孽还没有起蛰，推倒庙墙时，挖出许多大长虫，有几抬筐之多，抬到别处埋了。北观庙溜地拉平，一间没留。梁檩木料、石头砖瓦等都搬到村西建学堂用了，村里私塾的小学生都去帮着搬。剩下石头瓦块不要了，盖中京、盖回群两人，就拣了一些大石条，他们家里在西门口有地，抬到西门口的大坝头那里，闸了坝头。春天拆了庙，秋天盖中京他三爹盖德群，在废弃的庙基框里种的麦子。到第二年，麦子长得好到不得了。一连几年种麦子，年年都是大丰收。

（现场街头采访盖洪加时，盖元修等村民陪同，有村民问：北观庙到西门口那么远，抬着大石条走那老远的路，哪能抬得动啊？盖洪加答：那时候他们都是棒小伙子啊，抬着大石条累了就歇歇，抬了好多根。现在西门口大坝头上闸的堤堰，里面就有北观庙拆下来的大石条。）

2. 部分拆除，留下一排：村民周凤礼（75 岁）回忆，我是 1939 年出生，我记得小时候，去庙里看见后面还有一大排房子，有东西两边厢房。南面的墙比较矮，不记得大门什么样，只记得大门口东南面有一幢大石碑（编者注：应该是盖鸿钧的功德碑），还有一口大铁钟，这口钟是挂着的，一敲就响。为什么我记得？因为俺家的地就在北观庙前。北观庙当时没有全部拆除，而是只拆了后面的那排，前面的一排房子没有拆。

三、拆庙的时候，庙里是否还有和尚、师傅健在？

1. 拆庙前三师傅已泯：盖洪加回忆，庙屋拆除时还有和尚，拆庙后，我干爹月胜和尚等人就还俗了。至于当时有几个和尚，不知道。三师父头年冬天就死了。有这么个说法：三师父爱吃粘糕，他屋里有一只小罐，里面常年盛着白糖。

拆庙这年的头年腊月，三师父要吃粘糕，让徒弟拿过盛白糖的小罐来。徒弟一失手，将罐子掉在地下跌破了，三师父见状连声叹道："完了，完了，北观庙要完了"。皆因为"北观庙"的"观"与"罐子"的"罐"同音。此后，三师父一病不起，春节前就去世了。他去世后，第二年春天，北观庙拆了建学校。

2. 拆庙时三师父健在：村民盖善云、村民盖德义回忆，听老人讲，三师父是南边泽家庄人，也是穷人家出身。拆庙的时候，三师父还健在，三师父不高兴，不情愿。拆了庙之后，三师父病了，后来就去世了。

四、庙之不存，庙基的前世今生：

初村院的庙基一直存在到上个世纪 70 年代后期。70 年代之前，庙基框里的肥沃土地是归村集体所有。70 年代末，农村实行联产承包、分田到户，这个地方后来成了韩文山的责任田。

村民韩文山回忆——那是 1981 年我分的责任田，正好庙基那个地方就分给了我。我当时准备种沙参，种沙参需要下挖深沟，我就往下挖，挖到大约有五、六十公分深的时候，镢头刨着大石头，矼矼地，挖不下去了，看起来像地基，有 1 米多不到两米的长度，根据位置看，应该就是北观庙庙基框的石头，我没办法，就搁着这块绕过去了，没往下挖。

庙基框的位置我记得很清楚，因为框里面的地平要比框外面的高。庙基的后墙还比外面地平高大约 1 米左右，大集体时俺生产队在里面种庄稼、种菜，种的萝卜。那个大萝卜真大啊，年年都长得很好。原来庙基的西北还有一大堆碎石头坷垃，年年种地，慢慢的挖，后来不知道什么时候，庙基挖平了，石坷垃也拣净了，一马平川，了解底细的老人知道这段历史，知道这里曾经有座大庙；外人、不知道底细的人，庙基的位置根本看不出来的。年轻人不了解这段历史，即便是本地人，庙基的位置也根本找不出来。

莱阳明代之前的历史，少有文字资料，也罕见民间传说，皆因金元两朝战事频仍，民不聊生，书籍典藏屡遭兵燹。在上个世纪，莱阳的寺、庙、院、观毁坏拆除共有 3 次：

第一次就是清末民初，晚清政府、国民政府相继提倡"废庙兴学"，莱阳县早于 1929 年就拆除了城东的城隍庙等建学校；如宣政寺，位于西至泊村北，今莱阳剧院西北角，始建于金朝明昌（1190—1195）年间，民国十九年（1931）国民政府废寺庙，驱僧众，将前殿拆毁，建了著名的“山东省第二乡村师范”，也即莱阳教育史上著名的“二乡师”；如姜疃镇瑶头村北的凤山庙，始建于清代康熙年间，兴盛时有庙宇百间，三教合一，大殿内供奉着释迦牟尼佛、孔子和老子塑像。于1930年废除僧道，拆了庙宇，建凤山学堂，后来迁至姜疃，改名姜疃完小——等等不胜枚举。

第二次毁坏是抗日战争、解放战争：日寇入侵莱阳，日伪军借修筑碉堡的名义拆毁庙宇、古寺古塔。如尚未拆尽的凤山庙宇，被万第的赵保原部再次拆除殆尽；沐浴店大明村的一庙一庵，还有其它地方众多庙宇寺院等，也都难逃被战火、兵祸劫掠的命运。

第三次是“文革”之中：“文革”对传统文化的毁灭毋庸多言，仅以对庙宇建筑破坏为例，如莱阳的文庙，始建于唐武宗会昌（841~846）年间，几经沧桑，屡毁屡建，至明清两代一直得到政府官方与地方士绅的保护，1928年胶东军阀刘珍年盘踞莱阳城时，文庙部分毁坏；“文革”之中，彻底被毁。还有始建于1000多年前唐代的望石庙，系莱阳著名的古代八景之一“望石踏青”，门楣横匾有唐代著名书法家褚遂良的题字“望石游春”。墙壁厚约1米，门框、门槛系千年不坏的白玉做成，建于一块状如金蟾翘首仰天的巨石之上，既是独特自然景观，又是精美绝伦的人文胜景。可惜“文革”期间红卫兵一包炸药，灰飞烟灭，不仅庙宇无影无踪，连那块状若金蟾的巨石也片甲不留；红土崖的文笔峰塔，也是因为拆不动，红卫兵一包炸药了事。

三次浩劫，在劫难逃。初村院的命运如果不是第一次就决定，那么第二次是兵祸、第三次是“文革”，哪一次都难逃厄运。

注：民国版《莱阳县志》（台湾本第534页）载：“第三区区立第五小学十九年（1930年）成立，校址安里村，新建校舍三十余间。”

民国版《莱阳县志》（台湾本第283页）载：初村院，县治东南四十里，其石于安里村建第三区区立第五小学。今观址犹存。

葛子明的跌宕人生

文 / 盖艾玲

1934年，“安里私立旭光小学”第一任校长葛子明回到原籍莱西。后出任莱西夏格庄乡校校长。在此期间，参加过莱阳早期的抗日活动。

一、夏格庄截车杀日特

莱阳抗战初期，在共产党抗日民族统一战线政策推动下，在民先宣传队的宣传鼓动下，有数处乡校的官兵投入了抗日活动，单独或配合人民抗日武装与日军作战。夏格庄乡校与民先协力截车杀日特的事迹就是其中一例。

夏格庄乡校地处莱阳西南前哨，是日军自青岛入侵的必经之路，素有西南门户之称。1938年初，县委在研究全县抗战部署时，决定在宣传和武装民众的同时，首先争取该乡校共同抗日。2月19日，夏格庄赶集，民先武装宣传队队长庄国瑞和张咨明奉命到夏格庄乡校协商共同抗日事宜。夏格庄乡校校长葛子明，深明大义，当即答应。

谈妥后，庄国瑞等3人来到集上宣传抗日救国。约10时许，青岛日本丰田纱厂厂主（日特）等5人，乘车自即墨方向驶来。即墨县的三甲乡校校长于永晓，打电话告知渭田村张耀东，张耀东立即用电话报告了葛子明。葛子明一时拿不定主意，便派士兵到集上请回庄国瑞3人商量对策。庄国瑞等坚持一定要打，并率先向村南公路跑去。葛子明见此情况，速派副队长王海俊率两个班埋伏公路两侧。

须臾，一辆飘着日本旗的小汽车徐徐开了过来，庄国瑞等3人挥动手中小旗示意停车。车上的日本人和汉奸误认为是中国人夹道欢迎他们，遂减慢了车速。车尚未停稳，3人一齐冲了上去，庄国瑞和崔涛同时打开前后车门，各自揪下一个日本人，隐蔽的乡校官兵也蜂拥而上，拖下车上其他敌人，并缴了武器，在张咨明带领下，对他们拳打脚踢一顿，同乡校官兵一起将敌人押到了乡校，交给了夏格庄乡校校长葛子明。

下午，葛子明通过翻译对日本人及汉奸等顺次进行了审讯，问清了日特是日本驻青岛海军宣抚班班长金堂文雄大佐，公开身份是青岛丰田纱厂厂主，故也称丰田，来莱阳任务是劝降。丰田、翻译王吉先及随员、司机等共5人，深夜被全部处死，连人带车拖到村西古庙扔入枯井中。这是莱阳国共合作首次抗日的胜利。

（资料摘自《今日莱阳》建党90周年主题栏目“光辉历程”，原文作者：莱阳党史办杨海峰）

二、被赵保原收编

1945年春，赵保原被任命为第一作战区司令兼暂编第十二师师长，统一指挥收编胶东的伪军。初与伪莱阳保安旅长葛子明部（授予第三十旅番号）合编。葛部留第六十六团，余编赵部。赵保原收编的日伪军有：伪“山东国民自卫军”第二军第二师师长牟俊锋残余部1500人，编为第一团，伪平度自卫团冷冠荣部与保一旅纪淑和残部700余人，编为第二团；原特务团由葛子明部补充800人，编为第三团；莱阳伪县长兼副大队长隋中秀部改编为第四团；林茂永部为特务团；另有伪栖霞、莱阳、招远等县警备司令部共2000余人，秦玉堂部400余人。全师扩大到7000余人。（资料摘自《青岛市志》）

三、出任国民党莱阳县长：

“1945年2月，胶东八路军攻克赵保原部队在莱阳境内所盘踞的据点，国民党县政府要员随同赵保原残军逃窜即墨县境内。葛子明在即墨接任国民党莱阳县县长。1947年，国民党军队占据莱阳城，其县政府亦迁于莱阳城。中国人民解放军攻克莱阳城前，葛子明已逃到青岛市。（摘自《莱阳市志》1994年版430页第十七编“政权、政协”[①]）

1949年，全国解放前夕，葛子明随国民党的船去了台湾。从此，再没有回过大陆。留在大陆的亲人，因为葛子明的跌宕人生所带来的苦辣酸辛，也已经成为历史的烟云。

改革开放后，海峡两岸关系解冻。1990年，通过朋友关系，葛子明与其在青

---

① 《莱阳市志》1994年版432页第十七编“政权、政协”一栏中记载

“1912年——1945年民国（含国民党）莱阳县政府首席官员更迭表”最末一行所示：县长葛子明籍贯山东莱西，任职年月1945年（民国34年）2月。

岛的胞弟取得联系，此后书信往返，晚年一再表示思乡心切。了解到我党对这部分去台人员的政策是“欢迎回来看看”“爱国不分先后”，很是高兴、激动，多次计划在适当机会回大陆探亲。无奈年事已高，出于身体健康方面的原因，终于没能成行，而由其胞弟 1991 年去台湾探望，留下合影。1993 年葛子明因糖尿病晚期病逝于台湾台北市，终年 87 岁。

据葛子明的侄子、现居住青岛的葛仁锡先生介绍说，其叔父去台后虽正系壮年，43 岁，但是在台终生未出仕，未经商，只靠政府老兵抚恤金生活。一生养育五子二女，现子女均在台湾及美国等地发展。

安里学校第一届学生回忆往事

口述 / 盖乐宾、江平世、江同世；采访、文字 / 张玉林

首届学生之一：盖乐宾

我叫盖乐宾，男，安里村人，1921 年农历三月初九出生，现年 92 岁（注：采访时间 2012 年 11 月）。

1930 年，我 11 岁在安里上学，是安里学校的第一届学生。

开始是 1929 年，在前街的家庙，跟盖冠英念私塾，读了一年。第二年，村西的姑子庙建起学堂，就搬到学校去了。当时，学校只有后排和前排的房子，我们在前排念书。校长是葛子明，也叫葛仕涛，教师盖淑珍、盖冠英。

后排有两个班，前排有两个班，每个班 30~40 人，女学生不少。盖世瑞是学董，外村都有学生来安里念书，有瑶头、森埠庄等。

盖月亮的母亲给老师做饭，后来盖永喜的爷爷也去了。

学校南北有篮球架，后期再有铜鼓洋号，3 年后，也就是四年级了，升到姜疃完小去念书，服装是到了姜疃才统一的。

一共在安里读书 4 年，后期到姜疃读 2 年，回家为农至今。

当时是盖鸿钧领着办学的，书本是教科书，第一册记得内容有：弟弟来，妹妹来……有语文、算术，还上体育。

从校门口能望见南山，学校门口有两个石头狮子，学校校门是上夼姓刘的领人修的。

首届学生之二：江平世

我叫江平世，男，今年91岁，安里村人，是安里学校的第一届学生。我8岁入学，1930年春，当时学校有3排房子，最后一排是教师住，东厢房是食堂，在这里教师吃饭，学生来喝水。好几个班级，很多外村的学生，那时候还没有姜疃完小，姜疃村的学生也来安里学校上学，还有上夼、森埠庄、瑶头的等。记得盖仁先、盖中周（建校人盖鸿钧长子）都在学校读书。

教师有盖淑珍（大菊嫚）、还有一个盖老师，记不清具体几个。学校有篮球架、铜鼓洋号；有童子军，衣服是兰黑色的，拿军棍，赶凤山大集，童子军开路。

学校没有碑，学校的门头上方写6个大字"六合同春"，上面有小鹿、有仙鹤等图案。

首届学生之三：江同世

我叫江同世，男，今年90岁，安里村人，是安里学校建立后招收的第一届学生。

我1930年春入学，那年我8岁。学校共有三排房子，我记得前面的东头有个塑的象。我就在前排东头的教室里念书，全班学生30~40个人，有3个女生：盖淑花、兰淑林、大菊嫚。当时还有外村的学生。有七、八个老师，毕老师、龙湾泊姜老师。全校共6个班，课目有语文、数学。葛子明（字仕涛）是校长，他是建校人盖鸿钧女婿的堂哥。

学校门口的门头有"六合同春"，印象深刻。

在本村念了4年，后来学校垮了，我就跟盖冠英在前街家庙读书，语文数学。我13岁考姜疃完小。至于学校是什么原因垮了，我那时年龄小，不知道。

安里学校琐忆

口述/张宏孟；采访人/盖艾玲、张玉林、盖永福；文字/盖艾玲

我叫张宏孟，今年88岁，莱阳姜疃村人，原任潍坊第一技工学校书记，离休干部。

一、安里学校外观印象

我虽然是姜疃人，但对安里学校印象深刻，有两个原因：一是因为走亲戚每年路过；二是我八、九岁时到过学校去送桌椅。

印象深刻首先是校门大门的外观。我的大姑家在憩格庄，小时候，我和家里人一起，每年春节到大姑家走亲戚时，安里学校大门前是必经之路。每次路过学校大门口，我都停下脚步，仔仔细细地看着学校大门洞上面的图案，那真是漂亮极了。我记得门洞下面两根立柱旁边，是一对半人高的石狮子，立柱的上方即大门洞的正面顶部，左边是一对仙鹤，右边是一对梅花鹿，都是一雌一雄。仙鹤身

图为2012年11月18日编写组采访张宏孟老人。左起：盖艾玲、张宏孟、张玉林、盖永福。

旁围绕的是牡丹等花卉，梅花鹿身旁围绕着青松。仙鹤引颈高歌，梅花鹿欢呼跳跃，令人印象深刻。那个图案是浮雕式的，就是先用石灰塑出图案，再根据图案内容染上颜色。仙鹤、梅花鹿的上面有一横匾式长方形条框，上书四个大字“六合同春”。这里的“六”发音念“陆”，是鹿的谐音；“合”是“鹤”的谐音，取“鹿鹤同春”之意。

第二个原因，我到安里学校送课桌。1937年春天，姜疃完小做了许多新课桌，把更换下来的旧课桌送给安里学校，老师让我们每个人扛着一张课桌，送到安里学校。

我这是第一次走进安里学校的大门。记得前后共有两排教室，从第一排教室的大门洞下面走进去，是第二排教室。第二排教室的后面又是一排房子，但那时不是教室，是庙庵，庙庵的房屋前面立着很多大石碑，大约有七、八幢之多。这些大石碑大部分是庙里原来的碑。学校建校时也可能立碑，但我那时年纪小没注意。

与学校创建人盖鸿钧的孙子盖中周在姜疃完小同班同学（1937年春—1938年底）：

1930年安里建立学校时，我五、六岁，第二年姜疃成立完小，安里学校随即成为姜疃完小的属校，四、五年级的学生开始到姜疃读书。那时候的学期是春季至冬季是一个学年，1937年春至1938年底，我在姜疃完小读书时，盖中周是我们班里的学生。他高高的个子，白净脸，平时话不多，但是学习是班里最好的。他语文好，爱写文章，我办黑板报就用他的稿子。那时我们小学生并不知道盖中周的家庭背景，更不知道他父亲做过诸城国民政府县长。到我知道他爷爷盖鸿钧先生是安里学校的创建者与捐资人，我已经十六、七岁，在姜疃一个店铺里做店员了。那时有许多安里学校的老师去我们的杂货铺里买东西，从这些老师的口中零零碎碎了解到，盖鸿钧是安里的乡绅，他带头捐资建校，在原来一个庙庵的旧址上建立了安里学校。因场地不够，又捐出了自己家的私产场园，给学校做操场。这个学校既有私塾性质，大户人家为自家本族子弟读书设立的处所，又有公益性质，招收安里村包括周围村庄的适龄儿童入学读书。刚开始招生时，除了安里本村学生外，还有姜疃、瑶头、森埠庄、上夼、凤头等村的孩子们都到安里读书。我知道姜疃村90岁以上年龄，凡是读过书的老人，一开始都是在安里学校上的学。我不知道那个时候学校有没有名字，也许学校大门口上面横匾的“六合同春”，就是这个私塾学校的名字吧？可以说，安里村几十近百年兴盛不衰的重视读书风气，得益于盖鸿钧先生这位开创者，安里子弟的文化教育，盖鸿钧先生是奠基人。

1937 年春至 1938 年冬这两年间，安里村五、六年级在姜疃读书的学生，我现在记得的有：五年级学生：盖中南，其他人不记得了；六年级学生：盖中周、盖乐宾、盖同仁、盖德柱、张立功。还有一个姓江、一个姓盖的，也想不起名字了。

二、国民政府十一联中在安里学校成立（1940 年—1941 年）

先说说当时的时代背景。西安事变后，国共合作情况表面看较好；皖南事变后，国民党逮捕了新四军军长叶挺，国共两党分裂。那时候抗日战争打得比较艰难，胶东的形势是，以赵保原为首的伪政权势力嚣张。赵驻扎在莱阳万第，先后在万第、大疥、憩格庄、濯村等村子修筑据点，公开与人民为敌。据后来了解到，如乳山马石店镇，就是胶东抗日史上著名的“马石惨案”发生地。马石山山脚下有个青山村，住着国民党公办的第六联中，迁了过来。后来听说还有第五联中、第八联中等几个公办学校，联合成立了“山东省国立十一联中”，搬迁到了安里，占用了学校。而安里学校只能腾出地方，搬到了村子里的大庙上课。

我那时十五、六岁，在姜疃“同昌德”杂货铺当店员，“同昌德”地点在姜疃南北大街老供销社往北，盖中周那时已经到外面念书毕业回来，在安里学校当教师了。那些教师经常在我店里买东西，有的说是第五联中的，有的说是第八联中，有的说是第六联中的。投奔到安里学校的校长、教师们，并不是把原来学校的全部师生都迁到安里，大部分是校长以及官员的子弟们，从外进来的学生大约有 100 来人。安里学校住不开，就在姜疃村南头的一个房子，设立一个班。在安里学校上课，回姜疃村住宿。因他们来买东西，我认识一个教师，叫林语堂，与鲁迅同时代的文学大师林语堂同名，20 多岁，很年轻；还认识一个姓阎的老师，是从乳山马石店青山村那个第六联中搬过来的。教师们也住不下，就到周围村租房住。因为租房，我认识一个叫林可观的教师，栖霞人，他妻子也是老师，都在安里教学，他们租住在姜疃村的盖洪兴家里，就在我杂货铺的斜对面。这些教师大多穿着大褂，年龄大点的拄着文明棍，带着眼镜。记得有一个也是姓林的老师，忘记叫什么名字了，穿马褂，带短枪，在安里学校主管学生的训育课。据老师们说，他曾经是栖霞县国民党县长，被打垮后也投奔到安里学校来混碗饭吃。林可观的房东盖洪兴，家里有支长枪，喜欢用这支枪打兔子。林可观也有这个爱好，他们与那个姓林的县长一起，到姜疃北山打兔。

当时在安里学校读书的学生，因腾地方搬到村子里大庙读书。

在十一联中读书的有：高格庄张家鲍村人、原潍坊市政府副秘书长张洪达；海阳人（那时海阳的一些村子属于莱阳）、原潍坊市科协主任吕田。后来我们在潍坊工作期间认识了，因为都是莱阳人，又都对安里熟悉，回忆这段往事，他们说给我听的。

1940 年这期间，十一联中师生搬迁过来。一年后，十一联中于 1941 年春天搬迁到崔疃，在安里学校时间长达一年。

十一联中为什么要搬到崔疃，原因还是那时候的形势。国共合作分裂后，国民党积极反共，当时住在栖霞山的国民党顽固势力蔡振康，是国民党九区专员，拥有较大兵力，作恶多端。于是我军反击国民党顽军的第一枪，就是先从蔡振康下手。在胶东抗日政府、胶东军区领导下，攻下盘踞牙山一带的蔡振康之后，势如破竹，一路南下，打下了国民党在莱阳的重要据点——大夼。

当时任十一联中校长的名字是谁，我不知道。打下大夼后，十一联中的领导感觉到不安全，于是开始筹划搬迁，地址选择团旺镇的崔疃。崔疃地处五龙河西岸，有这样一条河，就多了一份保障。所以，十一联中在安里学校期间，崔疃那个地方的学校已经开始筹建，国民党政府在崔疃村西南修筑了一个炮楼。搬迁到崔疃后，学校的校舍和招生规模扩大，赵保原的儿子赵廷庆也到崔疃读书。

十一联中搬到崔疃后，事情还不算完。一些家园被日寇占领、不能继续上学的流亡学生，陆续投奔到安里学校；另外一些考十一联中没有考上落榜的学生，就被组织起来在姜疃成立一个补习班，有教师辅导读书上课。可以看出，国民党政府也是很重视教育的。十一联中在崔疃住了 3 年多。十一联中的学生去向，一是当教师；二是派到国民党军队任政治干部；三是介绍到安徽阜阳当时山东省政府驻地继续深造，培养高级军官。当然，更多十一联中的学生后来参加了八路军，走上了革命的道路。如我们一起在潍坊后来认识的高格庄鲍村人、原潍坊市政府副秘书长张洪达；海阳人、原潍坊市科协主任吕田等。

十一联中搬走后，安里学校的学生们重又回到校园，继续上课读书。但是几年之后，安里学校又一次担当了胶东军民抗日战争的重要角色。

三、中海地委司令部、胶东军区野战医院三分所进驻安里学校（1945 年初—1946 年）

安里村的老百姓对革命贡献大，安里学校对革命贡献也很大。安里村的地理位置，从军事眼光看很重要。村子三面环山，一面朝着姜疃方向，形如口袋，易守难攻。所以姜疃是前沿，安里就是后方。

图为 1995 年清明节，安里村为烈士立的纪念牌。

1944 年腊月的除夕夜，我军打下了万第，消灭了赵保原的反动势力。抗日形势一片大好。根据形势发展需要，胶东军区党委在原有北海军区、南海军区的基础上，又成立了中海军区、中海专署、中海司令部。这 3 个地区级的首脑机关成立后，全部进驻安里学校，作为战时的机关地址。当时领导指挥胶东地区抗日战争的是著名的许世友、廖海光，中海军区、中海专署、中海司令部这 3 个机关驻扎在安里学校时，他们都在安里学校住过，在这里指挥过胶东军民的抗日战争；原南海军区司令员、后来担任南京军区司令员的聂凤智也在安里学校住过。那个时候，安里学校就是胶东抗日的心脏。

我军打下万第后，为了鼓舞士气，表彰英烈，1945 年的三、四月间，胶东军区首长决定召开庆功大会。庆功大会在姜疃镇地北头村召开，请来了胶东军区文工团为官兵们慰问演出。那真是场面浩大，群情沸腾，声势震天。先是在地北头演出一场，因为司令部首脑机关住在安里，又在安里村中间大庙前的戏台子演出一场[①]。据后来人们说，还请了当时烟台的京剧名角们来。

这一天，我和父亲在安里村官山西洼那边的自家地里干活，剧团在地北头村演出结束，转移到安里村慰问演出。那时没有汽车、没有马车，演员们肩扛手提，拿着演出道具、服饰等等，他们全部步行，早春的天气还比较寒冷，但他们走热了，有些男青年就脱下外衣，搭在肩上。一干人马络绎不绝地，从地南头方向朝安里

① **演出一场**

当时胶东军区文工团这场演出的剧目是京剧“闯王进京”，大型舞台上，将士骑真马上场，旌旗飘飘，锣鼓喧天，场面宏大，十分震撼。

村走去。

中海司令部、中海专署进驻安里后，1945 年春夏，胶东军区野战医院三分所进驻安里学校，学校的学生再次迁到村里的家庙上课。病号多，人手不够，部队领导决定村里找一些人当护工，从安里村招了不少人。这个三分所有两个任务，除了抢救伤病员，还要为我军培训卫生人员。胶东军区野战医院三分所，后来发展为中国人民解放军第 89 医院（现驻潍坊市）。

中海军区、中海专署、中海司令部这 3 个机关存在时间不是太长，可能根据抗战形势需要撤并了。大约在 1945 年秋冬期间，我看见发布的布告等变成了南海军区、南海专署等。

后来，我去了烟台当店员，再后来参加了革命离开家乡。

铜鼓洋号走一遭

口述／张宏孟；文字／盖艾玲

1930 ~1931 年前后，记得是春天，有一天我和父亲在姜疃村我们叫“东南沟”的地方种芋头，安里人称这个地方叫“西南沟”。我家的地，就在姜疃到凤头村的那条路旁边。这一天，我看见安里学校的一帮学生，打着铜鼓、吹着洋号，从西南方向走来，可能是去凤头村回来的路上。他们十几个人排成两个队形，走在最前面的两个学生，手里擎着两面大旗。一面是中华民国国旗，一面是国民党的党旗。其后是 4 个小号手，人手一只，吹着小洋号；小洋号后面是一面大铜鼓，两面小铜鼓；铜鼓后面走着几个小学生。他们一边走，

铜鼓洋号走一遭

一边吹吹打打，铜鼓洋号声音在山野里传出老远。看得我都发呆了。走在队伍里的学生们好不自豪的样子，他们全身穿着黑色的校服。一个个黑衣黑裤，神气活现。从那时候，我经常看见安里的学生们，铜鼓洋号，红旗飘飘，在姜疃村大街从南到北走一趟。有时候他们还到瑶头、宅上等村子，引得乡亲们争相观看。

那个四条腿的大家伙是什么？

口述 / 张宏孟；文字 / 盖艾玲

1932、33 年间，我大约七、八岁。我家住在姜疃村西店的那条街上，是去姜疃完小的必经之路。有一天，我在街上玩耍，看见安里学校一大群学生，十几个之多，他们抬着一个大家伙，从我家前面的东西街上走过。那个大家伙是木头做的，这边有四条腿，那边是一个四四方方用木头板子钉的平面。当时街上还有一些邻居们，大家竟然没有一个人知道它叫什么，做什么用。感觉那家伙兀兀扎扎那么大，婶子大妈就说：也许这是个木板床吧？她们喊着我的乳名说，你看看哪叫个什么啊？我看了看，说是床吧，木板那么短，肯定睡不下一个大人，躺下后半截身子就会露在外面；能睡下我这样的小孩吧，可是中间弄个铁圈干什么？

老师结绳编球网，我们树杆平操场。体育活动项目多，身体健康精神爽。

后来，我看见这个大家伙被树起来，木板在上，四条腿在下，立在姜疃完小的操场上，一群学生围着这个有铁圈的大架子，互相争夺一个圆圆的球。后来我也上学了，才知道那个东西叫篮球架。老师说，那篮球架本来是安里学校的，因为姜疃完小没有，就送给了姜疃完小。

语文教师是地下党员

资料来源／张宏孟、张洪达；文字／盖艾玲

对于地下党在安里学校早期的革命活动，大约始于1940年，当时是山东省国立十一联中住进安里学校。

1940年前后，胶东的土司令们即土匪势力，纷纷从文登、荣成、乳山、蓬莱等地投奔莱阳的赵保原。那些国民党公办学校的校长、教师们，也一起跟着跑到了莱阳。土司令们带着自己的兵员住进万第兵营，那些文化人，也就是校长、教师们全部住进安里学校。

此时的安里学校，鱼龙混杂。学生中间，少部分是普通农家的子弟，大部分是那些国民党官员、校长等人的儿女。老师中间，有教师是国民党团员的，期间甚至还有被我军打垮了的国民党县长等。

有一位男教师姓田，名字不详，是我党的一位地下党党员。30来岁的样子，对学生很好，没有架子，经常和学生们一起活动，打打球，练练操。他知识渊博，语文课讲得很棒，学生们都喜欢听。田老师也时常和一些年龄大点的学生谈心。那时候在胶东半岛这一带地区，中共的活动不是很公开，按照《莱阳市志》所记载，安里学校那时还属于敌占区，所以田姓教师是否在师生中发展过我党党员无可考证，但是他用进步思想影响学生可以肯定。以后十一联中许多学生都参加了革命，如曾经在十一联中读书、离休干部、原潍坊市政府副秘书长张洪达就是其中一位。

解放后，田姓教师担任了莱东县教育科科长。

三分所在安里的故事

口述/张维金、盖淑贵；采访/张正齐、盖艾玲、盖文周；文字/盖艾玲

故事背景：1944 年腊月最后一天，也就是大年三十除夕夜，我军打下了万第。部队正集结力量准备打濯村。1945 年春夏之初，随着胶东军区中海司令部、中海专署进驻安里学校后，不久，胶东军区野战医院三分所① 也驻进安里学校，伤病员几百人住了进来，学校教室变成了医院病房。

安里学校的学生，搬到村里的家庙、民房上课（大庙，即现在安里村委会地址所在。）我们采访了当年的亲历者——安里村民、79 岁的张维金、77 岁的盖淑贵夫妇。

招募护工

张维金：三分所进驻安里学校那年我 12 岁，因家里穷没有上学，在村里放羊、砍柴。八路军三分所要从村里找护工，每天中午还管一顿饭。我一听这个消息，和家里大人一说，就报名参加了。那次一共在咱村招了十几个人，大多都是

图为 1945 年三分所进驻安里学校期间，学生在村里上课时租用的民房。

---

① **胶东军区野战医院三分所**
现驻潍坊的中国人民解放军八九医院。

50岁上下的中年妇女，我记得有盖信他母亲，没有青年女性。再就是我这样的半大小子，十五、六岁，我是年龄最小的一个。

学校房子里全部住满了伤病员，教室变成了病房。住的地方不够，就租住村里老百姓的民房闲屋。

盖淑贵：有俺家的厢屋、有盖祥云的西屋，还有盖万龙、盖福堂、盖德文的闲屋等。可能是为了方便治疗，在安里下疃租住的房子多，租上疃的比较少。

张维金：我们这些男孩子护工，每天的活儿首先是端屎端尿，再就是领饭喂饭，因为伤病员的伙房设在东庙，要从村里街上走一二里路，到东庙去给病号们打饭，回来后还要给重伤员喂饭。除去这个活，我们的任务就是扫地、打扫室内室外卫生。至于擦洗伤口，换药、洗纱布等，都是部队里的护士干。感觉虽然很累，但是每天都能吃上大馒头，浑身有劲也不觉得累。年纪小啊，两条小腿跑起来飞快。

那时候缺医少药。几乎所有的伤病号都是枪伤。打仗时挂彩受伤，身体里面有子弹，医生给他们取子弹时，不知道有没有麻药，经常能听到伤号疼的嗷嗷叫。医疗条件不好，伤口容易感染。

盖淑贵：俺家的西厢屋住的那个伤号，连名字我都记得，叫尚金全，年龄不很大，也是受的枪伤。我记得医生给他从伤口里面取子弹，医生用钳子取出子弹后，就用镊子缠着纱布，捅到那个伤口里去消毒，这样左右转转，肯定没有麻药，疼得那个伤员死去活来，叫的那个大声啊。看他疼得实在受不了，我爹说：你去拿点咱家我自己制的止疼膏来，给他一点点，能止止疼的。其实止疼膏就是俺爹种了几棵大烟，从大烟葫芦上割了一点膏，平常家里谁肚子疼、头疼什么的，用水冲服豆粒那么大的一点。我给了他一点点，告诉他这东西不能多吃。他连说谢谢谢谢，喝了几口水送服下去后，果然好多了。不久他的伤口长好要去前线了，为了感谢我们一家，他专门托人去给我买了一条纱巾。

张维金：学校里几乎天天都死人，那些死者都很年轻，20来岁，有的只不过比我大个五、六岁，死了就抬到村子外面就地掩埋。咱村专门有抬烈士遗体的，都是些大人来干，40来岁以上的，他们只是在晚上来到学校抬，白天不抬。掩埋烈士遗体的地点，是在我们村子西南方向，也就是从姜疃到凤头那个山口子的东边那块地。白天已经挖好了坑，晚上将遗体埋了填上土，堆个简单的小坟包，再插个牌，写上名字。还有一个地方是姜疃西店旁边的那个茔地，也埋葬了很多烈士的遗体。

我们在学校干护工干了一年多，一直到三分所迁走。

不准打日本俘虏兵

我记得伤病员里不光有中国人，还有日本人，是些日本伤兵。有十几个人，他们有的吊着捆满纱布的胳膊、有的拖着受伤的腿拄着拐杖，经常看到他们出来在院子、或是大门外面散步。开始不知道他们是日本人，因为长相和中国人没有什么两样。一听他们开口说的是叽哩呱啦的日本话，我们几个小护工一点不怕，捡起石头、泥块就朝他们扔。嘴里喊着："打倒小日本！打死日本兵！"这时候，部队里的同志就劝阻我们说："小同志，不要这样，不要这样。他们是俘虏，受了伤，要优待他们，不能打。"

学生们搬到哪里去了？

问：三分所进驻学校期间，学生们都到哪里去了？学校还继续办吗？

盖淑贵：办啊，那一年我刚好 10 岁，我是 10 岁才上的学，在西学堂，上了几个月不到半年，三分所来了，学校迁出来腾地方，给伤号住。学校那时候有 5 个班级，学生大约在 120~150 人左右吧。分散到 5 个地方上课。后街的家庙、上疃盖家家庙；再是租的村里人的闲房：记得有张晓云的客屋、张翠荣的侧屋，张维全的正屋，是他家分的果实房①。一个地方住一个班级上课。

校长不记得是谁，老师有周朴山，后森埠庄人，会拉胡琴，教我们数学；西宅的于老师，叫于吉欣，给我们上常识。常识课就是一些鸡狗猪鸭家禽饲养、果树土壤什么的；瑶头的位老师给我们上国语，就是现在的语文，没有唱歌、体育课。老师在墙上挂个黑板，黑板是木头钉的，涂上黑墨色就是黑板了，学生一人拿个石板写字。课桌凳子都是自家带的。

在村里上了有一年多，三分所迁走后，学校就搬回来了，继续上课。

---

① **果实房**

指土改时农民分到的房子，人们称为"果实房"。

高庙台子跌死牛

资料来源/盖世华、盖洪棣；资料搜集、文字/盖艾玲

三分所进驻安里学校期间，部队有后勤生活保障系统，他们自己还办了奶牛场，用来挤奶给伤病员们喝。这些奶牛平时就拴在东庙前边的大杨树林子里。安里学校的学生们，被要求利用课余时间，义务给奶牛提供青饲料。据盖孟起回忆，他那时还给这些奶牛割过青草。

除了奶牛之外，还有一头大黄腱牛，是一头大种牛。这头牛体型肥硕，力大无比，十分凶猛，经常用它的两只触角惹是生非，伤了好几个人，三分所领导决定将这头牛杀了给伤员们吃。

一开始，找了4个男青年，两个人一组，拿一根大木头杠子，死死压住大黄牛。三分所的一个战士会杀牛，是个哑巴。哑巴手持杀牛刀，待4个青年将木头杠子压住了牛之后，正要准备捅刀，哪知道黄牛一个翻身，跳起来跑掉了。一时间，人们竟然拿它没办法。部队领导对此颇伤脑筋：不杀吧，牛净惹事；杀了吧，无人能把这家伙宰掉。终于有聪明人想出一个好办法，说如果大家按这个办法

伤员急需补，公牛猛似虎，高台掀下去，骨肉及时煮！

做，伤员们就能吃到牛肉。他将自己的想法如此这般地一说，众人立刻心领神会。

原来，东庙前边地势巍峨，前有大庙的山门台阶，依地势北高南低，一道悬崖横亘东西。悬崖耸立，呈东西走向。那时候，悬崖下面的场地没有加高，距离地面大约五、六米，甚是险峻。

这一天，人们将牛喂得饱饱的，大肚子撑得底溜圆。一番筹备，一个人先牵着牛，从东庙台子前面的东西路靠外边走，大犍牛还以为是牵着它散散步呢。正在犍牛神爽气闲溜达的当儿，几个人手持木棍、扁担，提前站在高墙旁边，趁牛不备，发一声喊，对准犍牛硕大身躯使劲一推，将犍牛推下大高台子。先将其跌个半死，趁牛半死不活，哑巴战士立马下刀，黄牛终于一命呜呼。

（编者注：东庙台子地势险峻，立陡悬崖，悬崖上面一条路，从东西两面沿着这条路上进东庙，再经过十几蹬石头台阶才能上去山门。台阶上面是庙址所在，当年村里在此设小卖部，天天人来人往。村委会也一直设在这里，院子里有安里村烈士纪念碑，后迁往南山烈士陵园。老人们说，虽然“高庙台子”能跌死牛，但老辈子起，村里无数大人小孩从这里经过，从来没听说有人在这里摔下去，老人们说，这是烈士们的英灵在庇佑后人。）

五月端午“刻蝎子”

文 / 张玉芬

安里村上疃的西南方向，有座山叫“裂山”，因山体开了一个很大很大的口子而得名。裂山上面有一些石头是化石，我们经常用这种化石弄出些花样来玩。如刻蝎子。

三年级我们开始写大仿字，每周两课，各人自备一块砚台、一块墨；两支笔：大字笔和小字笔。仿本是大仿纸、毛太纸。用小瓶带点水，研好墨，垫上格，就可以写字了。记得那时候的墨是臭墨，弄到身上、手上，有一股臭味。先写大字，大字的空间横竖行里都写小字，这样不浪费纸，刚开始写时，我们经常弄得满

手满脸都是墨，每一节写字课下来，班里总有几个学生变成“花虎脸”，惹得同学们大笑不止。有了墨，我们就偷着印蝎子，抽空到裂山上拣些化石，先刻出模型来，蝎子身上还插着一根大针，刻的很像。找一张大小10公分左右的纸张，方形，四周写上小字，咒语一类的话。左右两边写上“谷雨三月中，蝎子永不生”，纸张的上下写着“蝎子不出门，出门大鸡吞”。那时家里有蝎子，蝎子四、五月份就惊蛰起来了，而每到阴历五月初五，是民间的“芒种”节，对孩子们来说，这是一个好玩的节日。我们小学生们早把制服蝎子的咒符准备好了，到时候忙着满家贴，在门上贴，在炕上贴，在粮囤子上也贴，有时街头也贴。

想想那时，既是一个风俗，又让我们小学生练了毛笔字，还学了民间手艺，既有趣，又好玩。

一角五分钱

文/盖玉良

我上小学三年级时，有一次在教室里和同学玩排球，不小心打碎了教室窗户的玻璃，心里很是害怕。当时班主任是张环老师，处理的结果是赔偿一角五分钱。那时候，家里兄弟姊妹五、六个，个个都像旱地里的秧苗，饥渴难耐，要吃要穿。

不要说从家里拿一角钱，就是一分钱，也不是随便能找出来。

我不敢告诉家长，10岁的我，每天都为这一角五分钱犯愁。拿不出钱来，我心里十分自卑，感到有点抬不起头来，饭吃不好，觉睡不安。三姐知道了我的窘境，悄悄地积攒了一些布头线脑、瓶子纸壳等，又悄悄地去收购站卖了废品，当她把辛苦弄来的一角五分钱递我手里时，我分明感觉到，那些硬币上还带着三姐的体温，我好容易忍住了眼泪。交了钱后，我顿时感到天高地阔，河清海蓝，走起路来也昂首挺胸，顿时感觉自己长大了许多。我懂得了什么是责任，什么是规则……

一年后，张环老师调到姜疃的小庄学校任教，是我们的班长盖中金、盖杲群送的他。回来后，班长将一个东西递到我手里。我一看，是一角五分钱，他告诉我这是张环老师让转交的。

我感动得说不出话来，恨自己没有亲自去送老师一程，恨没能亲耳听到老师对我的最后一次教诲。我默默地将一角五分钱装进口袋，在心里说：张环老师，谢谢您。这件事，我将一生铭记。

少年在街头等谁
——他捡到30块钱

文/盖艾玲

上世纪60年代，学雷锋运动在全国上下方兴未艾，安里学校也不例外。

1962年春季的一天，学校放学后，孩子们陆陆续续回家了。此刻，安里村西头大街路口，站着一位十几岁的少年，手里紧紧攥着一样东西，只见他焦急地向街口的两端不时张望，好像在等待谁。

眼看太阳就要落山，天色也渐渐暗了下来，可是少年还是不离开原地。有村里大人认出他来，说这不是村东头那谁谁家的儿子嘛。便问他：你怎么还不回家？少年摇摇头说：我在等人。

这个少年，是安里学校三年级学生。此时他的手里，攥着30元钱，这钱是他在放学回家的路上拣到的。在那个年代，铅笔、本子等学习用具，也就是二、三分钱，买个书包五角钱，一双鞋子一、二块钱。况且少年的家里并不富裕，兄弟几个正在成长阶段，可以说几乎连读书也勉为其难。30元钱，对于这个少年来说，算是一笔巨款。如果他自己悄悄藏起来，将这笔钱用作改善自己的生活、读书方面，人不知鬼不晓。可是单纯善良的少年没有这样，他一直等到天色大黑，不见有人前来认领，便回到学校，将钱交给了老师，请老师帮忙寻找失主。

日暮天色浓，街头一身影。少年你做啥，俺要学雷锋。

当时的校长是宋建国，宋校长在全校师生大会上，表扬了这位同学拾金不昧，弘扬了雷锋精神，号召我们向他学习。那时候，他是我们班的班长。

这位少年，就是50年后，山东鲁花集团公司的财务掌门、安里人——盖良先。

一门“五秀才”

文/张玉林

我的同学盖光云心地善良、品学兼优。我们俩从小一起上学，从安里小学毕业后，一起进入姜疃完小，又一起在莱阳灵湖二中初中毕业，后都考入莱阳一中，高中毕业我们分开，共同经历了完整的求学过程。共同的求学、成长历程，相近的志趣，我们结下深厚的情谊，对他的过早离世，我至今深感悲痛和惋惜。高中毕业后，他考到了烟台师范学院，读完了大专。记得他在学校读书的时候为人本分老实，学习很用功，各科的成绩都很优秀。在高中时的一次历史考试中，他取得了全校第一名的好成绩。

烟台师范学院毕业后，他走上了教育工作岗位，教书育人，从此一辈子都没有离开教育工作，直到生命的最后一刻。他先后在安里学校、中荆高中、莱阳九中、莱阳五中教过学，担任过莱阳九中、莱阳五中的教导主任，可以说，他桃李满天下，许多学生成为各行各业的骨干，有不少的学生走上各级领导岗位。咱村许多孩子都得到过他的悉心关爱和无私帮助，不少孩子考上了大学，跳出了农门，改变了命运。他一辈子都是扎扎实实教学，端端正正做人，深受学校师生及村里人的好评。

光云老师不仅教学认真，无论干什么他都是严于律己，以身作则，尤其是在教育子女方面。他对子女要求很严格，对孩子们的教育从小就没有放松。他特别注重对孩子的思想品德教育。人无信不立，无德不达。记得有这么一件事，当时是人民公社时代，物质极端贫乏，家家生活都很困难，吃的用的都很差。有一次，孩子从生产队用衣兜装回来一把花生，光云老师知道了，对孩子狠狠批评一顿，说怎么能沾公家的便宜呢，最后让孩子以双倍数量送回生产队。

“文革”结束后，高考制度得以恢复，尊重知识尊重人才蔚然成风，光云老师很重视孩子们的文化课学习。那时候，他已经调到莱阳九中工作，离家50多里地，每个周只能回家一次，家属和孩子都在村里。就是这样，每次回来他尽可能地到咱安里学校去坐坐，和孩子的老师拉谈拉谈，了解孩子的学习状况。在光云老师的言传身教下，他的孩子个个品德优良，街坊邻居有口皆碑。

功夫不负有心人。在光云老师的悉心教育下，他的四个孩子个个有出息。大儿子盖松先，考上了山东师范大学历史系本科，毕业后分配到莱阳一中高中部当教师，教学成绩突出，受到师生的好评，现任莱阳一中教务副主任；二儿子盖柏先，考入山东大学法律系，毕业后分配到烟台中级人民法院任法官，现在是刑事审判二庭庭长；三儿子盖仲先，后来通过了国家律师资格考试，成为一名执业律师，现在山东旌旗律师事务所任职。唯一的女儿盖丽萍毕业于莱阳师范学校，秉承父志，走上教育岗位，也成为一名人民教师，现在莱阳市实验二中任教。

咱村里人赞扬他们是“一门五秀才”。

安里村的“李有才”

文/张正齐

盖鸿钧先生拆庙捐资建校的事迹，在安里村有口皆碑。村里不乏有才之人，便流传出许多段子。

记得有个老烈属叫张思孟。他念了几天私塾，识字不多，看书不少，拉起话来“有才”味十足。大作家赵树理先生笔下的李有才，说事评理张口来，张嘴话成套，开口连珠炮。因此说，张思孟也是咱安里疃的“李有才”。

那时候我十五六岁，星期天回队里干活，他总是带我们一帮“儿童团”上地捡石头、锄麦子、拔麦蒿等，干些没技术含量的活儿。他对我们说：“别看我腰儿弯，也是你们的官。队上花分少，咱活儿干得欢。我‘麻烦’打头阵，就是不一般。”（57年大队评了他个劳动模范，便时常炫耀他是“老麻烦”。）有一天，他领我们到北洼叫“长条”的地里锄麦子，路经北庙（初村观）旧址，他便开了“拆庙建校”的话匣子。盖鸿钧建学校时，他是“脸朝外”的瓦匠，就是专门垒内墙的石头，还有一些“脸朝里”的瓦匠，如张仕齐、盖世鹤、盖夏云等，他说了许多他们建校时的趣事，可惜我都记不清了。但他两段顺口溜，仍印象深刻。

其一：

“老乡绅，盖鸿钧，
安里疃出了个吕洞宾。
捐出地来盖学堂，
权当栽银种黄金。
黄金白银有价码，
比不上学校读书人。
治国安邦谋略多，
江山一统万年春！”

其二：

“拉了庙，盖学校，大人欢喜孩子笑。
念书识字有出息，会看书来能读报。
天文地理懂得多，走南闯北有门道。
考武的，平顶帽，骑大马，吹洋号，
上阵杀敌赛猛虎，旗开得胜传捷报！
考文的，不坐轿，金榜提名好热闹。
十年寒窗熬出头，哐次哐次三声炮！”

其实，安里疃“李有才”不少，张维元、盖京群、张维贤，还有走街串巷打着竹板的“烂眼子”德恩，顺口溜、俏皮话，一堆两拉，可就想不起关于建校的段子。去问问，不行了。早都作古多年了！

庙产兴学的来龙去脉

文 / 盖志云

指清末民初以来，主张利用全国庙产以开办学校之风潮。庙产兴学在一定程度上促进了教育的普及，但由于部分知识分子及政府官员对佛教缺乏了解，以及土豪、劣绅等觊觎庙产，乃藉兴学之名，行并吞寺庙之实，遂造成寺产被毁损强占、僧尼被勒令还俗等迫害佛教之不良后果。

所谓庙产，即指寺庙之一切财产，如寺田、寺屋及附属之法物等。早在清光绪二十四年（1898）戊戌变法时，即有因教育经费无着，而主张将寺庙祠堂改为学校者，湖广总督张之洞所作“劝学篇”奏折，即力主改寺庙为学堂，并且使用全国庙产作为兴学经费。奏折被批准后，遂于百日维新期间即施行庙产兴学，开风气之先。维新失败后，慈禧太后虽下令禁行庙产兴学，然寺院所受之威胁未除，各省土豪劣绅相率藉兴学之名兼并寺田，地方之军队、警察及各机关团体占据寺院之事件层出不穷。

由于当时佛教领导阶层之素质低落，致使佛教在社会上之地位一落千丈，无法维护佛教权益。然佛教与历史文化自有其悠久关系，于是引起名流、学者之重视，如章太炎于光绪三十一年发表《告佛子书》，一方面唤醒僧众认清时代，须自办学校迎头赶上，一方面忠告士人不应对佛教行此荒谬之举动，更应予以发扬。同时，日本净土真宗相继于上海、南京、杭州、苏州等地设本愿寺，日僧水野梅晓乘机引诱杭州30多所寺庙投向真宗，凡遇占据庙产事件即求日本领事出面保护，遂引起中日外交交涉。结果日本真宗取消对我国寺院之保护，由清政府下令保护佛教。各县市成立僧教育会，俾藉自动兴学以自保寺产。

民国元年（1912），袁世凯颁布“管理寺庙条例”三十一条，意欲全国佛教寺产，尽纳入公益事业。同年，寄禅（敬安）、道兴等在上海留云寺发起中华佛教总会成立大会，共拟保护庙产之对策。民国十年修改条例为二十四条，惟旨意大致相同。民国十六年冯玉祥以打倒迷信为由，在河南境内没收白马寺、少林寺、相国寺，同时驱逐僧尼30万众，勒令还俗。江浙、两湖等地相继效尤。民国十七年北伐成功后，内政部长薛笃弼建议改僧寺为学校。次年，即颁布“寺庙管理条令”二十一条，旋因太虚、圆瑛、谛闲、王一亭等人集会反对而废止，另公布“监督寺庙条令”十三条；然并未遏止掠夺庙产之风潮，各省仍假借该条令，积极进行没收寺产政策。

中华佛教总会为因应时势，于民国十八年更名、改组，成立中华佛教会，推举太虚为理事长。民国十九年底，中央大学教授邰爽秋再度提出其于十七年所倡议之庙产兴学方案，主张“打倒僧阀、解散僧众、划拨庙产、振兴教育”，全国佛教徒乃继十八年、十九年二次代表大会后，召开第三次会议于上海，由太虚撰“上国民会议代表诸公意见书”后，始平息该案。并由国民政府公布维护寺产训令，庙产兴学风潮乃告一段落。

变法维新产生庙产兴学，带给佛教无限困扰，亦带给佛教僧徒自觉自救之机。各省县纷纷成立僧教育会，以佛教寺产兴办佛教教育，各地佛教领导人物亦深知非兴办学堂不足以保护寺产。水野梅晓在长沙设办僧学堂，文希在扬州天宁寺设普通学堂，浙江之寄禅、松风、华山及北平之觉先等皆设立学堂，成为一时兴办僧学之领导人物，惟初时所设多系国民小学及僧徒小学，如普陀僧众小学至民国二十年始改制成普陀佛学院。

由于各省兴办佛学院率以保护寺产为目的，并无意兴办教育，故缺乏组织健全、办理完善者，其中仅江苏省僧教育会组织较健全，办学颇有成绩。文希于光绪三十二年在天宁寺所创立之普通学堂，为近代第一所僧学堂，招收青年僧众如仁山、智光等20余人，除佛学课程外，并教授英、日文，经费由镇江、扬州各寺负担，惟诸山长老囿于保护寺产之本意及顽固守旧之观念，致文希遭排挤而难以为继。此外，杨仁山于光绪三十三年在金陵刻经处以自费成立祇洹精舍，招集僧俗青年梅光羲、欧阳竟无、邱虚明、仁山、太虚、智光、观同等10余人，教授佛学、汉学，并授以英文，作为进修梵、巴文之基础。复次，两江总督端方在普通学堂停办后，令江苏省僧教育会继于宣统元年（1909）在南京开办僧师范学校，入学者之程度较以往提高，聘月霞、谛闲等主其事，入学之僧青年有仁山、太虚、观同、智光等。上记3所学校开办时间虽不长，然所培育之人才，多成为日后中兴佛教之领导人物。

附录

FULU

一 毕业合影

二 采编撷英

三 部分校友风采

四 盖鸿钧墓志

一、毕业合影

▲ 1962 年 7 月 1 日姜疃公社安里分校二届六年级毕业师生合影

一排左起：张玉珍、盖振香、盖翠花、盖桂花、盖秋英、张玉凤、盖日花、盖文凤、江常美、张英花；二排左起：（学生）盖春德；（教师）盖存吉、石仁卿、张中斌、赵生云、宋建国、孟庆梓、盖文功、盖福祥、盖美英；（学生）周敬仁； 三排左起：盖淑凤、盖福荣、张树花、江吉花、张玉英、蒋翠花、张玉香、盖元香、官元琴、王树胜、盖振芳、盖玉芬、盖文美、盖玉波；四排左起：兰明海、张维江、盖中香、盖文兴、盖天利、盖文利、盖克贤、张维龙、张维堂、盖全、盖强、盖福群、盖振凤、盖玉良。

▲ 1966 年 6 月 1 日姜疃公社安里小学四年级毕业师生合影

一排左起：盖秀英、盖国美、盖淑美、盖瑞霞、盖宝英、江吉芬、盖春美、张美娥；二排左起：（学生）张玉芝、周淑英；（教师）盖世臣、张树、兰保平、初明珍、盖光云、张淑美；三排左起：盖美志、张玉福、盖顺云、盖中庆、盖希、盖金堂、盖永胜、盖文江、徐景芳、江常珍；四排左起：董希修、盖其群、江述正、张正田、盖明云、盖德明、张玉堂、盖禄群、盖友志、盖桂芝、宋协敬、盖国云、兰维国、韩文山、盖兆文、盖建民。

▲1971 年 11 月 21 日安里学校七年级一班毕业师生合影

一排左起：盖连香、盖美翠、盖金巧、张玉巧、盖元翠、盖翠花、盖国美、盖永香、盖德娥、周翠英；二排左起（教师）：盖文周、盖洪涛、江吉高、盖洪双、张玉林、盖作云、张正齐；三排左起：张维荣、盖作香、盖金和、盖文学、盖永刚、江述群、盖文作、盖旭修；四排左起：盖明群、盖兴群、盖元舵、盖作群、盖乐云、盖中胜、兰维风、张全芝。

▲1971 年 11 月 21 日安里学校七年级二班毕业师生合影

前排左起：盖德法、盖永美、盖桂芳、盖翠娥、盖秀花、盖文礼、张维涛；二排左起（教师）：张正齐、盖洪涛、江吉高、盖洪双、张玉林、盖作云、盖文周；三排左起：盖玉武、江春芳、兰维珍、盖国花、盖菊英、盖瑞英、江翠玲、盖风和；四排左起：盖国胜、盖文强、盖中会、盖炳先、兰维欣、盖风金、盖月文、盖树春、盖德田。

▲ 1972 年安里学校七年级一班毕业师生合影

一排左起：盖秀美、盖秀娥、江桂珍、张瑞英、张红芬、盖玉珍、盖春英、盖连英；二排左起：（学生）盖永巧、官春荣；（教师）赵树贞、张正齐、盖作云、兰淑娥；（学生）盖喜琴、盖国风；三排左起（教师与村干部）：盖文江、张玉林、盖竹云、韩仁贵、盖奎、盖洪双、江吉高、盖洪涛、盖月堂；四排左起：盖文洪、张正玉、盖永杰、兰维明、张维浩、张洪金、盖国友、江守红、盖兆松；五排左起：盖中好、盖玉周、张正金、官元臣、张钦、盖天高、盖壮周、盖桂贤、张玉钦、张玉臣、江吉荣。

▲ 1972 年安里学校七年级二班毕业师生合影

一排左起：（学生）张维建、盖菊芬、（教师）兰淑娥、盖作云、盖文堂、（学生）盖淑玲、张凤香、张维绪、盖英杰；二排左起（教师）张正齐、盖竹云、盖文江、韩仁贵、盖奎、江吉高、张玉林、盖洪涛、盖月堂；三排左起：张洪芝、张玉禄、盖彩云、张合芝、江桂斌、盖广利、张维亮、盖玉玺、盖喜群、盖言友；四排左起：盖桂群、兰维祥、盖登先、盖中林、盖中欣、盖月伍、盖金纯、盖秀群、盖国福；五排左起：盖月花、江淑卿、盖美翠、盖翠玲、盖淑芬、周敬武、盖所云、徐景云、盖月香、盖仁菊、盖瑞英。

▲ 1975 年 7 月安里小学五年级毕业班师生合影

一排左起：江吉花、兰凤花、盖美玲、官美玉、韩秀芳、盖旭花、盖菊芬、盖中玲、江瑞平、江瑞清、盖福珍；二排左起：（教师）赵淑贞、粘秀兰、盖向东、张玉林、江吉高、盖竹云、盖洪涛、盖文江、盖常云；三排左起：张玉兰、盖玉凤、盖月花、张玉武、盖国义、盖永辉、盖喜先、盖国高、兰维信、盖春红、盖文芬、张正娥；四排左起：盖永全、盖少坤、张玉忠、张玉卿、张荣、盖红日、盖美胜、兰永香、盖言堂、江述明、官国民。

▲ 1976 年 6 月 20 日安里学校七年级一班毕业照

一排左起：盖金花、盖秀英、兰瑞花、盖月英、盖玉翠、张令芳、张瑞芹、兰美香、盖秀菊、盖玉霞；二排左起：盖福娥、初美凤、盖美卿；（教师）盖兴群、江述正、盖洪涛、盖作云；（学生）盖美丽、江翠洁、盖仁兰； 三排左起：江守良、张洪仁、盖学礼、江吉德、盖天美、盖中梁、盖元峰、盖德群、张田芝；四排左起：兰维东、盖喜群、官元成、盖全先、张玉玲、盖中东、盖惠云、盖言信、盖德爱、张林芝、盖仁山、盖卫东。

▲ 1977 年 7 月 安里学校七年级毕业师生合影

一排左起：盖福珍、盖月花、盖连英、盖玉巧、张春珍、盖文美、盖凤花、江瑞清、江吉花、张正娥；二排左起（教师）：兰淑娥、张维浩、盖文江、江守涛、盖月堂、盖洪涛、盖常云、盖作云、盖美群、位淑杰；三排左起：盖美玲、盖桂玲、盖翠芳、韩秀芳、盖国珍、盖菊芬、盖旭花、盖翠玉、盖中玲、官美云、盖美玲、江瑞平；四排左起：盖领群、盖国高、盖中涛、张玉忠、张玉坤、盖永泉、盖福周、官日光、盖希先、张乐廷、盖松堂、张玉武、盖玉军、张民；五排左起：刘福荣、盖绍坤、盖廷堂、盖中海、盖金云、张元芝、张玉卿、盖红日、张荣、张正坤、盖全志、盖永香、江述明、盖德春。

▲ 1977 年 7 月 7 日，安里学校九年级毕业生与老师、村干部合影

前排左起：张建荣、盖淑凤、张瑞英、盖金玲、盖德芳、盖秀珍、高伟、盖竹珍、张爱花、盖爱香、张凤香、张慧琴、刘振芳、张红美；二排左起（教师与村干部）盖洪涛、官元凤、盖元修、盖永吉、韩仁贵、盖连群、盖洪双、张正齐、盖连周、盖凤庆、盖兴群、张玉林、盖玉泉、盖竹云；三排左起（教师）：盖月堂、江守涛、盖作云、盖彩云、盖文江、盖保仁、于洞玉、张玉秋、张玉京、张环、江述正、盖起群、张维浩；四排左起：（教师）周翠英、盖秀英、位淑杰、兰淑娥、赵树贞、江桂珍、盖翠美、江春芳、盖元桂、盖美志、盖常云、兰保平、盖良群、盖美群；五排左起：盖永翠、王瑞玲、盖秀平、解明英、盖淑清、张永玲、刘桂婵、盖中好、盖文杰、江守东、周敬东、盖英杰、盖淑群、董希田、盖淑廷；六排左起：盖志军、张洪起、盖玉周、盖天高、张维绪、盖建新、盖玉海、张全、孙建山、江吉法、盖洪波、张维普、盖永志、盖群堂、盖宽堂

▲第四届初中毕业生与老师、村干部合影

前排中间：兰淑娥、粘秀兰、盖月堂、张玉林、于洞玉、赵树贞；二排左起：盖文江、张玉京、张旭亭、盖玉仁、盖洪双、盖月良、盖奎、盖洪言、盖连群、江吉高、盖竹云；三排左起：兰保平、张环、盖良群、盖文堂、盖向东、盖洪涛、江树正、盖常云、盖兴群、盖美群。

▲ 1978 年 5 月七年级一班毕业师生合影

一排左起：江风花、盖恩花、盖永臻、盖翠玲、盖秀珍、盖瑞花、盖文芬、张玉兰、盖德玲、兰秀花、盖立香、张洪英、盖永凤；

二排左起：（教师）江守涛、盖作云、盖文江、盖兴群、张玉林、盖竹云、盖中臣、盖常云、盖美群；

三排左起：盖翠珍、张玉玲、张玉娥、盖喜珍、盖巧玲、张春笋、江春芳、、盖美英、张林花、韩秀娥、周京英、张风芝、盖晓梅、江述正；四排左起：张玉京、盖旭燕、盖中宝、盖焕云、盖言波、盖金生、兰维信、盖天兆、盖连升、江守平、盖学永、江守清、张维会、宫玉君；五排左起：张维曙、江海波、盖立新、盖军胜、宫玉强、张金芝、盖广先、江守廷、盖德会、张维光、盖国义、王平、江吉兆。

▲ **1978 年 5 月高中毕业班师生合影**

一排左起：盖巧英、盖玉霞、张令芳、盖淑美、盖桂珍、盖元珍、盖秀菊、张淑芝、兰美卿、盖希荣；二排左起：（教师）盖文江、张玉京、江守涛、盖兴群、盖作云、张玉林、盖竹云、盖中臣、江树正、盖常云、盖美群；三排左起：江春芳、盖淑玲、兰美香、盖美丽、盖元巧、江翠洁、盖仁兰、盖美卿、兰瑞荣、张玉珍、张瑞芹、兰瑞花；四排左起：盖立国、盖仁山、盖中东、盖志毅、盖晓东、盖德爱、宫元成、张令芝、盖喜群、盖永兴、张林芝、盖堂、盖立坤；五排左起：盖元锋、张玉玲、张维臣、江守良、盖中梁、盖德群、江守燕、盖武先、张维普、盖玉福、盖春云。

▲ **1987 年 5 月新安学校初中毕业师生合影**

一排左起：盖永巧、盖雪芹、盖金娜、盖秀洁、盖金花、盖艳巧、盖翠玲；二排左起：（教师）盖良群、盖秀群、盖中臣、盖志远、宫元风、张玉京、盖文江、盖美群；三排左起：兰维蛟、张玉宾、盖玉新、张强芝、盖风运、江吉成、盖志刚、张云超、盖淑云；四排左起：盖国波、张云朋、盖玉京、张德志、刘志杰、周敬浩、盖德新、盖学新。

▲ 1988 年新安小学五年级师生合影（背景为学校校园内西便门）

一排左起：盖小军、张海启、盖晓辉、盖伟杰、盖旭明、盖军雷、盖德建、官京龙、张曙光、盖德海、盖晓升；二排左起：（学生）盖光辉、盖豪杰、张浩芝、（教师） 盖群堂、赵树贞、官元风、盖永泉、盖美群、（学生）江涛、盖军锋、兰风超、盖向华；三排左起：盖晓丽、盖丽丽、盖鲁华、盖新洁、盖美娟、盖绍美、盖晓宁、张金艳、盖玉翠、盖金莲、盖丽荣、兰慧芬。

▲ 1992 年 4 月，安里学校幼儿中班全体小朋友合影

前排中间为幼儿教师江瑞清

▲ 1994 年 5 月新安小学五年级全体师生合影（背景为校园）

一排左起：盖玉芹、盖鲁娜、江爱芝、盖旭红、董海梅、盖淑芹、兰凤玉、盖云霞、盖新宁、盖东辉；二排左起：（教师）盖松林、盖永泉、江述正、官元风、盖美群、盖中正、盖旭花、盖群堂；三排左起：盖江娜、盖娜、官晓杰、盖慧艳 江磊、宋建成、盖玉辉、盖戈、江巧、盖春艳；四排左起：盖向先、盖喜鹏、江伟、盖丽波、兰小利、盖海力、盖军先、盖国正、张玉升、盖宝平、张伟。

▲ 1998 年 5 月 新安联小五年级全体师生合影（背景为校园）

一排左起：盖晓英、盖丽华、张佳佳、盖雪晓、盖晓伟、盖海娜、盖旭伟、盖媛；二排左起：（教师）盖举荣、张玉红、盖松林、盖元桂、盖旭花、位淑杰、官元风、江述正、盖中正、兰保平；三排左起：盖进华、盖金梅、江帅、张晶晶、江雪、张美玉、盖利杰、官晓杰、张璐、张旭英；四排左起：盖玉坤、官玉晓、盖晓先、盖中军、张林杰、盖明奎、盖晓、兰风豪、官晓鹏、盖正伟、盖超、 张光耀、盖玉磊。

▲ 1999 年 5 月新安联小全体教师合影 （背景为校园西门）

一排左起：盖中正、王树栋、盖玉伦、盖连群（村支书）、官元风、江述正、盖美群；第二排：位淑杰、盖元桂、盖松林、盖旭花、盖静、盖举荣、张玉红。

▲ 1999 年 5 月新安联小五年级全体师生合影

一排左起：（教师）盖静、张玉红、盖举荣、盖松林、盖元桂、位淑杰、盖旭花、官元风、盖美群、江述正、盖中正、王树栋、盖玉伦；二排左起：盖嫔、江琴、盖荣荣、盖佩佩、张玲、盖颖超、盖海莲、盖雨、张伟娜、张红妍、兰小飞、盖伟妍、官晓飞、江丹丹、盖旭娟；第三排：盖宝双、江雪梅、张晓红、盖飞飞、盖志晓、张玉欣、盖永刚、盖旭东、盖宏伟、盖丽娜、盖旭梅、盖巧荣、盖桂艳、盖彩霞、盖彩娣；四排左起：盖峰、盖晓健、盖晓鹏、盖文峰、盖中军、盖玉崇、张仁杰、盖立松、张大军、盖正伟、盖旭光、盖中原、盖国鹏、盖强、盖文青、盖学辉、盖松涛。

▲ 2000 年新安联小全体教师合影（背景为校园内）

一排左起：盖连成、盖玉伦、盖志魁、辛风云、宫晓明、王树栋；二排左起：位淑杰、盖元桂、盖松林、盖旭花、张玉红、盖举荣、盖静。

▲ 2002 年新安联小全体教师合影（背景为校园内）

一排左起：盖元桂、张玉京、盖志魁、于岩民、位淑杰；二排左起：辛风云、盖连成、盖玉伦、盖旭花、盖松林、盖举荣。

二、采编撷英

▲ 2012 年 6 月，盖艾玲、盖天学在莱阳档案局查阅资料。

▲ 2012 年 6 月 6 日，编写组在莱阳交通宾馆召开会议，开始启动校史资料征集工作。左起张玉秋、盖永太、盖旭君、盖文周、张维涛、盖德平、盖艾玲、盖良群。

▲ 2012年7月，盖艾玲在莱阳老干部中心查阅档案。

▲ 2012年8月，编写组张正齐、张玉林（左）、江吉高（右）采访第一届安里学校学生，九十高龄的江平世（中）。

▲2012 年 8 月，编写组张玉林老师（右）采访第一届安里学校学生、九十高龄的盖乐宾（左）。

▲2012 年 10 月 8 日，编写组看望盖鸿钧孙女盖中翠。左起：盖艾玲、盖中翠、盖永福、张正齐。

▲ 2012年11月，盖艾玲与盖文周在莱阳老干局查阅去世教师档案资料。

▲ 2013年6月20日，盖忠诚为《安里学校纪事》题字。

▲ 2013 年 7 月，张玉林（左）、盖艾玲（右）拜访莱阳市史志办原主任盖松亭（中），请教听取关于《安里学校纪事》编写工作的建议。

▲ 2013 年 10 月 4 日，盖龙云回安里，对《安里学校纪事》的资料收集及编写工作给予具体指导，并与编写组人员合影。前排左起：张玉林、盖艾玲、盖龙云、盖良群、张维涛；后排左起：盖美群、张玉京、盖中臣、张正齐、盖永福。

▲ 2013 年 10 月 18 日，编写组张正齐街头采访建校时第一届学生江同世（左一）。

▲ 2013 年 11 月 6 日，编写组采访莱西葛家疃葛恒志老人（建校人盖鸿钧的外甥女）、盖金光（盖鸿钧五世孙）。左起：盖金光、葛恒志、盖永福、张玉林。

▲风雨无阻采访路。图为张玉林、张正齐老师冒雨采编时的背影。

▲图为编写组张玉林（左三）、张正齐（左一）采访纪文成（左二）。

▲ 2013 年 12 月 29 日，盖龙云（中）、张正齐（右）、盖艾玲（左）在广州组织纪事书稿审改时合影。

▲ 2014 年 6 月 13 日盖龙云、江桂斌等安里学校校友在北京组织纪事书稿研讨。左起：盖志云、盖兆军、盖忠生、江桂斌、盖新貌、盖龙云、姜晓德、盖玉林、盖德京。

三、部分校友风采

▶2009年6月，盖鑫磊在瑞典皇家工学院博士论文答辩。

▲2009年7月，江桂斌在北京参加新产品发布会。

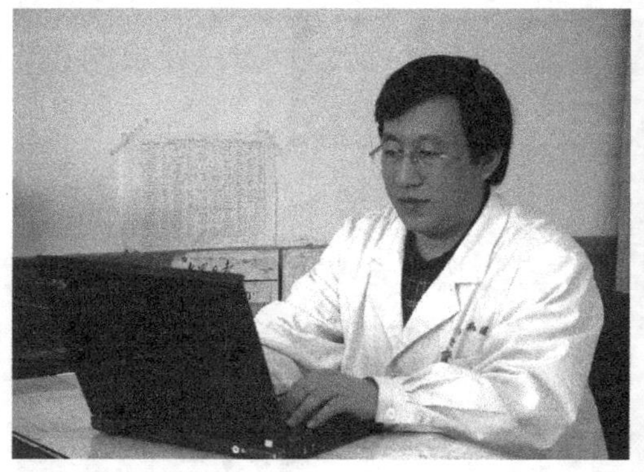

▲盖中涛工作照

▲江桂斌工作照

◀ 江桂斌（右）与获奖同事合影

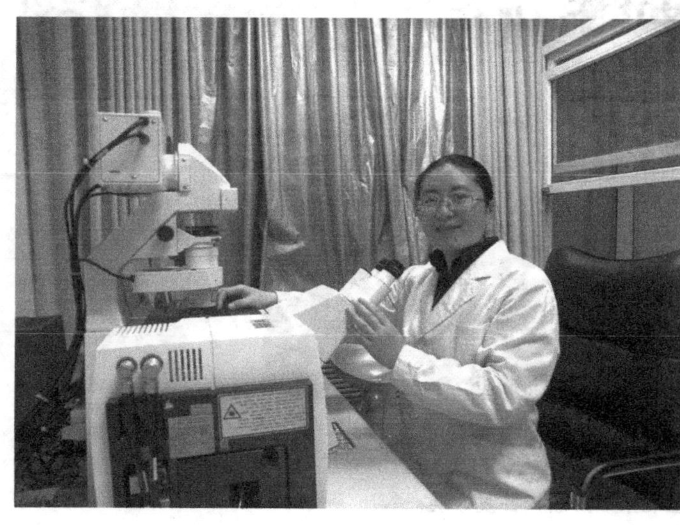

◀ 图为盖英萍在教学实验室工作

四、盖鸿钧墓志[①]

显考西堂府君墓志

府君姓盖氏名鸿钧字西堂莱阳安里村人曾祖讳人吉妣李、王氏祖讳汝器妣尹氏父讳锡禄妣赵氏府君平生懿行业经乡人君子为建碑杏山东北大道之东而王小司寇爵生先生为之文故不赘云生於清同治十一年壬申十二月初八日巳时卒於民国二十年辛未三月二十二日午时春秋六十谨於府君卒后之二年穆卜三月二十二日葬於村后杏山之新阡配于氏生男子二长威群次振群山东武术传习所毕业女子一淑娥省立第一女子师范学校毕业适葛葆珍孙四人中周中南中正中原孙女二人

次男 振群泣识

中华民国二十二年癸酉三月二十二日

译文：家父姓盖名鸿钧，字西堂，莱阳安里村人，曾祖父盖人吉，娶妻李氏、王氏；祖父盖汝器，娶妻尹氏；父亲盖锡禄，娶妻赵氏。家父一生多懿德善行，（去世后）乡人念其功德，建碑在杏山东北大道的东边。而王小司寇爵生（王垿）先生已经为他写了碑文，故不再述。家父生于清朝同治十一年(1871年）壬申十二月初八日巳时，卒于民国二十年（1931年）辛未三月二十二日午时，在世60岁。家父去世后二年，请人卜卦择日于三月二十二日，葬在村后杏山的一块新地。配于氏生下两子。长子威群，次子振群山东武术传习所毕业；生一女淑娥山东省立第一女子师范学校毕业，嫁葛葆珍。孙子四人：中周、中南、中正、中原，孙女二人。

次男 振群悲恸铭记

中华民国二十二年（1933年）癸酉三月二十二日

---

① 盖鸿钧于1929年废庙兴学，于1931年农历3月22日病逝，时年60岁。1933年春，葬于村后小山西侧，距离学校数百米。坟墓系简易砖彻。其子盖振群请清末著名书法家、法部右侍郎、莱阳人王垿为之做碑文。根据墓碑拓片计量，此碑高63公分，宽47公分。为普通花岗岩质地，十分简朴。与盖鸿钧先生懿德善行极不相符。据盖鸿钧孙女盖中翠回忆，其奶奶生前经常说到，爷爷一生节俭持家，曾留言儿孙不要大肆操办自己后事，即便立碑也不要太过张扬。或许正是应此言行事。

五、盖龙云写给张正齐的信

尊敬的张老师：

您好！今有一事与您商量。

近两年，我从媒体、书刊上了解到不少关于中国城市化、乡村沦陷、农民“被上楼”的情况，据称近几年全国有数万个村庄消失。一次我到广东顺德（全国百强县前十名），听说他们户籍人口110余万，流动人口近百万，去年财政收入50多亿元，现在主要以工业为主，但保留了20余万亩土地用于农业生产，这20万亩地主要用于种植和培育花卉林木，只留下其中的10亩地种植水稻，供青少年参观，让他们知道大米是怎么种出来的。

我想到了我们村和那所“安里学校”，不论我们走到哪里，那里总连着我们的根，总有割不去的乡情与乡愁。现今村庄也在一点点沦陷，一拨拨“能人”离开再也不回头，全无昔日的旺盛人气。村西头的学校也早已消失，村子里再也不复朗朗的读书声和村中央戏台子上的歌舞声。

我的印象里，我们那所学校至少有三个突出特点。一是历史长。记得过去听老人们说过，那所学校早在解放前就有，具体什么年代我一直不太清楚。前年“姜疃鲁花小学”复建开学时曾发函于我介绍说，该小学是上世纪30年代所建，不知安里学校是同时代还是晚一些。曾看过一份资料说，当年韩复榘主政山东时十分重视教育，从来不欠教育经费，他对教育厅长何思源（原全国人大副委员长何鲁丽之父）说，如果缺钱直接找我。二是规模大。最高峰的70年代中期从幼儿园、小学、初中到高中10个年级，记得每个年级有三四个班，那规模在全县恐怕也是不多的。三是人才多。记得1971、72年时您当我们班主任，我那一届同学通过考试上高中，据说与其他村比我们考取的人数也是较多的，到了姜疃高中，尖子生中来自我们村学校的占了相当比例。恢复高考时，以您为首的高考“中榜者”更是大大多于邻村，以至后来出了江桂斌这样的院士，江守涛这样的省级“衙门”官员。几十年来从事教书育人“桃李满天下”的既有您那一代和更早一些更年长一些的良师，还有张玉秋、盖兴群、张维涛、张维豪等后来者。八九十年代后的，仅我知道的就有盖玉林、盖新貌等若干名博士。

我觉得那是一段值得回忆的岁月，一所值得“炫耀”的学校，似有必要搞个“校志”什么的，以存点我们自己的“历史”。现在想来幸亏您在1971年前后（记得是一个冬天）请来照相师傅到学校为大家留下了一些照片，今天还能见到那时的点滴影子。

我觉得我有责任牵头做这件事。事不大，但总需有人来做，我先提出以下设想（略），请教于您。

另，十几年前曾与莱阳史志办主任盖松亭（我们村张玉芬老师爱人）有过联系，这方面他是专家，不知您与他有无打过交道，可向他作进一步请教。

致

礼！

学生 盖龙云

2012年4月9日于广西柳州

2012 年 4 月 11 日，我接到盖龙云从柳州寄来的信，产生了强烈共鸣。几日后，便联络了盖天学、盖艾玲回乡，按龙云的设想，与一些退休的老校长、主任、骨干教师聚会，共同商议此事。大家一致认为：安里学校创建发展的历程，是安里百姓一笔厚重的精神财富，为了让子孙后代了解这段历史，我们有责任把这笔精神财富传承下去！

组织发动，组建“班子”。4 月下旬我们成立了“安里学校历史资料征集组”。大致分成两个组，我分管“组织”，成员有：张玉林、张玉京、盖良群、盖天学、盖中臣、张维涛、盖美群等人，艾玲分管“业务”，成员有江吉高、盖文周、张玉秋等人，玉林老师和天学分管“后勤”，并明确参与这项工作是无偿劳动，报酬分文不取。大家一致表示，愿做志愿者。艾玲将需要征集的内容分成了几个系列，每个系列两人承包，所需统计调查的材料，内容范围等都有明确标准要求。年龄最长的“组员”老校长江吉高（81 岁）主动负责向村委汇报，得到村委领导的大力支持，“安里学校纪事”前期工作正式开始了。

人才资料征集工作分成两步走：首先是要传达给在外地工作的校友，这项工作由退休后在村里居住的张玉林老师、江吉高老校长等为骨干，将安里学校史料征集的内容、联系方式、电子信箱等，通过家长传播出去，请他们将个人资料通过网络，发给执笔编写的盖艾玲。同时，对在本地的采用“滚雪球”的办法联系。2012 年 6 月，我们在莱阳召开了一次本地校友通气会，活动得到校友盖玉松的大力支持，他热心为会议提供了场地等便利条件。我们向入会的校友转达了龙云的倡议，这次会议扩大了影响，得到大家的一致赞同。张玉秋、盖中梁、盖永太、盖德平、盖晓梅等，积极联络自己的同学。“滚雪球”的方式得以顺利实施，人才资料收集工作如期进行。

但资料征集并非易事，我们面临的困难超出预想：创建于80多年前的安里学校，于2004年1月根据上级政策撤并，学校停办已经9年，当初学校存放的各类档案也全部上缴，曾经挂满四壁的锦旗奖状也不翼而飞，一切都淹没在时光里。我们要“拉网式”打捞，要把人们对安里学校散落的记忆“珍珠”，用“纪事”这根红线串联起来。但真正“打捞”起来并不轻松，特别是年代久远的往事，多次跑腿走访都难得弄清。许多过世多年的老校长、老教师，其后人大都不在乡下，询问他们的邻居亲戚，常常要跑几个村，费尽周折。负责这部分资料征集的张玉京老师，骑着摩托车，一趟趟地到周边的村庄去调查了解，寻找相关当事人；江吉高校长和张玉林老师两位安里学校鼎盛时期的正副搭档，也是学校发展的历史见证者，前者年过80，仍亲笔写下了数千字的回忆文章，提供了无比珍贵的真实资料；后者年过70，不顾劳累，坚持跑东奔西，亲自采访，征集资料；还有盖良群、盖中臣等其他成员，串街走巷，上门发送、征集资料。说实话，我们的劳动也并非得到了所有人的理解，期间我们也不时听到了一些风凉话，但这些，并没有使我们有任何的动摇。

据1988年出版的《莱阳市地名志》记载，安里自明初建村，迄今已有五、六百年，其间求学取仕者，主要有明万历洪洞县知县盖玄龄、清康熙进士盖心悦，还有被清廷封为“昭勇将军”的盖世勋等。但安里村真正人才辈出，是在新中国成立后，尤其自上个世纪70年代以来。一个普通的山村学校，竟走出了将军、院士、博士、硕士、大中专学生、国家干部等……人才之多为周边四邻八乡见羡称道。回望历史，这与80多年前安里学校的创建不无关系。“西学堂”70余年书声琅琅，泽被乡里，十年植树，百年育人。这样的学校，难道不值得安里人自豪？难道不值得我们浓墨重彩为其留下华章一页？当我们耐心反复将这些道理讲述明白，大多数村民踊跃支持，积极协助，都说你们是为安里人办了一件有益于子孙后代的好事。

遵循科学的历史观，不妄断，不杜撰。安里学校走过的几十年岁月，由于学校档案早已遗散损毁文字资料无一存世，缺乏有价值的文字史料。为此，征集组成员盖天学、盖文周、盖艾玲，多次上莱阳市有关部门查阅档案，翻阅资料，无奈所获甚微。在此艰难情况下，我们得到了莱阳史志办赵松枝先生的指点。他告诉我们：撰写史志，收集史料，如果文献资料缺失的话，当事人的口述、回忆文章等，也是历史资料的一部分，是较为真实可信的。赵先生的一番话让我们深受启发。本着“尊重历史，绝不杜撰”的态度，我们秉持“以科学的历史观来写历史，以当事人的经历说历史”的原则，采用“口述历史”“笔忆历史”的方式，首先由盖艾玲编列出采访提纲，尔后从网上向几十位不同年代的安里学子发出约稿函，邀请他们根据提纲内容，回忆当年学校各方面的工作，征集到了许多有价值的资料。同时还直接采访了许多不同历史阶段的当事人，这样就逐渐串联起来安里学校70余年的发展历程，使难题逐步破解，“纪事”一书的撰写得以顺利进行。

盖龙云同志和他父亲盖奎老书记一样，十分重视家乡的教育事业。他组织编写这份“纪事”，就是想弘扬安里村老辈人传下来的重教兴学之风，为现在和将来的孩子们。在求知求学的道路上，提供一些借鉴和启迪。2013年10月，龙云回乡探亲，专门与资料征集组成员就“纪事”编写进行研讨，还召集曾在安里学校任教的40多位老师、乡友聚餐叙旧，感谢各位老师为安里学校作过的贡献，并介绍了撰写本“纪事”的意义。两年来，他一直通过电话、网络与我们保持密切联系，与大家共同商讨“纪事”编写的相关事项。

“纪事”内容、结构、编排，按龙云的意见，进行了多次修改，都是艾玲执笔。这位烟台大学中文系高材生，对安里这片故土、对安里小学这所自己的启蒙学校有着深厚的感情。“纪事”工作开展不久，恰遇她在上海的儿媳妇生小孩，但她放下自己的私事，一心扑在“纪事”上，调查材料，审改稿件，编写文章，经常忙到深夜，付出了最多的心血。资料征集组的其他同志，也都无不甘心情愿地努力工作，大家心里只有一个念头，就是想着能为安里学校留下宝贵的史料，为安里父老乡亲做一点事情。

尊重历史面目，还原历史真相。要掌握安里学校80多年前初建时的情况，必须了解学校创建人盖鸿钧的后辈儿孙。幸运的是，尚有唯一在世的孙子盖中玉。这是一个耄耋老人，耳聋眼花，行动不便，征集组多次登门去，皆因其过去家庭成分心存芥蒂，就回答往往是六个字“不知道，不记得”。经过我们多次上门拉贴心话，终于让老人打开了话匣子，他提供了盖鸿钧先生功德碑的题字是“高山仰止”，令我们惊喜万分；安里村民盖金光，是建校人盖鸿钧的四世孙，将自己悉心保存的盖鸿钧墓碑拓片，提供给了我们。这份墓志无比珍贵，使建校人的生卒年月、生平身世、家族渊源等方面的史料，得以落实。

为更好地掌握建校早期的历史资料，我们征集组走青岛，下莱西，遍访盖鸿钧所有能寻找到的后代，以及有关联的当事人。2013 年秋冬之际，张玉林、盖艾玲，在盖金光、盖永福的陪同下，去莱西市店埠乡对盖鸿钧之女盖素娥的外甥张红新采访。这位 30 多岁的男人、葛家疃村委主任，得知来意后打电话通知他哥，顿时哭得泣不成声：“哥啊，哥，妈妈的姥姥家来人啦，来人写咱姥姥的事了。”他的姥姥盖素娥，毕业于山东省立女子师范，嫁到葛家疃后，在葛家疃村里创办女子学校，可谓秉承乃父盖鸿钧先生重教育人的家风。还有葛子明这位安里学校的第一任校长，解放前是国民党政权的莱阳末任县长，后随国民党去了台湾。他的资料也非常少，《青岛市志》《莱阳市志》上仅有寥寥数语。拥有新闻副高职称的盖艾玲拿出当年在电视台采访、编稿、做新闻节目的过硬功底和锲而不舍的作风，历尽艰辛曲折，在青岛、莱西十几个单位和个人之间反复查询，终于在店埠乡西南阁村委领导的大力支持下，得到葛子明侄子在青岛的联系方式，但这位老人也是心有余悸，不肯吐露真实情况。艾玲一天之中数十个电话，期间被误解，被责难，被数落得流下眼泪。但她不气馁，不放弃，一连几天，与这位老人诚恳地交流，一遍遍思想沟通，终于获得老人的信任，为我们提供了葛子明照片、去台湾后的情况，以及晚年希望回大陆的心愿等，填补了“纪事”一项重要内容。

细致扎实，认真考证。安里学校撤并后，相关档案基本无存，我们尽力收集了一些与学校发展有关的文字与物品，如：讲课笔记、老课本、奖状、获奖证书、发表的文章、老照片等，几十张老照片收集上来，时间近的是10多年，最久远的一张是1962年，距今已经过去半个世纪。每一张都要一一标注、落实清楚名字，照片上少则十几人，多则上百人，在收集、落实照片名字中，张玉京老师不辞辛劳，登遍一个一个学生家门，让他（她）们悉心回忆，仔细辨认。这项工作也得到了校友们的大力支持，照片像接力棒一样，从一个人手中再传到另一个人的手中。同学们看着十几年、几十年前的青春面容，无不感慨万分。还有的同学多年未联系，因为老照片，当年的同学们再次坐到了一起。

需要说明的是，由于莱阳城在1939年被日军占领，莱阳1942年前的旧政府档案全部遭日军损毁，涉及到早期的历史资料收集十分困难，完全依赖当事人的回忆不免有误。如：1937年全面抗战爆发、1945年莱阳全境解放、1947年3年解放战争……这期间的行政区划、学校归属与名字，特别是莱阳、莱西两县行政区划，分了合，合了又分，反反复复。安里村名和学校的归属、名字也屡屡变更，如村名，1930年之前是庵里，之后是安里，1982年莱阳地名普查改为“新安”。再如：战争年代，安里学校1945年进驻过胶东军区野战医院三分所，之后进驻中海军分区司令部。据张宏孟老人回忆资料提供，中海专署、中海军分区、中海司令部存在时间很短，春天成立，秋天就撤销了。为了使每一个年代日期、事件发生时间与史实没有误差，盖艾玲反复查阅了《莱阳市志》《莱阳地名志》《莱阳军事志》《莱阳教育志》等多种史料典籍，甚至几次去莱阳的一些旧书摊、旧货市场“拣漏”，哪怕只存一丝希望，也不放弃努力，每一个细节都认真负责，绝不马虎。

功夫不负有心人，经过大家不懈努力，安里学校从渐行渐远的时光长河里，姗姗走了回来！当这本《安里学校纪事》摆到你面前的时候，亲爱的乡亲们，不要认为我们在夸功，做自家的事不必说功，功是建校先贤的，是安里百姓的！是所有参与这项工作安里校友的。也不要认为我们在诉苦，做愿做的事情何苦之有？只是想告诉大家，找回这份精神财富，是多么的不易，是多么的艰难！

“安里学校”回来了！为创建学校，捐资献地的前贤，断落地下的功德碑，在人们心中又竖起来了！九泉之下为教孩子茹苦含辛的老校长、老先生已淡出人们记忆的形象也重新清晰起来了。胶东抗日指挥中心、“三分所”接纳数百名伤病员的野战医院，两块红色的牌子，从此闪闪发光地“挂”在安里学校的大门上了。当年，那些只读过小学甚至渴望上学却又读不起书的安里后生，听党召唤奔赴前线，英勇杀敌，成为“血润大地，魂扬蓝天”的革命烈士，其浩然正气和不朽的英灵，就应当被庄重地写在书上，记在心里。六、七十年代，学校村办，村党支部、村领导一手抓起来的初、高中落实党的教育方针，所取得的辉煌成绩，从此载入史册，激励我们继续向前。

“安里学校”回来了！忘不了，仅存在世的安里学校首批学员盖乐宾、江平世、江同世，皆年过九旬，虽体力不支，却多次热情接待我们采访，竭力提供当年的情况。江守民、盖忠诚、江守涛、盖玉松，这几位从家乡走出去的国家干部，主动为“纪事”的成书工作，尽力帮忙；学校创建人盖鸿钧的第五代嫡孙、鲁花小学校长盖永福，利用双休日时间，驾车为我们采访提供方便。特别应该感谢的是原莱阳史志办主任、姜疃人盖松亭，为我们提供了1920年台湾版的《莱阳志》、1960年版的《姜疃社志》，从而使我们了解到安里学校创建之初的校名为“安里私立旭光小学”，以及安里村北面拆庙建校的庙宇名字“初村院”，解除了困扰我们多时的难题；潍坊离休老干部、姜疃人张宏孟，给我们提供了安里学校早期宝贵的历史资料，让我们了解到难以寻觅的轶事趣闻；大连业余摄影师蒙万福及广东省军区军志办主任张晓潭、参谋何瑞丰，他们提供资料，协助拍照，牺牲休息和节假日审阅稿件，整理编排文章，付出了许多辛劳。请允许我代表安里人向他们道一声：多谢了！

我也是70岁的人了，能在两年多的时间里和龙云、艾玲等一起完成这本“纪事”，算是为乡亲们做了一件事情，了却了一桩心愿。但也有些许不安，因为安里学校发展历程中一些有意义的人和事多多，限于条件和能力恐有遗漏，书中也难免会有细节上的误差、出入，敬请各位提出批评指正！

张正齐

2014年3月12日

致谢单位：

《安里学校纪事》得以顺利成书，在史料征集过程中，得到广东、莱阳、莱西许多单位和个人的大力支持与帮助，在此特向这些单位与个人致以衷心的感谢——

广东省政府地方志办公室、广东省军区军事志办公室；

莱阳市委、莱阳市政府，莱阳市委组织部、莱阳市委宣传部、莱阳市人事局、莱阳市文化广电新局、莱阳电视台、莱阳市档案局、莱阳市教育体育局、莱阳市史志办、莱阳市老干部局、莱阳市老干部管理中心、莱阳市民政局、莱阳市地名办；姜疃镇党委政府、姜疃鲁花中心小学。

致谢个人：

广东省军区军事志办公室主任张晓潭；

姜疃鲁花中心小学校长（盖鸿钧五世嫡孙）盖永福；

莱阳史志办原主任、本书特邀顾问盖松亭；

安里村党支部书记 、村委主任盖飞艳；

姜疃村党支部书记、 村委主任盖兆臣；

莱西店埠乡葛家疃村党支部书记、村委主任张红新；

莱西店埠乡西南阁村党支部书记、村委主任万太功；

青岛市市北区市民葛仁锡；

安里裕兴饭店经理盖向华。

《安里学校纪事》参考史料

[1]《莱阳市志》1992 年版
[2]《莱阳市军事志》2012 年版
[3]《莱阳市地名志》
[4]《莱阳市古今杰出人物》
[5]《莱阳市文史资料》
[6]《莱阳市英烈传》
[7]《莱阳县志》民国版
[8]《姜疃社志》1960 年未出版资料
[9]《青岛市志》
[10]《莱西地方党史资料》
[11] 互联网相关史料等